Bert Becker

Pathologie der
PRIORITÄTEN

AF176651

Bert Becker, geboren 1961, Dipl.-Pädagoge, Dipl.-Sozialarbeiter und Heilpraktiker (Psychotherapie), lebt mit seiner Familie in Köln. Er ist verheiratet und hat drei erwachsene Kinder.

Er studierte Katholische Theologie und Erziehungswissenschaften in Bonn sowie Sozialarbeit in Köln. Seit 1989 arbeitet er als Sozialarbeiter in Hilfeeinrichtungen für wohnungslose Menschen bei verschiedenen Trägern und Kommunen. 1999 übernahm er die Leitung der Wohnungslosenhilfe im Rhein-Sieg-Kreis beim katholischen Träger SKM.

Er ist seit 1980 engagiert in den Leitungsgremien seiner Kirchengemeinde im Seelsorgebereich MauNieWei des Erzbistums Köln. Seine besondere Aufmerksamkeit widmete er in diesen Jahren immer den dort betriebenen Kindertagesstätten. In diesen Gemeinden ist er auch seit 1980 als Katechet für jugendliche FirmkandidatInnen tätig.

Der Erhalt der Welt für die nachfolgenden Generationen und die Sorge um die Schöpfung sind für ihn besondere Anliegen.

Bert Becker

Pathologie
der **PRIORITÄTEN**

Warum es so schwer ist, die Welt zu
retten…

Köln – 2020

Bibliographische Informationen der Deutschen Nationalbibliothek
Die Deutsche Nationalbibliothek verzeichnet diese Publikation in der
Deutschen Nationalbibliographie; detaillierte bibliographische Daten
sind im Internet über http://dnb.d-nb.de abrufbar.

© 2020 Bert Becker

Herstellung und Verlag: BoD – Books on Demand, Norderstedt

ISBN: 978-3-75289-453-0

Titelbild: Caspar David Friedrich, Der Wanderer über dem Nebelmeer, um
1818, gemeinfrei

Den Kids von „**Fridays for future**",
denen ich eine psychopathologische Einsicht in das See-
lenleben der Generationen geben möchte, die so vieles
Verursacht haben…
…daraus sollten auch sie lernen.

»3*Zum Staub zurückkehren lässt du den Menschen, du
sprichst: Ihr Menschenkinder, kehrt zurück!* 4*Denn tausend
Jahre sind in deinen Augen wie der Tag, der gestern ver-
gangen ist, wie eine Wache in der Nacht.*«

Psalm 90, 3-4

Inhalt

1. Sind wir noch »zu retten«? 12

2. Von Interessen und PRIORITÄTEN 18

2.1 Individuelle psycho-pathologische Interessensphären 18
2.1.1 Urängste des Individuums 20
2.1.1.1 Die Angst vor dem Tod 21
2.1.1.2 Die Angst vor dem Fremdartigen 29
2.1.2 Der induzierte Gruppenwahn und -zwang der modernen Gesellschaft 32
2.1.2.1 Jugendwahn 35
2.1.2.2 Gesundheitswahn 38
2.1.2.3 Fitnesswahn und Sportzwang 42
2.1.2.4 Optimierungswahn 44
2.1.2.5 Die zwanghafte Suche nach dem Schuldigen 48
2.1.2.6 Der Gendermanie 53
2.1.2.7 Die Spielmanie oder die Flucht vor der Realität 57
2.1.2.8 Säkularisierungswahn und Gottesphobie 59
2.1.3 Die Todesangst gebiert das Dogma der Individualrechte 64

2.2. Interessensphären menschlicher Kollektive 69
2.2.1 Die Interessen der Staats- und Gemeinwesen 71
2.2.1.1 (Vor)Macht 75
2.2.1.2 Kapitalismus 76
2.2.1.3 Imperialismus 79
2.2.1.4 Globalisierung 81
2.2.2 Sozialpsychologische Auffälligkeiten menschlicher
Kollektive (Staaten) 83
2.2.2.1 Dissoziale Störungen der kollektiven Persönlichkeit 83
2.2.2.2 Die Wahn-, Zwangs- und Affektstörungen kapitalistischer Marktwirtschaften 89
2.2.2.2.1 Der Ambivalenzzwang einer „sozialen" Marktwirtschaft 90
2.2.2.2.2 Der Wachstums- und Profitzwang der freien
Marktwirtschaften 92
2.2.2.2.3 Die manische digitale Disruption nährt kapitalistischen Größenwahn 96
2.2.2.2.4 Die Familienphobie kapitalistischer Systeme 100
2.2.2.2.5 Die Multikulti- und Diversitätsmanie 104
2.2.2.2.6 Die Bürokratiemanie kapitalistischer Staaten 110

2.3 Globale Interessensphären 115

2.3.1. Objektive globale PRIORITÄTEN 115
2.3.2. Woran krankt die Subjektive globale PRIORITÄTEN-
     setzung? 120
2.3.2.1 Der Wahn vom »kleinsten gemeinsamen Nenner« 122
2.3.2.2 Der Wahn vom »Alles oder Nichts« - Ökowahn 124
2.3.2.3 Die manische Gier nach (tödlichen) Katastrophen 126
2.3.2.4 Die egomanische Suizidalität der Weltgemeinschaft 137
2.4. Fazit 141

3. Der Heil- und Kostenplan 146

3.1 Sollbruchstelle Mensch 148
3.1.1 Spiritualität des Todes 159
3.1.2 Altruismus vs. Individualismus 169
3.1.3 Aussöhnung mit Gott 177
3.1.4 Aussöhnung mit der Umwelt 186

3.2 Kultur einer nachhaltigen Wirtschaft 190
3.3 Egalitäre, nachhaltige Gesellschaften der Weltgemein-
    schaft 194

4. Die Therapie 200

4.1 Die nachhaltige globale Wirtschaft 201

4.2 Die solidarische und altruistische Gesellschaft 205

4.3 Die nachrangigen ökologischen PRIORITÄTEN 209
4.3.1 Von Stickoxiden, Feinstaub und dem Diesel 210
4.3.2 Von Wölfen, Bären und Luchsen 214
4.3.3 Von Fledermäusen und Windrädern 216
4.3.4 Von sonstigen ScheinPRIORITÄTEN 217
4.3.5 Fazit aus Nebenkriegsschauplätzen 220

4.4 Die vorrangigen ökologischen PRIORITÄTEN 221
4.4.1 CO2-Ausstoß und Klimaerwärmung 222
4.4.2 Plastikverseuchung 237
4.4.3 Insektensterben 239
4.4.4 Biodiversität erhalten – nicht regional einzelne Arten 242

5. Schlusswort 248

Literatur 256

1. Einführung - Sind wir noch »zu retten«?

Zu Beginn möchte ich Dir erklären, wie ich zum Thema meines Buches und zu seinem Titel gelangte.

Bei den ersten Entwürfen ging ich noch von dem Titel **»Psychologie der PRIORITÄTEN«** aus.

Aber zunehmend dachte ich darüber nach, was denn **»Psychologie«**, als »Lehre von der Seele des Menschen« inhaltlich beschreibt:

> *Sie hat das Ziel subjektives Erleben und objektives Verhalten von Menschen in seinen inneren und äußeren Ursachen zu beschreiben und zu erklären.*

Dies wäre für einen unkritischen, lediglich beschreibenden Diskurs vielleicht ausreichend gewesen. Besonders wenn das, was ich in diesem Buch beschreiben möchte, im Bereich unseres sogenannten »normalen Verhaltens« anzusiedeln gewesen wäre.

Aber schließlich passte dieser Titel nicht zu dem, was ich wirklich als Phänomen beschreiben muss, weil es sich zunehmend aufdrängte:

> *Dass wir Menschen und unsere menschlichen Kollektive in vielen Fällen fragwürdige und falsche Entscheidungen treffen, weil wir aus psychologischen Gründen nicht in der Lage sind, klare und zielführende PRIORITÄTEN als Grundlage für unser Handeln zu entwickeln.*

Das aber überschreitet die Grenze zur psychischen Störung.

Denn das Ausmaß, in dem unsere modernen Gesellschaften und deren Individuen unfähig zu einer vernünftigen PRIORITÄTENsetzung sind – bis zur massiven Verdrängung von offensichtlichsten Tatsachen und Notwendigkeiten –, ist mittlerweile derart abweichend von einer wirklich gesunden Entscheidungsfindung, dass es weder alleine um eine Beschreibung, noch um eine Erklärung von psychologischen Prozessen im wissenschaftlichen Sinne geht. Das wäre dem Problem nicht gerecht geworden!

So hört es sich für Dich vielleicht hart an, aber ich gelangte zunehmend zum unabweisbaren Eindruck, dass es sich um Phänomene handelt, die sich in nahezu *krankhaften Zuständen* und Vorgängen unserer menschlichen Psyche widerspiegeln. Dabei sollten wir davon ausgehen, dass jede unserer Lebensweisen als psychisch gestört oder neurotisch bezeichnet werden könnte, was uns so weit blockiert, einengt und –igelt, dass unser freier Vorwärtsdrang zu neuen Entscheidungen und unser persönliches Wachstum behindert wird.

Von diesem Ansatz können wir dann zahlreiche Einzelphänomene (Symptome), als auch »Syndrome« aufdecken und versuchen deren Herkunft, Entstehung, Mechanismen und Verlauf genauer zu erkunden.

Wenn wir nun schon mal soweit sind und verantwortungsvoll arbeiten, dann können wir schließlich auch noch eine Diagnose und im Anschluss eines Heil- und Kostenplans eine Therapie empfehlen!

Das ist aber dann genau das, was die »Pathologie« (*»Lehre von der Krankheiten«*) *als Krankheitslehre und -forschung leistet!*

Aber nicht, dass Du nun meinst, dass die ganze Sache schon ‚gelaufen‘ sei, weil der ‚Patient‘ eh schon <u>tot</u> darnieder liege. So wie Du dies oft in Kriminalfilmen siehst, wenn die Leiche beim ‚Pathologen‘ auf dem Seziertisch landet. Eigentlich handelt es sich in einem solchen Fall dann um Rechtsmediziner bzw. Gerichtsmediziner, nicht etwa um den Pathologen!

Meine grundlegende Vorgehensweise kommt da eher der des TV-Diagnosespezialisten Dr. Gregory House (Hugh Laurie) näher – nur auf psychologischem Gebiet natürlich. Und wahrscheinlich argumentiere ich ebenso unorthodox und gewöhnungsbedürftig wie dieser.

Tatsächlich habe ich bei der Analyse der Situation, also meiner *Diagnose*, keine Rücksicht auf die Befindlichkeiten der Menschen in meinem Umfeld, meiner Gesellschaft, dem Staate oder Deine nehmen können. Im Gegenteil: Es wäre wichtig, wenn Du dich angesprochen fühlst und glaubst den Spiegel vorgehalten zu bekommen! Dann wäre zumindest Dein erster Schritt geschafft, denn Selbsterkenntnis ist bekanntlich der erste Schritt zur Besserung – in diesem Falle:

Zur Heilung! Oder? Und Heilung benötigst Du natürlich nur, wenn Du krank bist, was – so glaube ich – jeder bei sich selbstkritisch prüfen sollte.

*Nicht umsonst stelle ich uns natürlich hier ebenso die etwas zweideutige Frage: „**Sind wir noch »zu retten«?***

Zuerst bezieht sich die Frage natürlich auf uns als Teil der Natur und unseres Planeten. Hier soll ausgedrückt werden, dass wir natürlich ein gemeinsames Interesse haben. Und als **Auslöser** der größten Zerstörung der Weltgeschichte sind wir gleichzeitig natürlich auch angesprochen als die wichtigsten **Problemlöser**.

Zweitens – und das sollte uns noch wichtiger sein – impliziere ich natürlich den Bezug zu dem Ausruf des Volksmundes: ‚**Bist du noch zu retten!**‘ der ja übersetzt meint: ‚**Du spinnst wohl!**‘

‚Spinnen‘ wiederrum drückt den Zweifel aus, den wir am ‚geistigen Befinden‘ eines Zeitgenossen haben. Und so, wie wir mit uns selber, unserer Gesellschaft und unserem Globus umgehen, müssen wir uns die Frage gefallen lassen: ‚**Bist Du noch zu retten?**‘

Dies ist eine berechtigte Frage an ein Wesen in unseren aufgeklärten westlichen Gesellschaften, das wohlwissend um seine eigene Sterblichkeit alle transzendenten Instanzen um sich herum abgebaut und desavouiert hat und nun glaubt sein eigener Selbstzweck, sein **»causa sui«** - Ursache für sein eigenes Sein – zu sein!

‚**Bist Du noch zu retten?**‘ impliziert aber auch die Frage im Klarsinn: ‚**Kannst Du dich denn selber retten?**‘

Denn wir sind ein Wesen, dass Gott abgeschafft hat, selber Gott sein möchte und als **»Göttchen«** aber schon lange versagt hat. Wir können uns nicht an den eigenen Haaren aus dem Schlamassel herausziehen. Denn am Horizont von »Göttchens« Himmel stehen die schwarzen Wolken eines Unwetters, gegen das »Göttchen« nichts bewirken kann.

Dieses Unwetter schlägt sich nieder in den Gewitter-Fragen, die wir uns alle selber stellen: ‚**Wo und warum bist du hier**

gelandet? Wer bist du überhaupt und was ist dein Ziel, deine Erfüllung?'

Und wir als kleines »Göttchen« haben, außer unserem **selbstüberheblichen, narzisstischen Individualismus**, weil »Göttchen« sich ja für einen Gott hält, nichts Besseres anzubieten.

Du ahnst es schon, dass das nicht gut gehen kann und dass das nicht ausreicht, um die dringendsten neuzeitlichen Probleme der Welt lösen zu können!

Ein Gott, dem schwant, dass er nur »Göttchen« ist, wird wiederum zum »Menschlein« und wird gegenüber der Erkenntnis, dass er angesichts der Natur und des Kosmos nur ein **flüchtiger Wimpernschlag** ist, psychischen Schaden nehmen. Er wird paranoide, phobische und andere pathologische Auswege aus einer letztendlich doch ausweglosen Situation suchen.

Also schauen wir nun, wie schwer »Göttchens« psychiatrische Erkrankung ist und wie sich das auch auf seine kollektiven Zusammenschlüsse im »Göttchen-Himmel« auswirken.

Sich für einen Gott zu halten, das Maß aller Dinge zu sein und zu glauben mit allen Eigeninteressen blind durch zu kommen, wirkt nicht nur überheblich, sondern ziemlich manisch und wahnhaft.

So liege ich mit dem aktuellen Titel des Buches **»Pathologie der PRIORITÄTEN«**
eigentlich vollkommen richtig.

Zu meiner Analyse wird auch gehören, zu fragen, ob »Göttchen« wieder einen anderen Gott neben sich akzeptieren könnte. Klar: Du wirst einige Auseinandersetzungen gerade mit dem Christlichen Glauben finden, denn ich bin ja Christ. Du kannst hier natürlich das Buch auch schon weglegen, nur weil hier drin ‚Religionsmumpitz' vorkommt. Das kannst Du auch machen, wenn du meinst, dass unser individuelles Hier- und Sosein nicht <u>mehr</u> ist als ein kurzer, zufälliger Hauch der Beseelung von Materie. Wir sollten uns aber gemeinsam die Frage stellen, wie wir mit diesem Hauch umgehen und ob wir in Hoffnung leben können und wie wir mit der uns augenscheinlich innewohnenden magischen Transzendenz und Metaphysik umgehen können!?

Ich selber erkenne an, dass der Glaube an einen Gott, an eine höhere Ordnung, schon eine Art Therapie war, als es noch gar keine Psychiatrie oder Psychotherapie gab.

Ob wir aber dann **»zu retten«** sein werden, hängt davon ab, ob wir am Ende krankheitseinsichtig sind und bereit sind, eine Therapie durchzuhalten.

Du liest immer noch weiter? Das ist gut. Also lass uns fortfahren…

2. Von Interessen und PRIORITÄTEN

Zum weiteren Vorgehen müssen wir noch eine Begriffsbestimmung vornehmen, damit wir die Dimensionen beider Begriffe – Interessen und PRIORITÄTEN – und deren Zusammenhänge erkennen können.

Das lateinische *»inter-esse«* bedeutet letztendlich *»Dabeisein«* oder *»Mittendrin-sein«*, wobei ich hier nicht das Interesse im psychologischen Sinn meine, welches eher eine kognitive Erregung, also eine Art Aufmerksamkeit, bezeichnen könnte. Alle Dinge, die einen Menschen kognitiv erregen, interessieren ihn – vom Hobby bis zu Pflichten. Wir werden noch sehen, dass diese Form von Interesse in unsere Problematik hineinspielen wird.

Was ich jedoch hier in erster Linie mit Interesse meine, ist unser Begehren in Hinblick auf die Ressourcen zur persönlichen oder kollektiven Bedürfnisbefriedigung, das das Überleben von Individuen oder Gruppen sichern kann. Hierzu gehören ebenso politische wie wirtschaftliche Vorteilsnahme. Eine Vorteilsnahme, die in der evolutiven Vergangenheit der Spezies wie auch des Homo Sapiens immer wieder die Überlebensvorteile sicherte.

Diese Interessen und Bedürfnisse haben gewisse Vorränge, in deren Reihenfolge sie verwirklicht und umgesetzt werden sollen oder gar müssen. Die Rangreihenfolge der Verwirklichung kann festgelegt werden durch eine zeitliche Reihenfolge von Ereignissen, d.h. einer **Dringlichkeit**, oder aufgrund einer Bewertung, d.h. eine Priorisierung. Du hast es dann mit Interessensphären, PRIORITÄTEN zu tun…

2.1 Individuelle psycho-pathologische Interessensphären

Um in diesem Zusammenhang Verwechslungen mit der Individualpsychologie Alfred Adlers zu vermeiden, sollten wir hier absichtlich nicht den Begriff »Individualpsychologisch« verwenden. Trotzdem kannst Du hier von Adler lernen und voraussetzen, dass der Mensch ein unteilbares Individuum ist, welches ebenso Teil von sozialen Prozessen ist. Der Mensch ist also auch immer ein soziales Lebewesen. Du kannst nichts alleine…

Zudem sieht Adler als Triebkraft des Individuums ein *positives Minderwertigkeitsgefühl*, welches entsteht, um organische Minderwertigkeit und Lebensschicksale auszugleichen – zu kompensieren. So entstehe ein Antrieb zu Wachstum und Entwicklung beim Individuum, die auch eine Erziehbarkeit bewirkt. *»Pathologisch«* wäre nach diesem Verständnis jedoch erst der *hemmende Minderwertigkeitskomplex*, der eine psychische Überkompensation eines verstärkt erlebten Minderwertigkeitsgefühls darstellt.

Wir, die Menschen, bewegen uns jedoch auch in *bergenden sozialen Beziehungen* in denen wir Lebensangst und Minderwertigkeitsgefühl durch eine tragfähige zwischenmenschliche Beziehung überwinden können. Unsere psychische Gesundheit ist dabei daran messbar, inwieweit wir eine positive Beitragsleistung zur sozialen Lösung der Lebensfragen erbringen.

Kultur und Zivilisation erscheinen so wie „produktive Antworten auf den allmenschlichen Minderwertigkeitskomplex".[1] Wegen seiner Minderwertigkeit strebt der Mensch hierdurch evolutionär nach Vollkommenheit.

Soweit Adler.

Seine Grundlagen weisen jedoch auf einen wichtigen Antrieb menschlichen Lebens hin: Organische Unzulänglichkeiten bis hin zur Sterblichkeit. Du wirst auch noch sehen, dass z.B. Ernest Becker (1924 -1974), Sozialanthropologe und Schriftsteller, solchen Lebensfragen einen anders nuancierten Stellenwert gibt.[2]

So werden wir feststellen müssen, dass die wenigsten Beweggründe menschlicher Entscheidungen und PRIORITÄTEN rational erklärbar sind. In der Regel liegen ihnen offenbar psychopathologische Ursachen zu Grunde, die nur schwer steuerbar sind und in der Regel sogar der Verdrängung unserer grundlegenden Ängste dienen. Und nicht alles, was logischem und rationalem Denken zu entspringen scheint, ist auch logisch. „Paranoides Denken etwa ist dadurch gekennzeichnet, dass es zwar völlig logisch sein kann, sich aber in keiner Weise für die Realität interessiert oder konkret danach fragt. Logik schließt also Wahnsinn nicht aus, logisches Denken ist nicht vernünftig, wenn es nicht von der Sorge um das Leben geleitet wird und wenn

---

[1] Rattner, Josef, Klassiker der Tiefenpsychologie, München 1990, S. 47 ff
[2] Becker, Ernest, The Denial of Death, New York 1973

es den Vollzug des Lebens in seiner ganzen Konkretheit und mit all seinen Widersprüchen außer Acht lässt. Andererseits kann nicht nur das Denken, sondern können auch Emotionen vernünftig sein."[1]

Wenn Du willst, schauen wir uns einmal die irrationalen, aber logisch erscheinenden Beweggründe in unserem Handeln an...

2.1.1 Urängste des Individuums

Der Mensch – auch Du – ist endlos beladen mit Ängsten. Und Du schleppst eine Menge Ängste mit Dir herum, die sich in unserer hominiden Evolution gebildet haben. Einige davon kannst Du durchaus als *»Urängste«* bezeichnen, die leider kaum zu beherrschen sind. Unter anderem wird deine Amygdala, der Mandelkern, als dein wichtigstes Angstzentrum in Deinem Gehirn vermutet. Sie liegt im limbischen System deines Gehirns zwischen dem Neocortex und dem Hirnstamm. Es ist entwicklungsgeschichtlich ein sehr alter, man könnte auch sagen ‚primitiver‘, Bereich deines Gehirns, der unter anderem auch Deine evolutiv geerbten Urängste steuert. Das geschieht leider jenseits von Deinen vernunftgemäßen oder intellektuellen Beeinflussungsversuchen. Das macht Deine *Urängste* so schwierig beherrschbar, weil sie zudem auch von zentraler Bedeutung für Dein Überleben als Individuum und der ganzen Spezies sind. Angste haben also immer einen wichtigen Zweck erfüllt: Die Steuerung von Vorsicht, Verteidigungshaltung und Fluchtreaktionen. Diese überlebenswichtigen Ängste sind daher so tief in Dein Gehirn eingebrannt, dass sie sich teilweise – auch wenn sie heute weniger nützlich sind – eine Art Eigenleben entwickelt haben. Dabei locken sie Dich dann auch manches Mal auf die »falsche Fährte«, ohne dass Du bemerkst, worum es überhaupt geht.

So kannst Du auch Phobien, spontan und frei flottierende Angstzustände gegenüber Situationen oder Objekten entwickeln (z.B. Spinnenphobie, Sozialphobie, Klaustrophobie etc.). Wenn dies nicht bei Dir selber der Fall ist, so kannst Du dies ja bei vielen Freunden vielleicht beobachten.

---

[1] Fromm, Erich, Die Revolution der Hoffnung, München 1987, S. 56

Ich möchte Dir hier jedoch die zwei entscheidendsten, das gesamte Leben unserer Gesellschaft unterschwellig beeinflussenden, Angstphänomene beschreiben:

> Unsere **Angst vor dem Tode** – eine zum Teil chronifizierte **»Thanatophobie«** – und
> unsere **Angst vor dem Fremden**, welche meines Erachtens nur eine Modifikation der Angst vor dem Tode ist…

…denn von allen Tatsachen, die den Menschen bewegen, ist eine der wichtigsten unsere Sterblichkeit. Jede Spezies hat den Instinkt, ihr Leben so lange wie möglich aufrecht zu erhalten, um vor dem eigenen Tod möglichst viele Nachkommen zeugen und möglichst viel Erbgut verbreiten zu können. Jedoch für das menschliche Individuum ist die Frage des Todes viel existentieller, denn es ist sich seiner Endlichkeit bewusst! Du kennst deine Angst vor dem individuellen Nichtsein – Deinem Tod!
Ernest Becker betrachtet diese Tatsache als derart entscheidend, dass er sie in seinem Buch »The Denial of Death« sogar „The **Terror of Death**" nennt![1]

2.1.1.1 Die Angst vor dem Tod

Der Tod ist doof (Bert Becker)

Der Tod ist doof!
Ihm ist egal, was mir ist wichtig!
Er kommt gern plötzlich...
... klopft höchstens an!

So denk ich oft:
Ach, wär's nicht besser,
dahinzugleiten in Demenz...

…wenn er klopft an
und käme plötzlich:
Mir wär's egal!
Der Tod ist doof!

---

[1] Becker, Ernest, The Denial of Death, New York 1973, S.11

Wie ist es wohl, wenn Du eines Tages so ganz verschwunden bist? Ist dann alles aus?

Die Angst vor der Endlichkeit spielt in unserem Leben eine größere Rolle als wir zugeben wollen. Es überkommt Dich plötzlich. Wenn es ganz ruhig ist, Du vielleicht noch im Bett liegst. Was ist wenn Du nicht mehr bist? Unruhe durchzuckt deinen Körper, Du springst aus dem Bett und willst spüren, dass Du noch lebst. Der Tod ist für uns nicht begreifbar. Das *»Nicht-mehr-Sein«* macht uns Angst! Er ist unvorstellbar...

„Tod kommt aus natürlichen Ursachen, bedeutet Aufhören der biologischen Lebensprozesse, mit denen als ihrer Voraussetzung alle anderen Lebensprozesse gleichfalls enden. Was bleibt, ist ein Ding, die Leiche."[1]

Und da Du auch ein soziales Wesen bist, beendet der Tod auch alle deine Persönlichkeit und deine sozialen Beziehungen zu all deinen Mitmenschen. Er ist für uns so bedrängend, weil im Gegensatz zu unserer Existenz eine Nicht-Existenz geistig nicht erfassbar ist. »Nichts« ist für uns »nicht« erfahrbar und ebenso wenig erstrebenswert, weil nur die Existenz uns Möglichkeit zum Personsein und Sosein gibt. Tod ist Irreversibel, universal und führt zum absoluten Funktions- und Kontrollverlust! Und wir erkennen, dass wir ihm nicht entrinnen können: dem wahren Dilemma von Existenz, dem des sterblichen Tieres, welches sich gleichzeitig seiner Sterblichkeit bewusst wird.[2] Das flößt uns Angst ein oder wie Becker sagen würde: *Es terrorisiert uns...*

Tatsache ist, dass unsere Todesangst – die *»Thanatophobie«* – eigentlich keine Angststörung ist, die einfach nicht sein müsste, aber den Menschen unnötiger Weise heimsucht. *Todesangst ist real* und sie ist berechtigter Weise zugegen: Bei jedem Menschen! Da der Mensch das Leben hat, hat er auch sicher den Tod zu erwarten. Dein Bekümmertsein, deine Angst vor der Sinnlosigkeit des Daseins im Angesicht des Todes „ist nun keinesfalls ein krank-

---

[1] Fuchs, Werner, Todesbilder in der modernen Gesellschaft, Frankfurt am Main 1973, S. 71

[2] Vgl. Becker, Ernest, The Denial of Death, New York 1973, S.268
„We saw that there really was no way to overcome the real dilemma of existence, the one of the mortal animal who at the same time is conscious of his mortality."

hafter Tatbestand, ein pathologisches Phänomen, und wir haben uns vor einer derartigen Auffassung – man könnte auch sagen Pathologismus – gerade im klinischen Bereich zu hüten."[1]

Ernest Becker sagt aus psychotherapeutischer Sicht: „I don't believe that the complex symbol of death is ever absent, no matter how much vitality and inner sustainment a person has. Even more if we say that these powers make repression easy and natural, we are only saying the half of it. Actually, they get their very power from repression." *(Ich glaube nicht, dass die komplexe Bedeutung des Todes jemals abwesend ist, egal wie viel Lebendigkeit und innere Stärke ein Mensch hat. Noch mehr: Wenn wir sagen, dass diese Kräfte die Verdrängung einfach und natürlich machen, sagen wir nur die Hälfte. Tatsächlich beziehen diese Menschen ihre eigentliche Macht aus der Verdrängung [der Todesangst].[2])* Becker deutet hier an, wie wichtig und selbstverständlich Verdrängung der Todesangst für unser Leben zu sein scheint.

So ist die im Tod inkriminierte vermeintliche Sinnlosigkeit unseres Lebens ein Tabu, etwas was wir – die Menschen – natürlich zwingend ignorieren und verschweigen. Wir tun so, als seien wir unsterblich und verdrängen die Gewissheit unseres persönlichen Nichtseins! „… **meditatio mortis** ist gerade in der modernen, säkularen Gesellschaft verpönt. Die Fixierung auf Attraktivität und Vitalität lassen weder Zeit noch Raum für Gedanken über die Vergänglichkeit."[3]

Exkurs: So befasst sich zum Beispiel die Thanatopsychologie speziell mit Erleben und Verhalten gegenüber Sterben und Tod und geht von einer „mehrdimensionalen Struktur des Todeskonzeptes" aus.[4] Auffällig ist jedoch, dass selbst Protagonisten der Thanatopsychologie Sterben und Tod als allgegenwärtiges Thema

---

[1] Frankl, Viktor E., Das Leiden am sinnlosen Leben, Freiburg 2004[15], S. 78

[2] Becker, Ernest, The Denial of Death, New York 1973, S.22

[3] Füller, Ingrid, Altern und Jugendwahn, Von der Last mit der Vergänglichkeit in Deutschlandfunk, 03.10.2012, aufgerufen 31.03.2019, https://www.deutschlandfunk.de/altern-und-jugendwahn.1184.de.html?dram:article_id=223130

[4] Vgl: Wittkowski, Joachim, Psychologie des Todes, Darmstadt 1990, S.47

verschieben und vorwiegend den Mensch im Sterbeprozess oder das Todesverständnis von Kindern beobachten und erforschen. Wenn diese Thematik im Leben »gesunder« Menschen erforscht wird, dann nur in deren direkt betroffenen Funktion als Anverwandte, Sterbebegleiter, Mediziner, Forscher etc.[1]

Das Akzeptieren unseres eigenen Todes ist jedoch ein lebenslanger Prozess, weil Sterben, Tod und die Angst davor lebensimmanente Tatsachen sind, die uns alle betreffen, vom Kind bis zum Greis. So wird im Alter zwischen 6 und 8 Jahren mindestens „ein partielles Verständnis der konstituierenden Komponenten des reifen Todeskonzeptes erworben."[2]

Und nur Menschen mit einem reifen Todeskonzept werden ihr Leben bis zum Tode authentisch durchschreiten. Um dies zu beschreiben bedient sich Ernest Becker in seinem Buch des Begriffes des *„Heroism"* – Heldentums.

Unser Verdrängen und Tabuisieren ist kein Konzept. Kein Individuum wird der letzten Konsequenz entgehen können, denn die grundsätzliche Sterblichkeit unserer eigenen Person ist unausweichlich. Wir müssen es heldenhaft durchstehen, denn „ein ganzes Leben mit dem Schicksal des Todes zu leben, der unsere Träume und sogar die sonnenreichsten Tage verfolgt - das ist etwas anderes!"[3]

Auch wenn religiöse Menschen den eigenen Tod in Gottes Hand legen und glauben zu akzeptieren, dass sie ihren Tod nicht beeinflussen können, so bleiben bei allem Glauben Zweifel. Und kein Glaube schafft unsere stillen Momente der Angst aus dem Sinn und aus der Welt. Und sicher: Ein kluger Gott würde auch nicht das große Geheimnis um unseren Tod lüften! Er würde uns nicht den Beweis eines »Danach« liefern wollen! Denn gerade dieses Unwissen, die Verwundbarkeit und Endlichkeit spornt uns – die Menschheit – zu den großartigsten philosophischen, technischen und wissenschaftlichen Leistungen an. Die Todesangst treibt den Menschen um und an! „Der Tod als Mitspieler und Gegenspieler des Lebens gibt diesem seine Gestalt. Er

---

[1] Vgl ebenda: S.4 ff
[2] ebenda: S.58 ff
[3] Becker, Ernest, The Denial of Death, New York 1973, S.27 (meine Übersetzung)

befruchtet das Leben, er vernichtet und wirkt gleichzeitig schöpferisch".[1] Daher würde ein Gott ein vernunftbegabtes Wesen wohl nie ohne Tod erschaffen...

Der Glaube hilft also dabei, aber Religiosität ist keine Garantie dafür, leichter aus dem Leben zu scheiden. Der Mensch kommt ohne religiöse, magische und heilige Elemente nicht gegen diese Unsicherheit an, wenn er »heldenhaft« dem Tod und dem Leben die Stirn bieten will.

„Der Drang zu einem kosmischen Heldentum ist sodann heilig und mysteriös und durch Wissenschaft und Säkularismus nicht einfach zu ordnen und vernünftig zu betrachten. Die Wissenschaft ist immerhin ein Glaubensbekenntnis, das versucht hat, die Angst vor Leben und Tod in sich aufzunehmen und zu verneinen; und sie ist nur ein weiterer Wettbewerber im Rollenspektrum des kosmischen Heldentums."[2]

Unsere Angst vor dem Tod löst somit Flucht- und Verdrängungsreaktionen aus, die unsere modernen Gesellschaften kollektiv befallen haben. Im Buch eMANNzipation hatte ich folgende Theorie aufgestellt: „In unseren (post)modernen, westlich geprägten Gesellschaften mit ihren gleichgestellten, gleichberechtigten Wertewelten wurden die Lebensstrategien aus dem Inneren der mütterlichen Bruthöhlen nach außen gestülpt. Im Mittelpunkt steht das Bewahren und Bemuttern und es ist von hieraus eine inakzeptable Vorstellung, dass das Gesetz der Sterblichkeit letztendlich unsere Brutpflege schon beherrscht. Keine Gefahr darf hier eindringen. Tod ist tabu. Tod muss verhindert werden. Es ist diese neue, große Angst vor dem Tod, die einen übermächtigen Drang zur Bemutterung, Überbehütung und Versicherung erzeugt."[3]

„Statt zu fragen, wofür wir leben, fragen wir uns nur noch, wie wir möglichst lange leben, beziehungsweise überleben können – gemäß nunmehr völlig fraglos verabsolutierten

---

[1] Csef, Herbert , Tod und Neurose. Angst, Todestrieb, Objektverlust und Narzissmus auf dem Hintergrund humaner Todeserfahrung. In Fortschritte in Neurologie und Psychiatrie 55, Stuttgart 1987, S. 164-173.

[2] Becker, Ernest, The Denial of Death, New York 1973, S.284 (meine Übersetzung)

[3] Becker, Bert, eMANNzipation, Berlin 2019, S. 140

Prinzipien wie Gesundheit, Sicherheit, Nachhaltigkeit und – vor allem – Kosteneffizienz.“[1]

„Man versucht quasi das ewige Leben im Diesseits zu produzieren, was natürlich ein völlig aussichtsloses Projekt ist. Es ist höchst anstrengend, sehr kostspielig, sehr asketisch, und am Ende stirbt man leider doch. Freilich, auch wer gesund stirbt, ist definitiv tot.“[2]

Der Tod wird in unserer Gesellschaft meist erst im hohen Alter zum Thema, ohne dass er im täglichen Leben stattfinden dürfte. „Die meisten Menschen sterben heute in Krankenhäusern, Altenheimen oder Hospizen, aber nicht mitten unter uns.“[3] „Menschen über neunzig, (...), sind, (...), für die Regeln der gesundheitsreligiösen Political Correctness aussichtslose Fälle.“[4]

Hinzu kommt, dass die Tatsache, dass unser Tod ja nun nicht endgültig verhindert werden kann, er zumindest systematisch tabuisiert werden soll. Dies geschieht in hedonistisch geprägten Gesellschaften u.a. durch eine besondere Taktik: Unseren wahnhaften Versuch sich gegen Alterung und Tod zu stemmen!

„Dieser Antrieb der Angst vor der Irrelevanz – wir werden nicht gebraucht – oder der Angst vor dem Tod treibt uns dazu, uns verewigen zu wollen.“[5]

Exkurs: Im Mai 2019 fand die »Woche für das Leben« als jährlich wiederkehrende Initiative der Deutschen Bischofskonferenz und der Evangelischen Kirche in Deutschland statt. Es geht immer um den Schutz des menschlichen Lebens und die „unantastbare Würde jedes einzelnen Men-

---

[1] Pfaller, Robert, Wofür es sich zu leben lohnt, Frankfurt 2018[7], S. 18

[2] Lütz, Manfred, Der Gesundheitswahn ist die neue Religion, im Interview mit Norbert Lossau, Welt Online, 18.12.2011, aufgerufen 07.04.2019, https://www.welt.de/gesundheit/psychologie/article13770583/Der-Gesundheitswahn-ist-die-neue-Religion.html

[3] Füller, Ingrid, Altern und Jugendwahn, Von der Last mit der Vergänglichkeit in Deutschlandfunk, 03.10.2012, aufgerufen 31.03.2019, https://www.deutschlandfunk.de/altern-und-jugendwahn.1184.de.html?dram:article_id=223130

[4] Lütz, Manfred, Lebenslust, Wider die Diät-Sadisten, den Gesundheitswahn und den Fitness-Kult, eBook-Ausgabe, München 2002, Position 1206

[5] Anders Indset, Quantenwirtschaft - Was kommt nach der Digitalisierung?, Berlin 2019, S. 213

schen in allen Lebensphasen, besonders wenn diese gefährdet oder in Frage gestellt ist.[1] *Die Initiative ist sicherlich wichtig, aber sie spiegelt auch durchaus den menschlich verständlichen und verzweifelten Versuch dar, auch den letzten Suizid noch verhindern zu können! Nachdem die Kirchen schon lange zuvor Suizid einfach verurteilt hatten, weil es schließlich Gottes Recht sei, Leben zu geben und zu nehmen. Jetzt - und das ist sicher eine wichtige Kehrtwende – sehen sie ein, dass die Liebe Gottes sich den Individuen in Notsituationen nur zuwenden, nicht abwenden, kann!*

Auch wenn ich selber der Meinung bin, dass mein Leben tapfer durchzuhalten ist – manchmal bis zum bitteren Ende –, so ist dies jedoch nur meine eigene Meinung und ich kann nicht voraussagen, dass ich nicht doch noch mal den Mut verlieren werde. Wir müssen aber akzeptieren, dass es Menschen gibt, die in ihrem Leben, ggf. aus gesundheitlichen Gründen, bewusst keinen Sinn mehr sehen, weil sie die Selbstkontrolle nicht verlieren möchten und nur noch fremdbestimmt durch eine schwere Erkrankung wären. Aber es scheint schwer, diese Entscheidungen anzunehmen und sich ggf. auch für eine Begleitung in den Tod zu entscheiden.

Ist der suizidale Mensch auch immer der, der gerettet werden muss? Gehört ihm nicht doch das Recht, auch für seinen letzten, endgültigen Akt eine Entscheidung zu treffen?

„Jedes Jahr nehmen sich ca. 10.000 Menschen das Leben, weil sie in ihrem Leben keinen Sinn mehr sehen, weil sie verzweifelt, hoffnungslos oder krank sind. Wir wollen den Hintergründen von Depression und Todeswunsch nachgehen und Wege für eine bessere Sorge um suizidgefährdete Menschen eröffnen. (…) Mit der diesjährigen Woche für das Leben zeigen wir, dass wir zur Stelle sind, wenn Menschen uns brauchen, und dass wir ihnen helfen möchten, eine Krise zu überwinden und neue Lebensperspektiven für sich zu entwickeln.[2]

---

[1] Marx, Reinhard, Vorsitzender der Deutschen Bischofskonferenz, u. Bedford-Strohm, Heinrich, Vorsitzender des Rates der Evangelischen Kirche in Deutschland, Geleitwort, Die Woche für das Leben 2019 »Leben schützen. Menschen begleiten. Suizide verhindern.«, geöffnet 04.05.2019, https://www.woche-fuer-das-leben.de/

[2] ebenda

Im gleichen Monat ringen die Politiker in Berlin um eine neue Regelung der Organspende. Genaugenommen ist die Diskussion auch nur gespeist aus dem Bemühen, den Tod zu verdrängen und möglichst viele Menschen zu retten – deren finales Schicksal (das Sterben) hinauszuzögern! Gleichzeitig wird aber auch die reife Auseinandersetzung mit dem individuellen Tod selber nicht gefördert, ja: vermieden. Damit ist aber klar, warum sich nur wenige Menschen für Organspende aktiv entscheiden. Der Mensch klammert an allem, von dem er meint, dass es ihn als Individuum ausmacht. Da der Mensch sich ohne reifes Todeskonzept auch nicht als altruistisches Wesen, das für ein größeres Ganzes – die Menschheit – lebt, begreifen kann, ist wohl eine »Widerspruchslösung« ein sinnvoller, legitimer Weg, die sozialen Beteiligungspflichten der Individuen einer Gesellschaft gegenüber adäquat sicher zu stellen!

Ein tätowiertes X hinter dem linken Ohrläppchen könnte sicher den Widerspruch gegen die Verwertung des eigenen Körpers oder seiner Teile zur Rettung eines Dritten dann genügend dokumentieren!

„Und beim Anblick dieser Schönheit
Fällt mir alles wieder ein
Sind wir nicht eigentlich am Leben
Um zu lieben, um zu sein?
Hier würd' ich gern, für immer bleiben
Doch ich bin ein Wimpernschlag
Der nach fünf Milliarden Jahren
Nicht viel mehr zu sein vermag"

SIDO - Astronaut (feat. Andreas Bourani), 2015[1]

---

[1] SIDO - Astronaut (feat. Andreas Bourani), 2015,
https://www.youtube.com/watch?v=WPFLAjmWCtk

2.1.1.2 Die Angst vor dem Fremdartigen

Wenn uns der Tod mehr als fremd, aber absolut begründet ist, so ist die zweite Angst im Leben des Menschen unsere **»Angst vor dem Fremdartigen«** - die kleine Schwester der Todesangst. Sie umfasst andere Individuen, sich verändernde Lebensumstände und unbekannte Dinge, die unser Leben bedrohen und zu Tode bringen könnten. Aber – im Gegensatz vor der Angst vor dem Tod – ist sie nicht immer begründet und kann auch pathologisch sein.

*Exkurs: Ernest Becker benennt hier – neben der Angst vor dem Tod – als zweite große Angst »the fear of life«[1] (Furcht vor dem Leben). Er sagt: „Der Mensch spürt als tierischer Organismus die Art dieses Planeten, auf dem er sich wiederfindet: die albtraumhafte dämonische Wildheit, in der die Natur in Milliarden von Individuen organischen Hunger entfesselt hat - ganz zu schweigen von Erdbeben, Meteoren und Hurrikanen, die ihren eigenen höllischen Hunger zu haben scheinen."[2] Hier erahnst Du, dass Ernest Becker im Grunde dasselbe meint: Es ist nicht etwa zu beschreiben mit einer Angst **vor** dem Leben, sondern eigentlich mit einer Angst davor, das Leben **nicht zu Überleben**!*

Die **Xenophobie** (man kann sie einordnen unter **ICD 10 – F40.1 / ICD 11 - 6B04**)[3],[4] gehört zu den sozialen Phobien. Diese beschreiben in erster Linie Ängste vor der prüfenden Betrachtung durch andere Individuen oder Gruppen. Betroffene meiden dann i.d.R. soziale Situationen. Ein Zusammenspiel der Angst mit einem geringen Selbstwertgefühl und Furcht vor Kritik liegt auf der Hand. Betroffene verwechseln oft diese Hintergründe mit dem Hauptproblem, dass eigentlich jedoch die Angst selber darstellt. Symptomatisch können die Ängste sich bis zu Panikattacken steigern, die sich sogar somatisch manifestieren können (Schweiß-

---

[1] Becker, Ernest, The Denial of Death, New York 1973, S.53
[2] ebenda: S.53-54 (meine übersetzung)
[3] Internationale statistische Klassifikation der Krankheiten und verwandter Gesundheitsprobleme, 10. Revision, Version 2019
[4] ICD-11 for Mortality and Morbidity Statistics (Version : 04 / 2019), https://icd.who.int/browse11/l-m/en#/http%3a%2f%2fid.who.int%2ficd%2fentity%2f2062286624

ausbrüche, weiche Knie, Herzrasen etc.). So ist eine Phobie immer eine übertriebene, der Situation unangemessene Angst.

Die Xenophobie als Fremdenangst speist sich jedoch aus einer Wechselwirkung zwischen Urängsten und dem Versuch diese rational erklären zu wollen. Das was früher ein Vorteil für´s Überleben war, wird nun zu einer hinderlichen Belastung. In unseren Urzeiten war es eben sinnvoll sich im Stamm oder der Familiengruppe zusammenzutun und sich gegen fremde Stämme zu verteidigen.

Leider ist diese **Xenophobie** heutzutage hervorragend durch Populisten und rechten Politiker für ihre eigenen Zwecke zu instrumentalisieren.

Der Angstforscher Borwin Bandelow sagt: „Ich glaube tatsächlich, dass die Xenophobie dazu führt, dass ein Großteil der Bevölkerung übergroße Ängste vor dem hat, was auf uns zukommt."[1] Und wenn Du erwarten solltest, dass Du damit u.U. auch Fremdenfeindlichkeit bewusst machen könntest, so irrst Du dich. „Nur weil man einen Mechanismus durchschaut, beherrscht man ihn nicht." Diese angstgesteuerte Fremdenfeindlichkeit entsteht aus dem egozentrischen Selbstbezug solcher Menschengruppen, die Ressourcen, Lebensräume und Ideologien nicht mit Anderen oder Fremden teilen wollen. Populisten und Demagogen leben vom Hass, der gespeist ist aus unserer Angst. Sie sind jedoch nicht miteinander gleich zu setzen. Die Angst – auch die Fremdenangst als eine der Urängste – mögen wir alle haben. Zum Hass wird sie nur unter bestimmten Voraussetzungen. „Dem Hass geht ein Ohnmachtsgefühl voraus, er ist eine Reaktion auf empfundenes Unrecht, auf Zurückweisung. In den meisten Fällen ist es die Emotion des Unterlegenen, er fühlt sich der Abwertung durch sein Gegenüber hilflos ausgeliefert und erlebt seine Situation als unerträglich."[2] Deswegen schließen sich Menschen, die sich subjektiv benachteiligt und bedroht fühlen auch oft in

[1] Bandelow, Borwin, im Interviiew mit Höhnl, Franziska, Die Angst vor dem Fremden schlummert in jedem, in WeLT, 08.10.2015, aufgerufen 04.05.2019, https://www.welt.de/gesundheit/psychologie/article147372371/Die-Angst-vor-dem-Fremden-schlummert-in-jedem.html
[2] Cossham, Lisa Frieda, Gebrauchsanweisung für ein Gefühl: Hass in Zeit Online, 29.06.2018, https://www.zeit.de/zeit-wissen/2018/04/emotionen-hass-gefuehl-empathie

radikalen und fanatischen Gruppierungen zusammen. „Haß ist ein repulsiver Affekt, getragen von innerer Gegnerschaft und entschiedener Feindseligkeit."[1]
Wäre Rechtsradikalismus mit einer solchen Prägung ggf. als psychiatrische Angststörung zu diagnostizieren? Vielleicht!

Exkurs: „Derartige Ängste haben bereits politische Wirkung entfaltet. Beispiele sind : Die Entscheidung einer Mehrheit der britischen Wähler, die Europäische Union zu verlassen; die Wahl Trumps zum US-Präsidenten; die xenophobe Wende der österreichischen, dänischen, ungarischen, polnischen Politik (die Aufzählung wäre fortzusetzen) und speziell in Deutschland das Erstarken der xenophoben Partei ‚Alternative für Deutschland'. Jedes dieser Ereignisse steht dafür, dass fremdenfeindliche Gefühle und Äußerungen öffentlich werden. Mehr noch: Sozialliberale Meinungen und insbesondere diejenigen, die den (immer noch mehrheitlichen !) gesellschaftlichen Konsens vertreten, sich gegen Xenophobie zu stemmen, werden als angeblich von den Nöten und vom Willen der ‚normalen Leute' abgekoppelte politische und (groß)städtische Eliten beschimpft."[2]
Du erkennst hier, wie sich eine generalisierte Angst gegen alles Fremdartige, Neues und Veränderung insgesamt bündelt. Diese wird durch Globalisierung, wirtschaftliche Existenzängste, Einwanderung, Begegnung mit fremden Kulturen und Terror geschürt. Und diese explosive Mischung reagiert wie ein Feuer, dass geschürt wird wenn öffentliche Persönlichkeiten auch nur Verständnis für diese Ängste zeigen.
Es sei unter Umständen ein Fehler gewesen, merkt der britische Politikwissenschaftler und Soziologe Colin Crouch an, dass die britische Regierung bereits lange vor vielen anderen EU-Mitgliedern entschieden habe, den Einwanderern aus Polen und anderen osteuropäischen Ländern freien Zutritt zu gewähren. Dies habe zur „Brexit-Stimmung" beigetragen. Es sei politisch gesehen falsch gewesen, dass

---

[1] Hettlage-Varjas, Andrea und Hettlage, Robert, Die Entstehung von Fremdenhaß in unserer Gesellschaft, 1990, in Psychoanalyse und Soziologie im Dialog. Wege zum Menschen 42, S. 473.
[2] Crouch, Colin, Mit vorwärtsorientierter Politik gegen rückwärtsgerichtete Xenophobie, in Hans-Böckler-Stiftung(Hrsg.), wsi mitteilungen (Jg 71.) 2/2018, S.82

Deutschland 2015 seine Grenzen für Geflüchtete aus dem mittleren Osten spontan geöffnet habe. Trotzdem sei dies das moralisch beste Beispiel für Großzügigkeit und Menschlichkeit eines westlichen Landes gegenüber Kriegsopfern und Vertriebenen aus diesen Regionen gewesen.[1]

Eins wird Dir klarer: Menschen in ärmeren, zurückgelassenen Regionen und die konservativ-mittelständigen, wohlhabenderen Menschen erliegen eher einer tiefen Unsicherheit, Unzufriedenheit und Angst sind die Petrischale für **Xenophobie.**

2.1.2 Der induzierte Gruppenwahn und -zwang der modernen Gesellschaft

„Unter dem Wahne, als einer Triebfeder der Begierden, verstehe ich die innere praktische Täuschung, das Subjektive in der Bewegursache für objektiv zu halten."
Immanuel Kant, Anthropologie (1798), § 84

„Jenseits der 40 verschärft sich dieses Bewusstsein für die eigene Vergänglichkeit und wird ergänzt durch die Auseinandersetzung mit dem eigenen Tode. Diese schmerzhafte Erfahrung ist Quelle für Konflikte und Psychopathologie. Ein besonderes Bewusstsein für diese Lebensphase besteht seit der Einführung des Begriffs »Midlife-Crisis«[2]

Die **»Midlife-Crisis«** ist ursprünglich „mit negativen Attributen besetzt und wurde generalisiert verstanden als alle Menschen in der »westlichen Kultur« betreffend." [3]

Die Midlife-Crisis ist vom Konzept ein Phänomen wie die Pubertät, die jeder Mensch durchläuft um sich mit der eigenen nahenden Endlichkeit auseinanderzusetzen.

Unser Gedanke daran wird mit fortschreitendem Alter unerträglicher.

---

[1] ebenda: S.82
[2] Euler, Sebastian; Brähler, Elmar; Brosig, Burkhard, Das Dorian-Gray-Syndrom als »ethnische Störung« der Spätmoderne in psychosozial 94, Gießen 2004, S. 81
[3] ebenda: S. 82

Der Jugendwahn mit seinen Artverwandten, Fitness- oder Gesundheitswahn, ist bei diesen Prozessen eigentlich nur der Wiederhall der Todesangst.

Ich ziehe zur Erklärung bewusst parallel das Krankheitsbild einer *»induzierten wahnhaften Störung« (ICD 10 – F24 / ICD11 - Entwurf des ICD 11 wird leider nicht mehr zwischen primären und induzierten Erkrankungen unterschieden)* [1] u.a. auch *»symbiontischer Wahn«* genannt. Ursprünglich auf die Übertragung einer Wahnsymptomatik von einer paranoid erkrankten Person auf eine eng mit ihr zusammenlebenden, nicht erkrankten Person bezogen, möchte ich dieses Phänomen auf eine gesamte Gruppe oder Gesellschaft hin interpretieren. Aus dem »folie à deux« (Schwachsinn zu zweit) wird ein »folie à plusieurs« oder »folie à beaucoups« (Geistesstörung vieler/mehrer Personen). Dieses nun abgeschwächt mit »Herdentrieb« oder »Social Proof« beschreiben zu wollen, trifft das Ausmaß und die Hartnäckigkeit dieses Phänomens nicht:

Im »Herdentrieb« orientieren Menschen sich häufig an dem Verhalten mehrerer anderer, weil sie davon ausgehen, dass das die bessere Lösung ist. Man sieht es in Einzelsituationen als effizient an sich für sinnvolle Einzelentscheidungen an der größeren Mehrheit zu orientieren. Du kennst das Problem auch: Das Individuum muss Mut beweisen, eine zu deiner Peer-Gruppe konträre Meinung zu vertreten, denn das Risiko, sich zu irren, könnte gefährlich sein. „Dabei müsse der Vorangehende den Weg gar nicht kennen, es reicht, dass er so tut. Ein Dasein als Mitläufer kann demnach in die Irre führen, bisweilen gar ins Verderben, (…) . Der Verstand sollte den Füßen also schnellstmöglich folgen – und notfalls Einhalt gebieten."[2]

»Social Proof« beschreibt jedoch meines Erachtens die Intensität und Nachhaltigkeit, mit denen unsere Gesellschaft auf diese kollektive Todesangst reagiert, nur höchst unzu-

---

[1] Internationale statistische Klassifikation der Krankheiten und verwandter Gesundheitsprobleme, 10. Revision, Version 2019
+ ICD-11 for Mortality and Morbidity Statistics (Version : 04 / 2019), https://icd.who.int/browse11/l-
m/en#/http%3a%2f%2fid.who.int%2ficd%2fentity%2f2062286624
[2] Schmidt, Walter, Im Zweifel mit der Masse, in Stuttgarter Zeitung, 05.02.2014, aufgerufen 03.04.2019, https://www.stuttgarter-zeitung.de/inhalt.herdentrieb-im-zweifel-mit-der-masse.e8cec3d7-fb21-4c37-a36f-9059ca915cd3.html

reichend. Der **»Herdentrieb«** ist kurzfristig und ebbt nach Zweckerfüllung ggf. schnell wieder ab, weil sich ihm i.d.r. eigenständige Individuen angeschlossen hatten.

Den lang anhaltenden Effekt, mit dem hier die Gesellschaft zäh-klebend reagiert, kannst Du tatsächlich eher mit einem Wahn beschreiben, in den sich eine ganze Gruppe verirrt. Der Effekt ist, dass die ursprünglich gesunden Individuen tatsächlich große Gefahr laufen, eine psychiatrische Störung zu entwickeln. Die Gruppe könnte auseinandergehen und die Störung, der Wahn, bleibt! Und dieser bedeutet, dass an einer Falschbeurteilung der Realität nicht mehr beeinflussbar von persönlichen Erfahrungen mit absoluter subjektiver Gewissheit festgehalten wird.

Unsere Vergötterung von Jugend, Gesundheit, Fitness etc. kann dann schon wahnhaft pseudoreligiös werden. Je mehr wir unsere wirkliche Religiosität verlernen und je größer unsere Todesangst wird, desto größer wird auch unser Wahn.

Exkurs: 1818 veröffentlicht Mary Shelley ihren Roman »Frankenstein oder Der moderne Prometheus«[1]. Sie verfasst ihn genau an der Grenze einer religiösen Zeitenwende zum naturwissenschaftlichen Materialismus. Der Mensch als Herr über Leben und Tod, der – als Gott – neues Leben erschafft. Frankenstein benutzt „die modernen Naturwissenschaften, um seinen ursprünglichen (Alp-)Traum zu verwirklichen.

Genau auf dieser Ebene zwischen Wissen, Wahn und Wirklichkeit liegt auch der heutige Wunsch nach Unsterblichkeit. (…) Es ist kein Zufall, dass alle Schöpfer untoter Figuren diese als ewig Gestrafte darstellen. Denn was wäre das ewige Leben anderes als Wiederholung, Leere, Müdigkeit und Langeweile? Was biopsychologisch höchst wahrscheinlich ist, machen Schriftsteller damit zur Gewissheit: Begrenzt nicht der Tod das Leben, so verliert es seinen Wert."[2] Du wirst feststellen: Viele Figuren grauenhafter Untoter, von Graf Dracula bis zum Zombie sind durch die tiefe Angst der Menschen vor dem Tod entstanden. Und so ist auch die

---

[1] Shelley, Mary, Frankenstein oder Der moderne Prometheus (Deutsche Erstausgabe), Leipzig 1912
[2] Benecke, Mark, Memento Mori, Remda-Teichel (Roter Drache) 2015[5], S. 69

heutige Welt voller Untoter, die nicht sterben wollen oder können…

…die nach ewiger Jugend streben, nicht altern und sterben wollen…

…die bis ins hohe Alter noch etwas vorgeben zu sein – sportlich, dynamisch, agil, unbedarft von Todesangst – was sie aber biologisch nur begrenzt sein können.

Eine wahnhafte Armee von Untoten und des Sterbens nicht Fähigen…

Wie gesagt: Ganz dicht dabei und vielleicht auch Facette des Jugendwahns sind auch der Fitness- und Gesundheitswahn und so manch andere Erscheinung und Bewegung der modernen Welt: Von Bio bis Vegan.

„Die herrschende Gesundheitsreligion feiert ihre Hochämter bei Städtemarathons, die Fitnessstudios sind ihre Wallfahrtskapellen und Diätbewegungen ihre Bußübungen."[1]

Du kennst zahlreiche Lifestyle-Medikamente, »Anti-Aging«-Produkte und kosmetische Chirurgie, die mit dem Ziel eingesetzt werden, „ein psychosozial determiniertes Ideal zu erreichen, das den Anforderungen der modernen Gesellschaft an Vitalität, Funktionalität und Attraktivität entspricht," wobei sogar gesundheitliche Schädigungen in Kauf genommen werden.[2]

2.1.2.1 Jugendwahn

„Der Jugendwahn äußert sich nicht nur im Kampf um einen alterslosen – und damit seiner Identität – beraubten Körper, sondern auch im Aktivitätsdruck, der auf den Älteren lastet. Es scheint, als reichten gesunde Ernährung, mäßiger Sport, geistige Interessen und die Pflege von Freundschaften nicht mehr aus, um gut zu altern. Zunehmend mehr Ruheständler

---

[1] Lütz, Manfred, Der Gesundheitswahn ist die neue Religion, im Interview mit Norbert Lossau, Welt Online, 18.12.2011, aufgerufen 07.04.2019, https://www.welt.de/gesundheit/psychologie/article13770583/Der-Gesundheitswahn-ist-die-neue-Religion.html

[2] Vgl. Euler, Sebastian; Brähler, Elmar; Brosig, Burkhard, Das Dorian-Gray-Syndrom als »ethnische Störung« der Spätmoderne in psychosozial 94, Gießen 2004, S. 80

haben einen volleren Terminkalender als während der Erwerbsarbeit."[1]

„Gier, Zeitnot, Hektik, das Gefühl, etwas zu verpassen, die Panik, dass einem die Zeit davon läuft, der Druck, dass man unbedingt Kinder bekommen will oder dass man ein Werk schaffen muss - dahinter steckt immer die Angst: Mein Gott, ich werde verschwinden, es muss dringend irgendetwas von mir weiterleben!"[2]

Du wirst sicher schon bemerkt haben, dass viele Menschen mit Verdrängung und „Verleugnung des Todes und des Fortschreitens der Zeit, verbunden mit der Unfähigkeit zum »gesunden Altern«"[3] reagieren. Folge ist eine narzisstische Persönlichkeitsstruktur bzw. ein Anwachsen narzisstischer Anteile der Persönlichkeit. So sind die narzisstischen Störungen eine moderne Ausdrucksform des unbewältigten Todesproblems oder der mangelnden ›Integrierung des eigenen Todes‹.[4]

Teil dieser narzisstischen Störung ist auch, dass Schönheit und Jugendlichkeit plötzlich viel wichtiger als die ehemals so geschätzte »Weisheit« und »Erfahrenheit« der älteren und reiferen Generation eingeschätzt werden. Hast Du mal bemerkt, wie viele Alte »einen auf jung« machen?

Studien zum Jugend(lichkeits)kult zeigen auf, „wie sehr diese Idealisierung der Jugendlichkeit von kulturellen Umständen abhängig ist. Der *»cult of youth«* wird der Wertschätzung von Reife in früheren Zivilisationen gegenübergestellt. Wie eine Gesellschaft dem Alter gegenübersteht, wirkt sich aus auf das individuelle Erleben des Alterungsprozesses sowie auf das persönliche und gesamtgesell-

---

[1] Füller, Ingrid, Altern und Jugendwahn, Von der Last mit der Vergänglichkeit in Deutschlandfunk, 03.10.2012, aufgerufen 31.03.2019, https://www.deutschlandfunk.de/altern-und-jugendwahn.1184.de.html?dram:article_id=223130

[2] Hohensee, Thomas im Interview von Ruth Schneeberger, "Todesangst bestimmt unsere Kultur", Tabuthema Sterben, Süddeutsche Zeitung, 30.10.2017, aufgerufen 31.03.2019, https://www.sueddeutsche.de/leben/tabuthema-sterben-todesangst-bestimmt-unsere-kultur-1.3706466

[3] Euler, Sebastian; Brähler, Elmar; Brosig, Burkhard, Das Dorian-Gray-Syndrom als »ethnische Störung« der Spätmoderne in psychosozial 94, Gießen 2004, S. 82

[4] Vgl. ebenda: S. 82

schaftliche Streben nach Jugendlichkeit:"[1] Wir beobachten eine kollektive psychische Unfähigkeit bzw. die Weigerung, zu altern. Die ausgeprägte Angst vor der körperlichen Veränderung nimmt pathologische Züge an. Besonders da sie sich auf das Verhalten und Wohlbefinden der Individuen negativ auswirkt. So haben Eitelkeit und das körperliche Erscheinungsbild einen unvergleichlich hohen Stellenwert erlangt, besonders in Hinblick auf die eigene Jugendlichkeit. In extremen Fällen führt das u.U. zu einer *körperdysmorphen Störung (KDS)*. Diese exzessive Beschäftigung mit dem eigenen Aussehen, das als hässlich oder entstellt erlebt wird, obwohl keine oder nur minimale Normabweichungen beobachtbar sind, endet häufig in gefährlichen Praktiken, die das Altern verhindern sollen: chirurgische Eingriffe, Botox und andere Interventionen.

Auch das *Dorian-Gray-Syndrom (DGS)*[2] zeigt Symptome, die typisch für den aktuellen Zeitgeist sind. Es ist Ausdruck dieses Körperkultes, der unser Zeitalter scheinbar prägt.

Das DGS ist ein „immer häufiger anzutreffender Symptomenkomplex (…), der die Unfähigkeit, in einem psychologischen Sinne zu reifen, verbindet mit der daraus abgeleiteten Überzeugung, nicht jugendlich-schön genug zu sein, mit der Folge der Utilisation von medizinischen Lifestyle-Angeboten."[3]

„Das Dorian-Gray-Syndrom (…) ist charakterisiert durch Symptome der körperdysmorphen Störung und der narzisstischen Persönlichkeitsstörung mit Übergängen zur Perversion im Sinne einer »Fetischisierung« des jugendlichen Körpers. Es ist dabei weniger als Diagnose im herkömmlichen medizinischen Sinne zu verstehen, sondern eher als ein übergreifendes psychodynamisches Konzept. Dabei finden neben der dargestellten Triade auch Aspekte von Hypochondrie, Depression, Zwangsstörungen und Wahnerkrankungen Eingang in die Symptomatologie. (…) Das DGS kann dabei als Abwehr verstanden werden: Die eigene

---

[1] ebenda: S. 75/76
[2] Der Name dieses Syndroms geht auf den berühmten Roman »Das Bildnis des Dorian Gray« von Oscar Wilde zurück.
Wilde, Oscar, Das Bildnis des Dorian Gray, Stuttgart 1992
[3] Euler, Sebastian; Brähler, Elmar; Brosig, Burkhard, Das Dorian-Gray-Syndrom als »ethnische Störung« der Spätmoderne in psychosozial 94, Gießen 2004, S. 74

Identität (das Selbst) wird allein über die zeitlose körperliche Attraktivität definiert. Die Vergänglichkeit des Körpers wird stellvertretend für die Abwehr innerer Reifungsprozesse verleugnet."[1]

DGS ist der Höhepunkt des Kults der Spätmoderne um Schönheit und Jugend. Dieser ist „im Sinne einer »ethnischen Störung« eben dieser Kultur zu verstehen, die ja demographisch durch eine Überalterung und somit durch einen Mangel an Jugend charakterisiert ist."[2]

So sei nach Euler, Brähler & Brosig das Streben nach ewiger Jugend, umgesetzt durch die immer differenzierter werdenden Angebote der Lifestyle- und Anti-Aging-Medizin, ein Versuch, die narzisstischen Kränkungen der Zeit zu konterkarieren.[3]

2.1.2.2 Gesundheitswahn

„Wenn es keinen lieben Gott gibt und mit dem Tod alles aus ist, dann wird es hektisch im Leben. Mit allen Mitteln versucht man den Tod zu bekämpfen, denn der Tod ist der Todfeind der Gesundheitsreligion."[4] „Bei allem zur Schau getragenen Individualismus und Pluralismus in unseren Gesellschaften - hier ist die Übereinstimmung überwältigend. Über allen alltäglichen Streit und Hader thront majestätisch der Satz: Das höchste Gut ist die Gesundheit."[5]

So können wir zunehmend beobachten, dass sich die Menschen um uns herum unversehens in einem Gesundheitskrieg befinden.[6]

---

[1] ebenda: S. 83

[2] ebenda: S. 86

[3] ebenda: S. 87

[4] Lütz, Manfred, Der Gesundheitswahn ist die neue Religion, im Interview mit Norbert Lossau, Welt Online, 18.12.2011, aufgerufen 07.04.2019, https://www.welt.de/gesundheit/psychologie/article13770583/Der-Gesundheitswahn-ist-die-neue-Religion.html

[5] Lütz, Manfred, Lebenslust, Wider die Diät-Sadisten, den Gesundheitswahn und den Fitness-Kult, eBook-Ausgabe, München 2002, Position 231

[6] Vgl. Greiner, Ulrich, Der Gesundheitswahn und seine Moden, in Zeit Online, 09.05.2014, aufgerufen 07.04.2019, https://www.zeit.de/gesellschaft/2014-05/ernaehrung-fisch-oel-greiner-fuenf-vor-acht

Und plötzlich geraten Innen- und Außenwahrnehmung aus der Balance. „Wer immerzu argwöhnisch in sich hineinhorcht, der findet dort auch ständig etwas, das Anlass zur Sorge gibt. Angst ist dabei ein entscheidender Faktor, sie schärft die Wahrnehmung für vermeintliche Gefahr." (...) „Man könnte sagen, die Menschen sind zu Gesundheitsperfektionisten geworden. Sie leben in einem medizinischen Schlaraffenland, sind heute aber besorgter um ihre Gesundheit als die Generationen zuvor." [1]

So befinden sich die Menschen fast schon in einer kollektiven **Hypochondrischen Störung (ICD 10 – F45.2 / ICD 11 - 6B23)**[2]. Sie beschäftigen sich beharrlich mit der Vermutung, an schweren und fortschreitenden Krankheiten erkrankt zu sein. Körperliche Beschwerden und normale Körperwahrnehmungen werden fokussiert und als abnorm und belastend empfunden. Hinzu treten dann Angst und Depressionen.

Plötzlich fällt Dir dann nichts mehr einfach: Atmen und Gehen, Essen und Trinken, Schlafen und Sitzen. „Es gibt Menschen, die leben nur noch vorbeugend. Sie begreifen nicht, dass Gesundheit nur eine Rahmenbedingung für das Leben ist, aber nicht das Leben selbst. Um den Tod zu vermeiden, nehmen sie sich das Leben. Und sterben dann doch."[3]

Permanent betreiben die Menschen eine Nabelschau der eigenen Gesundheit und verlieren den Genuss am Leben, denn jede Veränderung, jede gesundheitliche Einschränkung wird als Verweis auf die Sterblichkeit gedeutet – nicht bewusst, aber dauernd unbewusst. Jeder möchte so lange es geht, und stets gesund sein und klammert sich krampfhaft an dieses Idealverständnis von »Gesundsein«.

„Die viel diskutierte Burn-out-Welle hängt damit zusammen, dass viele denken, man muss stets ausgeglichen und bes-

---

[1] Wüstenhagen, Claudia, Schon krank oder nur Hypochonder?, Zeit Online, 09.12.2015, aufgerufen 09.04.2019, https://www.zeit.de/wissen/gesundheit/2015-12/hypochondrie-angst-krankheiten-symptome-koerper

[2] ICD-11 for Mortality and Morbidity Statistics (Version : 04 / 2019), https://icd.who.int/browse11/l-m/en#/http%3a%2f%2fid.who.int%2ficd%2fentity%2f2062286624

[3] Lütz, Manfred, Der Gesundheitswahn ist die neue Religion, im Interview mit Norbert Lossau, Welt Online, 18.12.2011, aufgerufen 07.04.2019, https://www.welt.de/gesundheit/psychologie/article13770583/Der-Gesundheitswahn-ist-die-neue-Religion.html

tens gelaunt sein, immer gut schlafen und hochbelastbar sein. Und weil niemand offen über diese Dinge redet, denkt jeder für sich, er sei der Einzige, bei dem das nicht richtig funktioniere."[1]

Sehr große Verunsicherung besteht z.B. besonders in Hinblick auf die Frage der richtigen Ernährung, so dass „aus dem Urbedürfnis Essen eine Pseudoreligion wird, die zwischen gut und schlecht und richtig und falsch keine Grautöne kennt." (…) „Die Debatte über glutenfrei, vegan, ohne Milchzucker und alle möglichen Diäten muss sich für 800 Millionen Menschen wie blanker Zynismus anhören. Denn so viele Menschen haben weltweit nicht genug zu essen. Bei 7,5 Milliarden Erdenbewohnern bedeutet das, dass eine von neun Personen hungrig schlafen geht."[2]

Hast Du schon bemerkt, dass mittlerweile oft moralische Kategorien wie Gut oder Böse auf Lebensmittel angewendet werden. Und plötzlich bekommt die ganze Diskussion diesen nervtötenden religiösen Charakter. Immer wieder bist Du zahlreichen Missionsversuchen ausgesetzt. Viele Nahestehende ziehen sich deswegen von solchen Personen zurück, was auch zu Vereinsamung und Isolation der betroffenen »Missionare« führen kann. Werden dann weite Teile des täglichen Lebens mit der Planung und Organisation des Essens verbracht, muss man von einem krankhaften Verhalten ausgehen. Diese Symptome kannst Du allendhalben bei zahlreichen Personen beobachten.

Es ist aber auch nur das Extrem eines unterschwellig gesamtgesellschaftlichen Phänomens.

„Die Sakralisierung des Gesundheitsbegriffs einerseits und die utopische Unerreichbarkeit andererseits, bilden eine höchst lukrative Gemengelage. Ein Ziel, das zwar das höchste ist, aber niemals erreicht werden kann, ist der neue Goldesel, sozusagen eine Gelddruckmaschine für die boomende Gesundheitsindustrie."[3] Alles was exotisch, esoterisch, ganzheitlich, linksdrehend, light, halbfett, omega, Bio daher kommt, wird zu Geld gemacht, weil es angeblich hilft den Tod hinauszuzögern.

---

[1] ebenda
[2] Niederer, Alen, Gesund heisst vor allem: genug, Kommentar in Neue Züricher Zeitung, 16.2.2017,
https://www.nzz.ch/meinung/ernaehrungsfragen-gesund-essen-ld.145746
[3] ebenda

Exkurs: Unterart des Gesundheitswahns ist der *»Biowahn«. Alles was »Bio« ist, ist auch besser?!* Die Menschen versuchen mit diesem Zauberwort ihr Leben zu erhalten, zu verlängern und zu optimieren. Die »Biogelehrten« machen daraus eine Wissenschaft und Pseudoreligion.

„In dieser kultisch überhöhten Glücksverheißung stimmen Gesundheit und Natur als Synonyme überein. Verloren geht dabei die Erkenntnis, dass die Natur dem Menschen grundsätzlich feindlich entgegentritt, dass sie gefährlich, giftig und unhygienisch ist. Und dass die Zivilisation dafür da ist, uns so weit wie möglich vor den gesundheitlichen Gefahren zu schützen, die von der Natur ausgehen.“[1]

So wirst Du zugeben müssen, dass es Medizin und Hygiene sind, die unsere Lebensspanne immer weiter verlängern. Und die Lebensmittel werden gesünder durch die technische Entwicklung der Produktionsverfahren ihrer Herstellung, nicht unbedingt ihre Natürlichkeit!

Aber genau dieser Natürlichkeit fühlt sich der »Bioschamane« näher und zahlt dafür auch gerne mehr.

Richard Herzinger, Journalist und Publizist, sagt, dass Bio zwar nicht gesünder sein mag, aber seinen kulturellen Placebo-Effekt würde es weiterhin nicht verfehlen. Aber: Eine Forschergruppe an der Stanford University in Kalifornien habe herausgefunden, dass Bio-Lebensmittel kaum gesünder seien als herkömmliche Produkte. Weder ließe sich belegen, dass Bio-Essen nährstoffreicher sei, noch, dass sein Verzehr Gesundheitsrisiken senke. Nur einen Vorteil könnten die Wissenschaftler feststellen: Ernähre man sich »bio«, nehme man weniger Pflanzenschutzmittel zu sich.[2]

Das funktioniert, denn es geht ja um viel mehr: **Das ewige Leben**. „...nur ein solch extremes Ziel kann diesen völlig überproportionalen Aufwand für die Gesundheit erklären.“[3]

Meist nehmen die Menschen ihren Körper gar nicht so gut und bewusst wahr wie sie glauben. Sie berücksichtigen

---

[1] Herzinger, Richard, Deutschlands kultisch überhöhte Glücksverheißung, in WeLT, 04.09.2012, aufgerufen 16.04.2019, https://www.welt.de/debatte/article108991204/Deutschlands-kultisch-ueberhoehte-Gluecksverheissung.html

[2] ebenda

[3] Lütz, Manfred, Lebenslust, Wider die Diät-Sadisten, den Gesundheitswahn und den Fitness-Kult, eBook-Ausgabe, München 2002, Position 564

nicht, dass Missempfindungen zum Leben gehören. Dies solltest Du aushalten und Gleichmut gegenüber deiner Körperlichkeit entwickeln. Du darfst deinen Körper nicht nur ängstlich betrachten, sondern eine akzeptierende Grundhaltung entwickeln, denn wer geboren ist, muss auch sterben. Das müssen auch Perfektionisten akzeptieren. Nicht für alle Gefahren des Lebens bekommst Du eine Vollkaskoversicherung! „Es gibt auch für den modernen Menschen keinen Anspruch auf Glück und Gesundheit." (…) „Glück ist möglich – auch wenn es Leiden und Tod im Leben gibt. Entscheidend ist die eigene Haltung, und die lässt sich zum Glück beeinflussen."[1] Du solltest nicht übersehen, dass manch Sterbenskranker oder Krebspatient von sich sagt, dass er das Leben nun viel intensiver lebe und wahrnehme.

2.1.2.3 Fitnesswahn und Sportzwang

„Für ein Leben nach dem Tod gibt es keine Beweise. Und deshalb glauben seit der Aufklärung immer weniger Menschen daran. Sie wollen das ewige Leben im Hier und Jetzt. Dafür trainieren sie ihre Körper, um möglichst lange fit und gesund zu bleiben. Sonntags gehen sie lieber in den Fitness-Tempel als in die Kirche. Sie stemmen Gewichte und schwitzen auf den Spinning-Rädern. Denn eisernes Training und Selbstdisziplin für körperliche Idealmaße versprechen eine größere Erlösung als Beichten und Geißeln. Der Ablass wird mit Schweißperlen gezahlt und so dient der Körperkult längst als Ersatzreligion."[2]

Exkurs: Ich fuhr eines Sonntags nach dem Gottesdienst auf einer Kölner Ausfallstraße Richtung Norden. Es war einer der ersten schönen Tage im Frühling. Da fährt man an ei-

---

[1] Schön, Gudrun, Ständig winkt der Tod, in WOZ Die Wochenzeitung, 27.10.2005, aufgerufen 09.04.2019,
https://static.woz.ch/0543/hypochondrie/staendig-winkt-der-tod
[2] Nikola, Ulrike, Fitnessstudios – die Kirchen von heute, in BR, 07.06.2017, aufgerufen
07.04.2019,https://www.br.de/radio/bayern2/sendungen/zeit-fuer-bayern/glaube-fitness-gesundheit-schwitzen-beten-kirche-stadion-fitnessstudio-100.html

nem Parkplatz vorbei in einem lichten Waldgebiet. Man kann ihn von der Straße gut einsehen. Hier parken Hundebesitzer, die (nicht klimaneutral) Ihre Vierbeiner Gassi führen wollen und….

…Jogger, jeden Geschlechts und jeden Alters.

Da standen sie dann, 7 oder 8 Männer in Trainingsanzügen und schauten alle gleichzeitig auf Ihr Handgelenk. Nein! Sie fühlten nicht ihren Puls. Sie schauten auf ihre Fitnessuhr:

Der durchschnittliche Fitnesstracker zählt die Schritte, kalkuliert die zurückgelegte Distanz, zeigt den Kalorienverbrauch, misst den Puls, hat angepasste Tracking Funktionen für bestimme Sportarten wie Jogging, Krafttraining und Radfahren und noch einige weitere Funktionen. Sie standen da, wie Betende, die sich ab und zu ein paar Worte zuriefen. Es hatte etwas Frommes, Andächtiges – und dann setzten sie sich zeitgleich in Bewegung – Ich musste auch weiterfahren, weil meine Ampel auf Grün umsprang. Ich war zuvor noch betend in der Kirche gewesen. Ich habe Gott für mein Leben gebeten und hoffe, dass meine Seele daher näher zu ihm empor findet. Die Männer da draußen hängten sich in der Zwischenzeit an Ihren Körper und hofften, ihn in einem gottlosen Leben für die Ewigkeit zu stählen. Wessen Chancen, dass sein Vorhaben zum Erfolg führt, sind wohl höher?

Je säkularer die moderne Welt wird, umso weniger können die Menschen etwas mit dem Begriff **»Seele«** anfangen. Den Körper kannst Du begreifen und spüren. Ihn kannst Du verwöhnen oder quälen. Und je mehr „der Glaube ans Jenseits von vielen aufgegeben wurde, haben sich die Menschen verstärkt dem Diesseits zugewandt. Der Körper ist nicht nur physische Grundlage, sondern letzte Sinninstanz, ja für manche sogar eine Art Seelenersatz geworden."[1]

In Wirklichkeit lebst Du als Anhänger der Körperreligion in einem Zwiespalt. Im Grunde trainierst Du dann nicht, um deinen Körper zu individualisieren. Oft steckt dahinter eine künstliche Vorstellung aus Werbung, Medien und nach Vorbildern. Letztendlich trainierst Du dann, um den Körper zu uniformieren: „Perfekt sind nur die Bilder und Mythen des

---

[1] Leusch, Peter, Die neue Lust am Körperkult, in Deutschlandfunk, 22.08.2013, aufgerufen 07.04.2019, https://www.deutschlandfunk.de/die-neue-lust-am-koerperkult.1148.de.html?dram:article_id=258874

Körpers, der wirkliche Körper, das heißt der Mensch, ist es nicht."[1]

Und schließlich wird für Dich der Fitness-Sport pathologisch und bestimmt den größten Teil deines Tagesablaufs. Im medizinischen Diagnose-Handbuch ICD-10 ist der pathologische Bewegungsdrang noch kein Krankheitsbild. Das Phänomen ist bisher kaum erforscht.

Wenn dein Körper „in immer größerer Menge nach dem ‚rauschhaften Wohlgefühl', in den ihn die beim Sport ausgeschütteten Botenstoffe wie Dopamin versetzen"[2], verlangt, wird es aber zunehmend ernst für Dich. Ein erzwungener Verzicht kann „Entzugssymptome wie Kopf- und Magenschmerzen, Nervosität oder Depressionen auslösen."[3] Hinzu kommen durch die langfristige Überlastung auch Herzkreislaufprobleme, Immunschwäche und Gelenke, Sehnen und Knochen nehmen Schaden.

Aber wenn Du beobachtest, wie hoch auch der Stellenwert von Fitness, Wellness, Sport und Körperkult in unserer Gesellschaft sind, so könntest Du dahinter kollektiv krankhafte Züge vermuten. Die Gesellschaft läuft vor sich selber davon und hinter sich selber her. Sie kommt nicht zur Ruhe und wird in sich niemals eine befriedigende Verwirklichung finden können. Ausfluss dieser Unruhe ist der zwanghafte Bewegungsdrang im Einzelnen. Manchmal muss der Grund eines Phänomens nicht unbedingt in der Seele des einzelnen Individuums gesucht werden.

2.1.2.4 Optimierungswahn

Du kennst wahrscheinlich jeden dieser Begriffe: Konzentrationspillen, Doping, Neuro-Enhancement, Gehirnjogging, Diäten, pränatale Diagnostik, Partnerschaftstraining, Schönheitsoperationen, Marathonlauf! Alles *Phänomene des weit verbreiteten modernen Optimierungsdenkens*. Überall nimmst Du einen Druck zur Optimierung wahr – bis

---

[1] ebenda

[2] Menke, Nicola, Wenn Sport in einen zwanghaften Drang ausartet, in Welt, 13.11.2013, zuletzt aufgerufen 07.04.2019,
https://www.welt.de/gesundheit/article121842445/Wenn-Sport-in-einen-zwanghaften-Drang-ausartet.html

[3] ebenda

zum Wahn. Leistung und deren Optimierung gehören scheinbar zu den Grundprinzipien der modernen Gesellschaft. Nicht nur Arbeitsabläufe in der Industrie und Produktion sollen ständig – bis ins unendlich Unmögliche – einer Optimierung unterzogen werden, sondern auch das Individuum in seinem ganz persönlichen Umfeld, seinem Privatleben und seiner Natur. Da haben sich heimlich, still und leise Ideale aus der kapitalistischen Wirtschaft in dein Leben eingeschlichen. Nur geht es hier nicht um die Optimierung von Produktions- oder Arbeitsprozessen nach Effizienzkriterien, sondern um das schräge Unterfangen, dass ein Individuum – Du selber – optimiert werden soll…

Exkurs: Und was ist, wenn eine Optimierung eines Individuums nicht möglich erscheint? Ein schwer zu ertragender Effekt, wenn man wirtschaftliche Effizienz- oder Optimierungskriterien auf den Menschen übertragen will, ist eine Spätabtreibung aufgrund der medizinischen Indikation. Diese ist theoretisch bis zum 9. Monat möglich und ist straffrei! Im Mittelpunkt steht die Schwangere, der körperliche oder seelische Schäden drohen, wenn sie das Kind austrägt. Eine solche Spätabtreibung ist eine eingeleitete Totgeburt nach Tötung eines unter Umständen bereits außerhalb des Mutterleibs lebensfähigen Babys.

„In der Praxis heißt es, dass ein Kind mit Behinderung abgetrieben werden darf, sofern es die körperliche oder seelische Gesundheit der Mutter gefährdet. Egal, ob im zweiten, im fünften oder im neunten Monat. (…) Dabei ist es egal, ob es sich um die sehr greifbare körperliche Gesundheit oder eine psychische Belastung handelt. Die Zahlen sprechen für sich. Nach der Down-Syndrom Diagnose brechen 90 Prozent der Frauen die Schwangerschaft ab.“[1]

Sterilisation und selektive Pränataldiagnostik als Werkzeuge zur Optimierung der menschlichen Individuen und somit der Menschheit insgesamt implizieren die Frage nach der Haftung im Falle ihres schadhaften Versagens! Da werden Begriffe bedient wie »schadhafte Familienplanung« und »wrongful-birth« und die Frage gestellt, wer denn für den »Schaden« haftet? Die gängige Rechtsauffassung „führt zu

---

[1] Denise, Linke, Unser Abtreibungswahn, in Zeit Online, 24.09.2014, aufgerufen 09.04.2019, https://www.zeit.de/gesellschaft/familie/2014-09/abtreibung-behinderung

einem ‚lebensfeindlichen' Haftungsrecht. Die Verhinderung neuen Lebens bleibt mangels Vermögensschaden sanktionslos selbst dann, wenn es die elterliche Familienplanung durchkreuzt. Sanktioniert wird dagegen die planungswidrige Verursachung oder Erhaltung von Leben."[1]

Insgesamt haben wir es nicht nur in der Reproduktionsmedizin, sondern auch bei den vorherrschenden Optimierungsvorstellungen, mit einer behindertenfeindlichen Ausrichtung zu tun! „Die ‚wrongful-birth'-Rechtsprechung liegt stattdessen im Trend der Biologisierung und Individualisierung des sozialen Phänomens der Behinderung. Nicht mehr die Solidargemeinschaft, sondern das sich selbst optimierende Individuum wird für die Existenz behinderter Kinder verantwortlich gemacht."[2]

Auch in der Rechtsprechung in solchen Fällen ist erschreckend zu sehen, „wie sehr das Lebensrecht, die freie Persönlichkeitsentfaltung, das Recht auf Freizügigkeit und Gleichberechtigung und andere Grundrechte behinderter Menschen hierzulande von ihrem „Lästigkeitsfaktor" abhängen."[3]

Findest Du es nicht bedenklich, wenn Behinderung, Krankheit und Optimierungsgrenzen keinen Platz in einer Gesellschaft mehr haben. Auch wenn ich die Rechte der tatsächlich gefährdeten Mütter nicht in Zweifel ziehen möchte, kann es aber auch nicht sein, Eltern, die sich dafür entscheiden ein behindertes Kind auszutragen, zu verurteilen und ihnen Verantwortungslosigkeit vorzuwerfen. Behinderung wäre somit suboptimal und ineffizient und die Kosten dem Gemeinwesen nicht zumutbar? Angesichts der Spätabtreibung: Kann der Mensch schon wieder entscheiden, wann Leben ein »lebensunwertes Leben« ist? Wir Deutschen kennen diese fragwürdigen Wahnvorstellungen schon!

Aber nicht mal mehr eine mögliche Behinderung legitimiert mittlerweile das Recht zur Zeugung und Aufzucht von Kindern in Zweifel zu ziehen. Eine (verwirrte)»Pädagogin« wie Verena Brunschweiger darf öffentlich in Medien fabulieren,

---

[1] Degener, Theresia, Die Geburt eines behinderten Kindes als Schaden?, in Brähler, Elmar, Stöbel-Richter, Yve und Hauffe, Ulrike (Hg.), Vom Stammbaum zur Stammzelle, Band 80 von Reihe "edition psychosozial", Psychosozial-Verlag, 2002, S. 281

[2] Ebenda: S. 288

[3] Ebenda: S. 288

dass die University of British Columbia in Vancouver her-
ausgefunden habe, wie sehr Kinder dem Klima – im Gegen-
satz zu anderen Faktoren wie etwa Fleischkonsum oder
Flugreisen – schadeten. Sie vergleicht: „58,6 Tonnen mehr
CO_2 für jedes neugeborene Kind und ‚nur' 1,6 Tonnen für
einen transatlantischen Flug. Also da ist der Unterschied so
eklatant groß, das sagt für mich schon alles. Und der Res-
sourcenverbrauch eines einzigen deutschen Kindes ent-
spricht übrigens dem von 30 afrikanischen Kindern."[1] Sie
schlussfolgert daraus, dass man es nicht mehr verantworten
könne, Kinder in die Welt zu setzen und dies sollte auch
vom Staat nicht mehr finanziell unterstützt werden.

Kurz: Selbst »gesunde Kinder« scheinen es bei ihr nicht
mehr wert zu sein, geboren zu werden. Vielleicht gibt es ja
bald auch die Möglichkeit der Abtreibung bis zum letzten
Schwangerschaftstag als »Umwelt- und Klimaschutz-
Indikation«. Das geschieht wohl, wenn man an einer kras-
sen PRIORITÄTENverwirrung leidet!

Nun: man sollte sich nicht weiter über solchen Blödsinn
aufregen, denn hier potenzieren sich wohl mehrere psychi-
sche Störungsbilder (Gender-, Optimierungs- bis Biowahn
etc.). Schlimm ist leider, dass solchen wirren Thesen in
unserer Presse und Journalistik auch noch eine Bühne
geboten wird.

Aber zurück zum Thema:

Kennst Du »Kaizen«? Der Begriff kommt aus der japani-
schen Automobilfertigungstechnik und bedeutet ein konsequentes Innovationsmanagement. Jeder Mitarbeiter soll
seine Tätigkeiten und seinen Arbeitsplatz permanent kritisch
hinterfragen und seine Arbeitsweise kontinuierlich verbessern. Somit findet auch dieses Prinzip der kontinuierlichen
Verbesserung in unser evolutionäres Optimierungsdenken
Einlass. Evolution macht niemals halt. So erwarten wir
zwanghaft eine Weiterentwicklung auch unserer Kultur.
Diese evolutionäre Weiterentwicklung benötigt jedoch auch
Rahmenbedingungen.

---

[1] Brunschweiger, Verena im Interview, Focus online, 09.03.2019, aufgerufen 05.05.2019, https://www.focus.de/familie/kind/keine-kinder-wegen-
der-umwelt-jetzt-legt-die-lehrerin-nach-mit-steilen-
thesen_id_10421302.html

Einen evolutionären Einfluss haben die Exzesse des **Opti-mierungswahn**s – Schönheitsoperationen, Konzentrations-pillen, Doping, Gehirnjogging, Diäten, etc.- wohl kaum: Sind sie doch zwanghaftes Verhalten auf dem Hintergrund der Vergänglichkeitsgewissheit der individuellen Existenz. Alles uniforme, individuelle Trainieren und Optimieren wird wohl kaum die Weiterentwicklung der Kulturen und der Mensch-heit weiterführen. Entwicklung, Glücksempfinden und Weis-heit erlernst Du nicht durch optimieren der immer gleichen Ideale! Gesellschaften und Spezies entwickeln sich durch Herausforderungen durch eine – eben – größere Bandbrei-te von Unterschieden und Herausforderungen. Auch behin-derte Menschen sind eine Herausforderung für die Weiter-entwicklung von Kultur und Gesellschaft. Uns wird jedes Lachen eines Menschen mit Down-Syndrom in unserer Gesellschaft fehlen, wenn ihre Existenz wegoptimiert wurde! Somit ist Kants Vernunftkritik, „die allerdings immer noch den Wahn, als das zu vermeidende Gegenstück der Ver-nunft, zum Gegenstand hat"[1], nach wie vor aktuell!

2.1.2.5 Die zwanghafte Suche nach dem Schuldi-gen

Die Menschen dieser Gesellschaft haben verlernt mit Ihrem Schicksal umzugehen, suchen immer nach dem Schuldigen, sind rachsüchtig und kultivieren ihre Opferrolle!
Sicherlich ist es ein Unterschied, ob Du dich selber in eine missliche Lage gebracht hast oder durch Versäumnisse oder Schuld anderer: Fast immer kannst Du der Sache nicht entrinnen, weil sie oft nicht mehr rückgängig gemacht wer-den kann.
Im ersteren Fall kannst Du dann unberechtigter Weise auch anderen die Schuld geben.
So musst Du auch nie selbst verantwortlich für deine missli-che Lage sein. Und wenn Du nicht selbst schuld bist, lässt sich in deiner eigenen Wahrnehmung auch nichts daran verändern, aber Du suchst nach Linderung, Genugtuung oder gar Rache.

---

[1] S. u. vgl. Rauer, Constantin, Wahn und Wahrheit: Kants Auseinander-setzung mit dem Irrationalen, Berlin 2007, S. 102

Wenn Du ständig anderen die Schuld gibst oder Sünden-böcke suchst, so kannst Du dich dadurch natürlich auch in moralisch überlegener Position fühlen. Nach dem Motto: »Ich bin halt besser als die anderen!«

Wenn Du als Individuum keine andere Taktik entwickelt hast über missliche Lagen hinweg zu kommen, so entwickelt sich bei dir unter Umständen eine krankhafte Verbitterung. Und dafür gibt es verschiedenste Anlässe: Eine Kündigung, ein Schaden am Eigentum, eine Trennung, Krankheit und Tod von Verwandten – natürlich oder durch andere verur-sacht. Im Grunde könntest Du jedes unabänderliche Un-glück oder Missgeschick auf ein Unrecht in der Vergangen-heit zurückführen. Wenn es aber in deiner ständigen Erinne-rung ist und die seelischen Wunden nicht heilen lässt, dann empfindest Du es u.U. auch subjektiv als Unrecht und kannst es nicht überwinden. Manchmal verharren so Betrof-fene lebenslang in einer Opferhaltung und Unversöhnlich-keit. Und wer dauernd um sich und sein Unglück kreist, bekommt dann auch durch seine Umwelt oft Mitleidsbekun-dungen, was schließlich dieses Kreisen noch bestärkt. Eine aktive Änderung wird erschwert.

Mittlerweile wird dies als »posttraumatische Verbitterungs-störung« **(posttraumatic embitterment disorder, PTED)** beschreiben. Diese meint einen andauernden Verbitte-rungsaffekt. Er ist verbunden mit Gefühlen von Hilflosigkeit, Vorwürfen gegen sich und andere, aggressiven Phantasien gegen sich und andere, bis hin zu Selbstmordgedanken.

„Da Rachegelüste und Aggressionsgefühle integrale Be-standteile der Verbitterungsemotion sind, ist zu erwarten, dass betroffene Patienten auch entsprechende Fantasien haben oder ggf. auch zur Tat schreiten. Wenn sich jemand gefangen sieht, scheinbar ohne Hoffnung und Ausweg, verursacht durch einen Aggressor, dann ist Zurückschlagen eine naheliegende Reaktion. Dies ist (...) eine masochisti-sche Reaktion mit Angriff unter Inkaufnahme der Selbstzer-störung.“[1]

Unsere Moderne Gesellschaft scheint zurückgezogen in ein Gefühl der permanenten Verbitterung. Wenn in einer Ge-meinschaft dauernd Kriterien der Optimierung, Effizienz, Verbesserung und Maximierung (wovon auch immer) be-

---

[1] Linden, Michael, Verbitterung und Posttraumatische Verbitterungsstö-rung, Göttingen 2017, eBook, S. 18

dient werden, dann liegt es nahe, dass auch dauernd nach Schuldigen gesucht wird, die ein Erreichen dieser Kriterien und Ziele vereitelt haben könnten. So verbringen die Individuen einer solchen Gesellschaft endlos viel Zeit damit sicherzustellen, wer der Schuldige ist und auf der Hut zu sein, dass man nicht zum Schuldigen wird. Denn so oder so ist dem ausgemachten Schuldigen Rache und Vergeltung zur Genugtuung des Geschädigten sicher. Häme und Spott sind da nur die gelinderen Rachemaßnahmen. Natürlich bedienen sich da die meisten »Geschädigten« und »Opfer« gesellschaftlich legaler Rachewerkzeuge: Alles Mögliche wird be- und verklagt. Die Gerichte sind unsere Therapiezentren für die Behandlung der kollektiven posttraumatischen Verbitterungsstörung geworden. Und die Rechtsanwälte die Schamanen und Wunderheiler *(gegen Geld natürlich)*.

Niemand mehr will ein unabänderliches Schicksal akzeptieren und Vergebung üben.

Selbst im christlichen Europa könnte man noch von Jesus lernen:

14 *„Denn wenn ihr den Menschen ihre Verfehlungen vergebt, dann wird euer himmlischer Vater auch euch vergeben.* 15 *Wenn ihr aber den Menschen nicht vergebt, dann wird euch euer Vater eure Verfehlungen auch nicht vergeben."* *Matthäus 6,14f[1]*

Hier ist nicht die Vergebung durch Gott gemeint. Jesus spricht hier von der Vergebung im täglichen miteinander – unter Menschen.

Und Jesus gibt diesen Tipp aus einer wichtigen Erkenntnis: Jede Rache und Genugtuung – auch die vor Gerichten – werden die meisten Schicksale nicht ändern können und Unrecht nicht ungeschehen machen.

Exkurs: *Ich will nicht herzlos wirken. Natürlich ist es ein schreckliches Schicksal, wenn man seine Lieben durch einen Flugzeugabsturz verliert, den ein depressiv erkrankter Pilot durch einen erweiterten Suizid verursacht hat. Der Schuldige war schnell ausgemacht bei dem*

---

[1] Bibel, Einheitsübersetzung 2016,
https://www.bibleserver.com/text/EU/Matthäus6

Germanwingsabsturz des Fluges 4U9525 am 24. März 2015 in den Alpen.

*Nach minutenlangem Sinkflug stürzt das Flugzeug in den südfranzösischen Alpen ab und alle 150 Passagiere sterben. Dass der Co-Pilot psychisch erkrankt war, schon seit geraumer Zeit krankgeschrieben war und sogar eine Überweisung für eine stationäre psychiatrische Behandlung ausgestellt war, wussten weder Behörden, noch der Arbeitgeber Germanwings. Der Co-Pilot hatte alle Krankschreibungen und Atteste, die der **Schweigepflicht** unterliegen, geheim gehalten. Sein Arzt hätte sie deswegen auch **nicht weitergeben dürfen**.*

*Als der Pilot die Toilette aufsuchen musste, hatte der Co-Pilot die Cockpit-Tür hinter sich verschlossen, die wegen **Terrorsicherung** auch nur von innen geschlossen gehalten werden konnte. Sie könnte sowohl Schüssen von Handfeuerwaffen als auch Granatsplittern Stand halten.*

Weder Germanwings noch die Behörden hätten den Absturz verhindern können.

*Ein Jahr darauf reichten mehr als 80 Hinterbliebene Klage in den USA ein, wo der Co-Pilot **ausgebildet worden war**, weil sie der Meinung waren, dass er nie hätte seine Ausbildung dort beenden dürfen.*

*Bei aller Härte und allem Verständnis für die Lage der Hinterbliebenen, mit einem harten Schicksal voller Fragen zurückgelassen worden zu sein, zeigt diese kurze Tatsachengeschichte, wie sinnlos eigentlich der Versuch ist, den oder einen anderen Schuldigen in einer wahren Schuldnerkette zu stellen, dingfest zu machen und Genugtuung vor Gericht zu erlangen. Man hätte am Ende genauso die Eltern des Co-Piloten verklagen können, dass sie sich überhaupt erdreistet hatten, ihn zu **zeugen**.*

Zudem zeigt es auch, wie nutzlos es ist, durch irgendwelche finanziellen Entschädigungen Erleichterung zu erwarten, denn es ändert nichts am Tod der geliebten Verwandten.

*Es bleibt als Schicksals-Aufgabe des Individuums diesen Schmerz zu überwinden. Denn ohne den Absturz hätte jeder in der Erwartung der Wahrung seiner eigenen individuellen Rechte und Sicherheit auch auf der Einhaltung **aller anderen markierten individuellen Rechte** des Co-Piloten bestanden.*

Aber selbst wenn der Co-Pilot überlebt hätte: Hätte die natürlich zwangsläufige Verurteilung tatsächlich am Schicksal aller Beteiligten etwas geändert?

Insgesamt ist diese Suche nach dem Schuldigen natürlich auf dem Hintergrund der **dramatischen Überbewertung der Individual- und Persönlichkeitsrechte** zu betrachten, die natürlich immer implizieren, dass sie vermeintlich verhindert, eingeschränkt oder vorenthalten werden. Insofern fördert soziales Zusammenleben gerade das unterschwellige Gefühl, dass ich meine ureigenen Rechte – oder das, was ich als solche erachte – schützen und einfordern muss. Philosoph Peter Sloterdijk sagt so in Hinblick auf die zivilisationsdynamischen Grundlagen: „Es werden ständig mehr einklagbare Rechte von möglichen Inhabern formal gültiger Ansprüche geltend gemacht, als sich durch Prozesse vor bestehenden Gerichten bestätigen lassen."[1] Das Gleiche gilt in unseren modernen Gesellschaften meines Erachtens auch für viele andere Rechte, die – wenn auch nicht einklagbar – so doch in der Menge auch nicht von der Gesellschaft selber einlösbar sind!

Die Kombination aus dem Gefühl dauernd am eigenen Recht beschnitten und gleichzeitig immerwährend in den Verdacht geraten zu können, Schuldiger zu sein, macht die Menschen mehr genussunfähig, unentspannt und verkrampft. Kurz: Irgendwie macht es die Menschen als Individuum und Kollektiv krank.

In einem anderen Buch hatte ich in diesem Zusammenhang eine grundlegende Theorie zur Begründung dieser gesellschaftlichen Genussunfähigkeit vorgelegt. Ich mutmaßte, dass wir es heute mit einer zunehmenden Übertragung weiblich mütterlicher Taktiken auf das gesellschaftliche Leben zu tun haben, „je mehr Gendergerechtigkeit, Emanzipation und Feminismus in der postmodernen, westlichen Gesellschaft umgesetzt werden. Und plötzlich gibt es eine zunehmende Angst vor Risiko und ein unbändiges Streben nach Sicherheit, Kalkulierbarkeit!"[2] Ich habe für diese These den Wiener Philosophen Robert Pfaller aufgegriffen: "Wir

---

[1] Sloterdijk, Peter, Die schrecklichen Kinder der Neuzeit, Berlin 2014[2], S. 87-90
[2] Becker, Bert, eMANNzipation, Berlin 2019, S. 135

mäßigen uns maßlos.“[1] „Das ist das Merkmal unserer Epoche, ihr Krankheitssymptom.“[2] „Statt zu fragen, wofür wir leben, fragen wir uns nur noch, wie wir möglichst lange leben, beziehungsweise überleben können – gemäß nunmehr völlig fraglos verabsolutierten Prinzipien wie Gesundheit, Sicherheit, Nachhaltigkeit und – vor allem – Kosteneffizienz.“[3] Und dies sind alles vermeintliche Persönlichkeit- und Individualrechte.

Soweit diese Leseempfehlung…

Aber so schließt sich hier der Kreis und wir sind wieder bei der Angst, der Panikstörung, vor dem Tode angelangt. Dieses jedem Menschen sichere Schicksal kann kein Recht gerecht werden, weil es gegen jedes Recht, das dem Menschen von Natur aus zukommt, verstößt.

2.1.2.6 Gendermanie

Im letzten Abschnitt waren wir bei den Rechten und den Schuldigen, die die Rechte der Individuen behindern. Dies führt uns zu einer besonderen Ideologie der Konstruktion besonderer Individualrechte: Der *»Genderismus«*.

Bei den aktuell überall propagierten ‚Gender-Bemühungen‘ müsste Dir auffallen, dass z.B. Frauenförderung sich schließlich doch wieder am Wesen der Männer orientiert. Man geht einfach davon aus, dass die grundlegenden Bedürfnisse der Geschlechter gleich seien, ohne biologische und evolutionistische Unterschiede. Ferner, dass Frauen und Männer psychosoziale Anforderungen in gleicher Weise verarbeiten und dass geschlechtsspezifische Unterschiede vorwiegend im gesellschaftlichen und institutionellen Gefüge erlernt würden und insofern beliebig ‚umlernbar‘ seien. Gerade dies führt dann zu der These, dass die Geschlechter unterschiedslos gleich seien. Aber es wird noch grundlegend weiter argumentiert, dass Menschen quasi immateriel-

---

[1] Pfaller, Robert, Wofür es sich zu leben lohnt, Frankfurt 2018[7], S. 27

[2] Menkens, Sabine, Wie wir verlernt haben, das Leben zu genießen, Welt, 27.05.2012, https://www.welt.de/debatte/kommentare/article106380754/Wie-wir-verlernt-haben-das-Leben-zu-geniessen.html, zuletzt aufgerufen 12.12.2018

[3] Pfaller, Robert, Wofür es sich zu leben lohnt, Frankfurt 2018[7], S. 18

le Wesen seien, die sich gänzlich nach Gusto selbst konstruieren, als ob es keine körperliche, biologische, materielle Grundlage für die Menschen, so wie sie sind, gebe.

Plötzlich gilt, dass man jedem Menschen nach der Geburt, durch geschlechterneutrale Erziehung, eine individuelle Wahl des eigenen Geschlechtes ermöglichen könne – als ob Geschlecht nur aus Rollen bestände und nicht auch aus biologischen Tatsachen. Da wird beanstandet, dass in vielen Ländern noch immer nicht anerkannt würde, dass die unterschiedlichen Leistungen und Tätigkeiten von Frauen und Männern nicht so sehr auf unabänderliche biologische Unterschiede, als auf gesellschaftlich gewaltsam determinierte Geschlechterrollen zurückzuführen seien.[1]

Exkurs: *Das Schicksal eines David Reimer[2] sollte uns eine Lehre sein. „Man kann nicht sein, was man nicht ist.“[3] Letztere Erkenntnis gilt umgekehrt natürlich auch für Transgender. Sie zeigt aber auch, dass Menschen einem spezifischen Geschlecht zugehören* wollen! *„David Reimer (* 22. August 1965 in Winnipeg als Bruce Reimer; † 4. Mai 2004 ebenda) war ein kanadischer Staatsbürger, der als Junge geboren, jedoch als Mädchen aufgezogen wurde, nachdem sein Penis in früher Kindheit bei einer missglückten Beschneidung irreparabel verletzt worden war, sodass er amputiert werden musste.“ Sein Leidensweg endete wieder als Mann und mit Selbstmord!*

So ist »Gender-Mainstreaming« „offizielles Politikziel in Berlin und den meisten anderen westlichen Hauptstädten.“[4] Kritiker sagen, dass die Akteure der »Gender-Studies« den Unterschied zwischen der politischen Forderung nach

[1] UN-Frauenkonferenz, AKTIONSPLATTFORM, Peking, 1995, Kapitel II, GLOBALER RAHMEN, Artikel 27
[2] https://de.wikipedia.org/wiki/David_Reimer
[3] ebenda
[4] Knauss, Ferdinand, Feministinnen erforschen sich selbst, Handelsblatt, 19.09.2007, https://www.handelsblatt.com/technik/forschung-innovation/gender-studies-feministinnen-erforschen-sich-selbst-seite-3/2863394-3.htmlhttps://www.handelsblatt.com/meinhandelsblatt/?ticket=ST-2547767-1dUNW9WYc7oDPY2rxtKc-ap1, zuletzt aufgerufen 24.01.2019

Gleichheit und den Inhalten der Wissenschaft verwischten.[1]
Zwanghaft wird negiert, dass gesellschaftlich etablierte Rollenzuschreibungen und Normen unter anderem naturgegeben und evolutionsbiologisch begründet sein könnten.

Die Frau mit ihrer natürlichen Gebärfähigkeit, als Teil der Natur, könnte ganz selbstbewusst ihre sehr besondere Rolle in der gesellschaftlichen Regeneration als Symbol der Unsterblichkeit setzen. Aber stattdessen verinnerlichen die ‚gleichberechtigten' Frauen die Lebensrollen des Mannes. Findest Du die Rollen und evolutiv den Männern zugeschriebenen Aufgaben wirklich so existentiell erstrebenswert für Frauen? Oder würdest Du eher bestätigen, dass der ‚Penisneid' des kleinen Mädchens bei der erwachsenen Frau nur zum ‚Rollenneid' geworden sei? …zum kritiklosen und blinden Begehren der vermeintlichen ‚Rollenvorteile' der Männer?

Hinzu kommt nun auch „Diversity – ein gern genutztes Schlagwort der selbsternannten, toleranten Moderne. Sie gilt nur für die möglichst vielfältige sexuelle Ausrichtung des Menschen, seltsamer Weise aber nicht für unterschiedliche Erziehungsstile, Lebensstile, unterschiedliche Weltanschauungen, unterschiedliche Wertvorstellungen."[2] Rollen in Familie und Reproduktionsarbeit, Mutter- und Vaterrolle, Hausfrauen- und Hausmännerarbeit werden gemobbt und missachtet. Da kannst Du feststellen, dass Familienaufgaben nicht mehr gewürdigt werden und Ihnen nachgesagt wird, dass sie ‚gegenderte' Selbstverwirklichung hindern. So werden sie in dafür vorgesehene Institutionen wegorganisiert: Kindertagesstätten stehen am Anfang und Hospize am Ende des menschlichen Lebens.

Damit verfolgt die akademische Genderforschung normative Ziele, die sie bisweilen wie eine fundamentalistisch, feministische Ideologie verteidigt.[3]

---

[1] ebenda
[2] Kelle, Birgit, Entlasst die Familien in die Freiheit!, in WirtschaftsWoche, 09.10.2013, aufgerufen 13.04.2019, https://www.wiwo.de/politik/deutschland/liberalismus-entlasst-die-familien-in-die-freiheit/8907658.html
[3] Newmark, Catherine, Aus Angst vor einem anderen Leben, Zeit Online, 17.07.2015, https://www.zeit.de/kultur/2015-07/gender-studies-feminismus-10nach8, zuletzt geöffnet 24.01.2019

Wir leben in einer Welt, in der überall wahllos „herumgegendert", Sprachen zur unterdrückenden, patriarchalischen Waffe deklariert *(auch wenn keiner so richtig bemerkt hat, dass auch anglikanische Gesellschaften oft patriarchal zu sein scheinen, obwohl das Englische viel geschlechtsneutraler funktioniert)*, drittes und viertes Geschlecht *(und Toilette)* eingeführt, viel Geld für Gender-Querschnittstudien in jeglicher Disziplin ausgegeben, irgendwelche * *(Sex-Sternchen)* in Worte eingefügt, das generische Femininum gefordert und sogar hier und da umgesetzt wird etc.

Das Ganze spricht für die **Substantiierung eines hysterischen Wahns einer Minderheit**, die auf eine ganze Gesellschaft übertragen wird. Ganz klassisch im Bilde eines induzierten Wahnes…

Ich kann aus meiner Sozialarbeitererfahrung mit Wahnerkrankten folgendes analog als Wahnverhalten bestätigen: »Genderstudies« verhindern Sozialisation durch einen wahnhaften Messianismus. Ich übernehme hier die treffliche Beschreibung der Situation von Birgit Kelle: „Sie (»Genderstudies« d.A.) sind die Verhinderer von Sozialisation. Die Verleugner der menschlichen Natur. Sie wollen einen wesentlichen Aspekt unseres Menschseins, unser biologisches Geschlecht, nicht mehr sozialisieren, sondern uns davon befreien. Mitbefreien will man uns im gleichen Atemzug natürlich von den sozialen Strukturen, die sich aus der Bipolarität der Geschlechter ergeben: Der Beziehung von Mann und Frau als vorherrschend gelebte Normalität weltweit, die biologische Komponente von Elternschaft und Abstammung und alle Beziehungsstrukturen, allen voran die Ehe, die sich aus der Bipolarität definiert.

Zufrieden werden sie erst sein, wenn auch diese Normalität aufgebrochen ist, zugunsten welcher Lebensform auch immer."[1]

Die von Kelle bemängelte **»Alles kann, nichts muss« - Logik** beschreibt trefflich den **zentralen Wahninhalt bei der Genderbewegung**. Klassisch ist für diesen Wahninhalt auch, dass er an den realen Erfahrungen der Menschen vorbei geht, und dass er Schlussfolgerungen provoziert, die im Grunde zur Orientierung untauglich sind. Mehr muss man nicht hinzufügen. Während eine Minderheit massiv

---

[1] Kelle, Birgit, Gender-Gaga, Dillerberg 2019[6], S. 178-179

einen Wahn propagiert und zur Leitschnur macht, droht die Mehrheit darüber neurotisch zu werden.

Es bleibt die Frage an Dich, ob du da unkritisch folgen willst?

2.1.2.7   Die Spielmanie und die Flucht vor der Realität

Und wenn der Druck aller Optimierungsversuche zu stark wird oder wenn Du diesem nicht Genüge leisten kannst? Dann kannst Du unkontrolliert bei jeder Gelegenheit zocken und dabei deinen seelischen Druck und vermeintliche Langeweile vetreibt!

Während das natürliche Kinderspiel der Vorbereitung auf die Realität dient, wird es im Erwachsenenalter oft zur Flucht vor eben dieser genutzt. Und es ist der Lebensbewältigung oft nicht zuträglich, wenn Spiel in der Adoleszenz zur fiktiven Parallelrealität wird.

Na, ich will Dir jetzt nicht das Spiel verderben…

Klar: Der Mensch spielt in jedem Alter gerne! Wie gesagt: Im Kindesalter um sich auf die Realität vorzubereiten und im Erwachsenenalter um sich der entspannenden Geselligkeit hinzugeben und um sich seiner Kräfte zu messen. Das ist ganz normal und als Ventil notwendig.

Manisch scheint es zu werden, wenn dem Spiel und dessen Inhalt so viel Raum zugestanden wird, dass es die eigentliche Lebensrealität überdeckt oder ersetzt.

Ich nenne es hier *»manisch«*, weil es mit den Begriffen »Wahn« oder »Sucht« nicht getroffen wird…

Der manische Zustand zeichnet sich aus durch eine unrealistisch positive und euphorische Stimmung. Es ist jedoch keine gesunde ‚gute Laune‘, sondern eine unbegründete.

Manie ist ein intensives Hochgefühl in dem sich das Individuum vermeintlich außergewöhnlich leistungsfähig fühlt. Im manischen Zustand hat das Individuum wenig Schlafbedarf und will auch damit die Zeit für seine ziellosen Aktivitäten nicht verschwenden. Insgesamt ist all dieses Handeln durch eine Verkennung der Realität geprägt. Ferner können Halluzinationen und Wahnvorstellungen mit einher gehen. Hier wird der manische Zustand auch psychotisch. Im manischen Zustand werden die Probleme ganz klein und man kann der unangenehmen Realität entfliehen.

Wir haben es in unserem Zusammenhang weniger mit einer Sucht zu tun, sondern tatsächlich mit einem eher manischen Spielverhalten. Hieraus kann aber ein zwanghaftes pathologisches Spielen werden. Ein dauerhaftes Ausweichen vor der Realität.

Das Spielen des modernen Menschen ist also nicht dieses pathologische Spielen, welches zu den abnormen Gewohnheiten und Störungen der Impulskontrolle zählt. Es ist die manische Flucht vor den zahlreichen und unerfüllbaren Anforderungen.

Und da üben – wie auch auf Spielsüchtige – zahlreiche Spielformen großen Reiz auf den Menschen aus: Casinospiele, Spielhallenspielgeräte, Sportwetten, Lottospiele, (Internet)-Gaming etc. Überall kann man so schön die Realität vergessen, bis man von dem Gedanken an Spiele ständig beherrscht wird.

Die Manie des realitätstötenden Spiels ist massiv und ist kaum beherrschbar. Hier geht es aber nicht wie bei der Spielsucht nur um Geld und die Bereitschaft, z.B. das ganze Geld ins Spiel zu investieren. In unserem Fall sind zahlreiche Menschen bereit, ihren ganzen Lebensinhalt, ihre Realität zu opfern! Hier werden Lebensschulden gemacht, sich selber belogen, betrogen und sinnvolle Zeit gestohlen. Das wiegt meines Erachtens noch schlimmer als das finanzielle Chaos, in das sich allein Spielsüchtige stürzen.

Unsere manisch spielende Gesellschaft spielt mit hohem Einsatz: Der Realität!

Uns so wird überall gezockt: In der Straßenbahn mit dem Handy, bei der Ziehung der Lottozahlen bis zur Gamescom in Köln.

Für mich ist es ein Zeichen eines spielbedingten Realitätsverlusts, wenn im Vorfeld der Gamescom 2019 schon gefordert wurde, dass der Staat das Gaminggeschäft mehr fördern solle und dass Computergaming zu Olympia zugelassen werden solle – zu einer Zeit, wo ja auch noch nicht einmal Schach olympisch ist. Und das zudem unter Missachtung der Tatsache, dass der *olympische Sportgedanke* eigentlich ganz klar *Betätigung im Rahmen der Leibesertüchtigung* meint. Das zeichnet noch keinen Wahnsinn aus, aber mit Sicherheit einen Realitätsverlust im Rahmen einer manischen Störung…

2.1.2.8 Säkularisierungswahn und Gottesphobie

Dieses Kapitel hat sich mir am Palmsonntag 2019 – auf dem Weg zur Palmweihe – aufgedrängt. Als (katholischer) Christ muss man beklagen, dass heute die Frage nach Gott sich scheinbar immer mehr verbietet. Seit dem deutschen Idealismus, der mit dem Erscheinen von Kants »Kritik der reinen Vernunft« im Jahr 1781 begann, ist Gott, Glaube und Religion auf dem Rückzug. Scheinbar haben Humanismus und die Aufklärung durch ihre vernunftbedingte Herangehensweise an das menschliche Leben zu einer legitimen Abkehr des Individuums von Religion und Glauben geführt. Hinzu kommen damit auch die immer beherrschender werdenden Naturwissenschaften, die hinter den Dingen außer Naturgesetzen keine höheren Ideen zu erkennen vermögen. Ich will damit jedoch nicht sagen, dass ich die Naturwissenschaften nicht achten würde.

Aber der rasante wissenschaftliche, wirtschaftliche und modernistische Fortschritt in der zweiten Hälfte des zwanzigsten Jahrhunderts scheint dem Gottglauben den Rest zu geben.

Alles was mit Gott, Glauben und im christlichen Sinn mit Kirche zu tun hat, erodiert in unseren westlichen Gesellschaften – nicht aber in Gesellschaften, in denen Idealismus, Humanismus und Aufklärung nicht entsprechend stattgefunden haben. Ein schleichender Prozess des sozialen Bedeutungsverlusts des Gottglaubens macht sich breit. Kant, Fichte, Schelling, Hegel u.a. haben die Grundlage gestiftet und so stehen heute alle namhaften Philosophen unter dem Zwang eine Göttliche Existenz in Frage zu stellen oder ganz zu negieren. Sie wollen nicht am Ende den Anschein erwecken, dass sie ungebildet seien, abergläubig, unglaubwürdig, unphilosophisch, unmodern oder unwichtig. Ihre absolute Qualifikation dafür, dass sie sich überhaupt Philosoph nennen dürfen, ist der eindeutige Nachweis ihres Gotteszweifels, ihrer Ungläubigkeit, ihres ‚vernunftbedingten' Atheismus oder vergötterten Materialismus. Ebenso ergeht es zahlreichen Naturwissenschaftlern.

Die Stammtischreife ihres Widerstandes gegen Gottglauben und Religion lässt nur den Verdacht nahelegen, dass sie sich letztendlich doch nicht ausführlich mit den theologischen Begründungen – von der Schöpfung bis zum Individuum vor Gott – ernsthaft beschäftigt haben. Die Frage nach der Möglichkeit Gottes war aus ihrem Leben verschwunden bevor ihr Leben sie ihnen hätte nahelegen können. Stephen Hawking machte keinen Hehl daraus, dass er nicht von der Idee überzeugt ist, „of the world and all that is in it being created in the flip of an all-powerful hand. (...) We (...) know everything that God would know, if there were a God. Which there isn't. I'm an atheist. (...) ...heaven is a fairytale for those who are afraid of the dark." [1]

Offensichtlich hat er sich eben nicht davon überzeugt, dass alleine schon seine Art die Entstehung der Welt – evolutionistisch – zu erklären, gar nicht mit dem christlichen Schöpfungsverständnis in Widerspruch steht. [2]

Philosoph Robert Pfaller [3] unterstellt aus falschem Verständnis, dass die Welt im Christentum eben grundsätzlich schlecht sei und der daher scheiternde Gläubige daraus seine metaphysische Bestätigung ziehen könne, dass er selber gut sei. Richard David Precht, den ich im Übrigen für brilliant halte, sagt: „Bei der Spiritualität läuft es darauf hinaus, dass man meditieren soll. Mehr nicht." [4]

Peter Sloterdijk merkt bei der Analyse von Friedrich Nietzsches »Asketischem Stern« an: „Im monotheistischen Zeitalter galt Gott als derjenige, der alles bewirkt und tut, weswegen es den Menschen nicht zusteht, aus sich selbst etwas oder viel zu machen. In Humanistischen Epochen hingegen gilt der Mensch als derjenige, durch den alles bewirkt und getan wird – dann aber hat er kein Recht mehr, nichts oder wenig aus sich zu machen." Ferner: Nietzsche stelle aufgeregt die Frage, „woran sich das menschliche Leben nach der Götterdämmerung noch orientieren könne!?" (...) „Die Vitalität, als somatische wie geistige verstanden, ist

[1] Lee, Rhodi über Hawking, Stephen, Atheist Stephen Hawking denies existence of 'God': Science 'more convincing explanation' for universe, in Richard Dowkins Foundtion, 30.09.2014, aufgerufen 14.04.2019, https://de.richarddawkins.net/articles/atheist-stephen-hawking-negiert-existenz-eines-gottes-die-wissenschaft-biete-eine-uberzeugendere-erklarung-des-universums

[2] Becker, Bert, eMANNzipation, Berlin 2019, S. 206f

[3] Pfaller, Robert, Wofür es sich zu leben lohnt, Frankfurt 2018[7]

[4] Precht, Richard David, im Interview mit Arno Widmann, "Spiritualität ist die einzig akzeptable Form von Religion", Frankfurter Rundschau, 03.01.2018, aufgerufen 14.04.2019, https://www.fr.de/kultur/literatur/spiritualitaet-einzig-akzeptable-form-religion-11038700.html

selbst das Medium, das ein Gefälle zwischen Mehr oder Weniger enthält. Sie hat daher das vertikale Moment, dass Aufstiege orientiert, in sich, sie braucht keine zusätzlichen externen oder metaphysischen Attraktoren. Dass Gott tot sein soll, macht in diesem Zusammenhang nichts. Mit oder ohne Gott kommt jeder nur so weit, wie seine Form ihn trägt."[1] Letztendlich kommt er zu der Bewertung, die Moderne "ging immer darauf aus, den in der Sezession freiwillig weltfremd gewordenen Menschen aus dem ‚Landheim seiner selbst' in die ‚Wirklichkeit' zurückzuholen. Es war ihr Ehrgeiz, ihm eine einzige Staatbürgerschaft aufzuprägen, die alles gibt und nimmt: In-der-Welt-sein. (...) Deshalb werden die meditativen Enklaven mit der Zeit unsichtbar, die Wohngemeinschaften der Weltfremdheit lösen sich auf."[2]

Soweit erst mal unsere Philosophen und Wissenschaftler.

Aber sind sie sich auch im Klaren darüber und der Verantwortung bewusst, dass das Individuum eben nicht die Macht haben wird, Gott (‚Göttchen') zu sein? Sind sie sich im Klaren darüber, dass Sie dadurch die Mehrzahl der Individuen hoffnungslos mit der Endlichkeit Ihrer Existenz zurücklassen, ohne die Nichtexistenz Gottes und somit der Religion überhaupt bewiesen zu haben? Und: Es könnten nicht alle Menschen durch ihre eigene »Vitalität« gleichzeitig »vertikal« zu einem »Mehr« gelangen. In Klardeutsch: Nur Wenige – wahrscheinlich akademisch, intellektuell Bevorzugte und finanziell potente, reiche Menschen – werden ihr Individuum gewinnbringend und befriedigend für sich selber und dann erst für das Größere-Ganze einbringen können.

Die Intellektuellen reden mal wieder eine andere Sprache und leben in einer anderen Welt.…

…und…

…sie machen Gott den Menschen madig, dessen Nichtexistenz zum jetzigen Augenblick trotz aller Bemühungen genauso wenig bewiesen ist, wie seine Existenz. Und daher ist Religion eben <u>nicht</u> lediglich das, was Carl Marx uns sagte:

„Das religiöse Elend ist in einem der Ausdruck des wirklichen Elendes und in einem die Protestation gegen das wirkliche Elend. Die Religion ist der Seufzer der bedrängten

---

[1] Sloterdijk, Peter, Du musst dein Leben ändern, Frankfurt 2014[2], S.66f
[2] Ebenda: S.692

Kreatur, das Gemüt einer herzlosen Welt, wie sie der Geist geistloser Zustände ist. Sie ist das Opium des Volks.[1]

So ist auch die Pflicht unserer Vordenker den Vielen, die ihre Möglichkeiten nicht ausschöpfen können, beizustehen, sie hinterherzuziehen und aufzuklären. Faselei unter Ihresgleichen zählt nicht, denn – wie richtig erkannt – „in Humanistischen Epochen (…) hat er kein Recht mehr, nichts oder wenig aus sich zu machen" (s.o.) und anderen dabei zu helfen!

Wenn man schon einen Jesus nicht als den »Sohn Gottes« anerkennen möchte, so sollte man ihn wenigstens als (Sozial-)Philosophen befragen, wie sie es – berechtigter Weise – auch bei Kant, Hegel, Nietzsche, Fichte etc. durchexerzieren! Nebenbei: Bei Mohammed ist das nicht notwendig, weil dieser kein Philosoph, sondern ein Ideologe, Politiker und Diktator war!

„Die tiefste Natur des modernen Menschen, das Geheimnis seiner Seele, ist nach Auffassung der Metaphysik das Streben, über sich hinaus zu gelangen; und wohlwissend, dass die Negation – der Tod – etwas Endgültiges ist, weigert er sich, ihn anzuerkennen. Hinter diesem Chiliasmus[2] des modernen Menschen verbirgt sich der Größenwahn des sich als unendlich begreifenden Selbst."[3] Aber Größenwahn verhindert den Blick auf das Wesentliche.

Unser Thema ist also nicht mehr so sehr das *»wirkliche Elend«* der breiteren Masse, sondern es ist ein *»Sinn-Elend«* im Verständnis von Viktor Frankl[4]. Ein *»Sinn-Elend«* angesichts eines endlichen Lebens und die große Mehrheit are „those who are afraid of the dark" (s.o.). Und dieser Jesus hat offenbar bessere und verständlichere Antworten geben können, als viele Philosophen vor und nach ihm:

---

[1] Marx, Carl, zitiert in Haring, Sabine A., Der Begriff in der Religion in der Religionssoziologie: eine Annäherung, in Hildebrandt, Mathias u. Brocker, Manfred (Hrsg.), Der Begriff der Religion, Interdisziplinäre Perspektiven, Wiesbaden 2008, 129

[2] Chiliasmus ist die Erwartung des Tausendjährigen Reiches Gottes

[3] Bell, Daniel, Die kulturellen Widersprüche des Kapitalismus, in Reihe Campus 1037, Frankfurt 1991, S. 66

[4] Frankl, Viktor E., Das Leiden am Sinnlosen Leben, Freiburg, 2004[15]

„ 33 Meine Kinder, ich bin nur noch kurze Zeit bei euch. Ihr werdet mich suchen, und was ich den Juden gesagt habe, sage ich jetzt auch euch: Wohin ich gehe, dorthin könnt ihr nicht gelangen. 34 Ein neues Gebot gebe ich euch: Liebt einander! Wie ich euch geliebt habe, so sollt auch ihr einander lieben. 35 Daran werden alle erkennen, dass ihr meine Jünger seid: wenn ihr einander liebt."
Johannes 13, 33-35

Dieser Jesus – und dafür steht auch der christliche Glaube – entwirft ein Gesellschafts- und insbesonderes (Herzens-)bildungsideal, dessen Verwirklichung jedem Menschen die bestmögliche Persönlichkeitsentfaltung ermöglichen könnte. Zusätzlich übt er auch Kritik an bestehenden Verhältnissen. Das sind schon fast humanistisch, idealistische Prinzipien.

Aber gerade weil das Gottesverständnis der Bibel und der Ideenbegriff des Idealismus nicht auf dasselbe hinauslaufen, da Gott nicht Idee, sondern auf Du und Du mit Dir ist, kannst Du mehr als ein Objekt sein: Du bist eine Person, ein Kind (Gottes) mit verbrieften Rechten zur freien Entfaltung – zum Sosein, vom »Ich« zum »Du«. Wirst Du – der Mensch – aber nur als ein hoch evolvierter Primat in einer sich zufällig – nur nach naturwissenschaftlichen Gesetzen – entwickelnden Welt verstanden, so gibt es keinen Grund für ein moralisches Handeln jenseits des individuellen Egoismus mehr. Denn es gäbe keine Instanz mehr, vor der Du dein Handeln rechtfertigen müsstest! „Wenn aber die Ehrfurcht vor dem Heiligen schwindet, schwindet auch die Ehrfurcht vor der Heiligkeit – säkular gesprochen: vor der Würde – des anderen Menschen."[1] Alleine die Evolution als moralische Instanz rechtfertigt – in einer gnadenlosen Individualisierung – nur noch den Vorteil und die Durchsetzung des stärkeren Individuums. Das Religiöse ist dann aber die Revolution gegen die pure soziale Evolution! …eben: …„der Seufzer der bedrängten Kreatur" (s.o.).

Allein: Wenn es unseren Philosophen jedoch um Kirchenkritik ginge, also um die Kritik realexistierender Glaubenslehre, so hätten sie durchaus recht! Denn die Ausblendung der Existenz Gottes in den modernen westlichen Gesellschaften wird potenziert durch den Ausfall der Kirchen als glaubwür-

---

[1] Kasper, Walter, im Interview mit Frank, Joachim, "Frauen den Platz geben, der ihnen gebührt" in Kölner Stadt-Anzeiger, 01./02.05.2019, S. 8

dige moralische Instanz. Und das wegen ihrer Unfähigkeit zur Reform und der durch den Zwangszölibat bedingten sexuellen Unreife ihrer Protagonisten (Kleriker). Dabei war das Christentum mit seinem Menschenbild in Wirklichkeit unverzichtbar für die Entwicklungen im Westen: Aufklärung, Idealismus, Humanismus, Sozialismus konnten nur hier geschehen, weil dieses Europa so sehr christlich – im Sinne des Einsatzes des ursprünglichen Jesus für die seufzende Kreatur – kontaminiert ist.

2.1.3 Die Todesangst gebiert das Dogma der Individualrechte

Das alles findet aber letztendlich statt im Einflussgebiet der grassierenden Angst vor dem Tod. Und da der Tod nun deine sehr persönliche, individuelle Angelegenheit ist, wird das Bemühen den Tod möglichst lange hinauszuzögern und zu verhindern bei vielen Entscheidungen und Persönlichkeitsrechten auch zu deiner sehr vorrangigen, *fast dogmatischen*, Aufgabe (PRIORITÄT). Das Individuum wird als einzigartig begriffen, „als je mit unverwechselbaren Wünschen und Sehnsüchten versehen; das Leben wurde mit dem Glanz von Heiligkeit uns Kostbarkeit umgeben. Die Überhöhung des Einzelnen wurde zum Wert an sich."[1] Und trotzdem bleibt dir der Tod.

Aus diesem Bemühen gegen unsere kollektive Angst leitet die vermeintlich moderne, humanistisch idealistische Gesellschaft unbewusst zahlreiche Individualrechte ab, die in vielen Fällen mit kollektiven Rechten und einem unversehrten Planeten in Konkurrenz treten. Dein Recht auf Gesundheit und körperliche Unversehrtheit, dein Recht auf ein möglichst langes Leben, dein Recht auf freie Entfaltung, auf Gleichberechtigung, auf Chancengleichheit, auf Meinungsfreiheit u.v.m.: Alles deine Individualrechte, deren Berechtigung ich nicht anzweifeln will, die jedoch ihre dringliche PRIORITÄT aus der unweigerlichen Endlichkeit unseres Lebens, also unserem Tod beziehen. So werden sie zu *»Dogmen der modernen Welt«.*

---

[1] Bell, Daniel, Die kulturellen Widersprüche des Kapitalismus, in Reihe Campus 1037, Frankfurt 1991, S. 66

„Es ist gerecht, allen die gleichen Chancen zu geben. Was der Einzelne dann daraus macht, ist eine andere Frage. Der eine macht das Abitur, vielleicht sogar den Doktor phil., der andere wird Dachdeckermeister, ein Dritter bleibt ungelernter Arbeiter – das ist in meinen Augen in Ordnung, wenn alle drei von Anfang an die gleichen Chancen hatten." [1]

Ist es aber überhaupt realisierbar Allen Alles innerhalb einer Lebensspanne möglich zu machen? Gibt es dafür überhaupt – ideell oder real – genug Platz in unserer Welt? All diese Individualrechte haben in erster Linie nur Sinn in unserer Sterblichkeit. Und genau deswegen können diese mit den Rechten und Interessen einer dauerhaften Gesellschaft und einer endlosen Evolution kollidieren. In Wirklichkeit stehen sie vielleicht der Reifung unseres menschlichen Individuums entgegen. Die grundlegende Verabsolutierung und Dogmatisierung unserer individuellen Rechte gaukelt Dir – als Individuum – eine zentrale Stellung vor, die Du auf Grund deiner Vergänglichkeit in der sozialen und biologisch-naturalistischen Welt gar nicht hast! Ist die Mär von der Chancengleichheit Aller nur ein Postulat, das das Gewissen derer erleichtern soll, die – im Gegensatz zu vielen anderen – die besseren Chancen schon hatten und wahrnehmen konnten? *Ist vielleicht in Wirklichkeit das Dogma von unseren Individualrechten und unserer Chancengleichheit »Opium für das Volk«?*
Der Erhalt unseres Planeten, die Sicherung des Überlebens der gesamten Menschheit mit ihren nachfolgenden Generationen *__und nur unter anderem__* die vage Garantie eines lebenswürdigen, chancenreichen Lebens für Dich – als einzelnem Individuum – sind die allumfassenden Ziele! Die beiden Ersteren sind Pflicht, Letzteres kann nur Kür sein, denn es bleibt – angesichts der Realitäten – nur ein Postulat!
Du wirst dich nur als Teil einer sich über die Zeit entwickelnden Menschheit befriedigend identifizieren können. Dich lediglich als punktuelle, vorübergehende Erscheinung einer gewissen Nation und einer gewissen Epoche wahrzu-

---

[1] Schmidt, Helmut, im Interview mit Giovanni di Lorenzo, Verstehen Sie das, Herr Schmidt?, in ZeitOnline, 12.01.2012, aufgerufen 13.04.2019, https://www.zeit.de/2012/03/Fragen-Helmut-Schmidt

nehmen, würde dazu führen, dass Du dich nur als Spielball einer Welt empfinden würdest, auf die Du keinen Einfluss nehmen könntest.[1]

Und warum versteckt sich ein vermeintlicher Gott, der dich liebt? Warum lüftet er nicht das Geheimnis und beweist dir, dass Du ewig leben wirst? ...Dass Du keine Angst haben müsstest?

Exkurs: Die Zellforschung kann heute nachweisen, dass das Altern und das Lebensalter von Zellen schon in den Genen festgelegt ist. Aber: „Warum also muss der mühsam aufgebaute Organismus nach einigen Jahren sterben?

Die Antwort auf diese Frage ist der dritte Grund für das in der Erbsubstanz programmierte »freiwillige« Sterben der Lebewesen.

Auch wenn es einem lebenden Erwachsenen nicht einleuchtet, dass er zu Gunsten seiner Art sterben muss, ist das sozial notwendige Geschehen – eben Altern und Sterben – in seiner DNA vorbestimmt. Der Grund dafür ist, dass sich während der Entwicklung des Lebens ein über dem Einzelnen stehendes Prinzip entwickelt hat: das der Anpassung an veränderte Umweltbedingungen. Unsterbliche Einzelmenschen könnten diese Anpassung nicht leisten, denn sie würden immer wieder nur sich selbst aus der immer gleichen Erbsubstanz herstellen. (...)

Diese treibende Kraft der Arterhaltung – das Erschaffen und Hegen leicht abgewandelter Nachkommen – steht weit über den privaten Interessen der Einzelnen."[2]

Soweit die Erklärung der Sollbruchstelle, die Natur und/oder Gott in uns biologisch eingebaut hat.

Du bist aber auch ein Vernunftbegabtes Wesen mit umfänglichem Verstand und bewusster Selbstwahrnehmung, welches in sozialen Bezügen seine Sinnerfüllung sucht und es natürlich kaum ertragen kann, am Ende durch seine Biologie ausgelöscht zu werden. Dein individuelles Bewusstsein lässt jedoch daran Zweifel aufkommen, dass Du letztendlich nur ein koordinierter Zellhaufen bist, der alleine evolutiven Prozessen unterliegt.

[1] Vgl. Becker, Bert, eMANNzipation, Berlin 2019, S. 181
[2] Benecke, Mark, Memento Mori, Remda-Teichel (Roter Drache) 2015[5], S. 36-37

Aber egal wer es so entschieden hat: Es scheint auch eine Art sozialpsychologische Notwendigkeit hinter deiner biologischen Sterblichkeit mit unbekanntem Ausgang zu stecken. Du hast die Wahl: Du kannst deine Sterblichkeit dauernd als dunklen Dämon fürchten, vor dem Du durch zahlreiche Zwangs- und Wahnreaktionen wegzulaufen versuchst oder Du begreifst ihn als notwendige Chance für die Entfaltung deiner individuellen Persönlichkeit…

William Parrish (Anthony Hopkins): **"Muss ich mich fürchten?"**
Der Tod alias Joe Black (Brad Pitt): **"Nein, nicht jemand wie du!"**[1]

Victor Frankl sagt: „Die Kardinalfrage ist, ob nicht die Vergänglichkeit und der Tod den Sinn des Lebens auslöschen. Wozu die ganze Plage, wenn am Ende nichts übrig bleibt? Ist unser ganzes Leben nicht vielleicht doch sinnlos? (…) Es wird entscheidend sein, was jeder in seine Scheune eingebracht hat. Der Tod ist der Antrieb zum Leben, der Motor, der uns veranlasst zu Handeln. Nur in einem Zeitlich begrenzten Leben sind wir verantwortlich für das, was wir in und aus diesem Leben machen.

Es kommt also darauf an, das Bestmögliche aus diesem Leben zu machen. Wenn das Leben z.B. 1000 Jahre dauern würde, könnten wir die Aufgaben immer wieder aufschieben und bräuchten nicht jetzt zu handeln. Es kommt auf Dich an, dein Beitrag verändert die Welt, dein Einsatz verbessert evtl. soziale und politische Missstände und behebt Ungerechtigkeiten.

Niemand ist nutzlos oder überflüssig, jeder wird zu etwas gebraucht."[2] Weil Du frei bist, kannst Du verantwortlich handeln und dein verantwortliches Handeln erhöht zugleich deinen Freiheitsspielraum.

Also: Warum sollte dir Gott diesen Antrieb zum Handeln vorenthalten?

---

[1] Rendezvous mit Joe Black (Originaltitel: Meet Joe Black), US-Spielfilm, Regisseur Martin Brest,1998. Der Tod in menschlicher Gestalt (Brad Pitt) bittet einen sterbenden Milliardär (Anthony Hopkins) ihm zu helfen, das Leben kennenzulernen.

[2] Vgl. Jörg Riemeyer, Die Logotherapie Viktor Frankls, Gütersloh, 2002[2], S. 170

Wenn also zahlreiche – wenn nicht alle – Individualrechte, - interessen und –PRIORITÄTEN ihre Dringlichkeit aus unserer Sterblichkeit beziehen, weil wir eben nicht endlos Zeit haben diese zu erreichen, stehen sie immer in Konkurrenz zu Gesellschaft und Welt, die länger als ein Menschenleben existieren. Dein Schicksal ist die Frage an dich selber: ‚Auf welche von meinen Rechten als Individuum kann und _muss_ ich verzichten, damit ich als Teil einer Gesellschaft und dieser Welt deren Entwicklung und Evolution nicht im Wege stehe. Ein Dogma der Individualrechte wird die Welt und die Lebensgrundlagen nachfolgender Genrationen zerstören!

„Mensch sein heißt: Verantwortung zu fühlen, sich schämen beim Anblick einer Not auch dann, wenn man spürbar keine Mitschuld an ihr hat; stolz sein über den Erfolg der Kameraden; seinen Stein beitragen im Bewusstsein, mitzuwirken am Bau der Welt.“[1]

Exkurs: Es gibt also _kein Individualrecht_ auf preiswerte Flüge in den Urlaub, auf meinen möglichst sicheren und großen SUV oder PS-Boliden, auf mein Steak pro Tag, auf meinen Arbeitsplatz in der Kohleindustrie, auf meinen Wohlstand aus fossilen Energieträgern, auf mein Auto mit Verbrennungsmotor, auf _kein_ Windrad vor meiner Tür, auf _keine_ Stromtrasse über mein Grundstück, auf meine total garantierte Gesundheit, auf mein möglichst langes Leben, auf meine Impffreiheit, auf ungestörte Natur in jedem Winkel der Erde, auf meine Karibikkreuzfahrt, auf _keinen_ Flüchtling in meiner Stadt, auf ein oder kein Atomkraftwerk, auf meinen Vegetarismus für die ganze Welt, auf meinen Individualverkehr, auf meine freie Fahrt auf der Autobahn, auf meine totale Rundumversicherung, auf meinen Arbeitsplatz in der Automobil- oder Rüstungsindustrie, auf meinen Reichtum (der mich _nicht_ verpflichtet), auf meinen ungebremsten Konsum, auf mein, mein, mein….

…und es gibt auch kein Recht auf „willkommene Passivität“ (…) „Sich–Infomieren-Lassen, Sich-Unterhalten-Lassen, Sich-Bedienen-Lassen, Sich-Beliefern-Lassen, Sich-Erregen-Lassen, Sich-Heilen-Lassen, Sich-Erbauen-Lassen, Sich-Versichern-Lassen, Sich-Transportieren-Lassen, Sich-Vertreten-Lassen, Sich-Beraten-Lassen, Sich-

---

[1] Antoine de Saint-Exupéry, Wind, Sand und Sterne, Düsseldorf, 1966, S. 169

Korrigieren-Lassen. Unwillkommene Formen der Passivität fügen sich dieser Reihe an: (...) Sich-Erpressen-Lassen, (...) Sich-Betrügen-Lassen."[1]

Es ist immer wieder erstaunlich, dass Menschen, die oft sehr passiv und lethargisch leben, immer genau wissen, welche (dogmatischen individuellen) Rechte sie haben (wollen) und wie viel Aktivität diese Individuen dann entwickeln können, wenn sie ihre Rechte einfordern wollen. Geht es aber an die eigenen Pflichten, die sie als Individuen einem gemeinsamen Zusammenleben schulden, ducken sie sich weg und erstarren wieder in der gewohnten Lethargie!

Bei einem hat Peter Sloterdijk auf jeden Fall recht: „Es lässt sich nicht leugnen: Die einzige Tatsache von universaler ethischer Bedeutung in der aktuellen Welt ist die diffus allgegenwärtige Einsicht, dass es so nicht weitergehen kann."[2] So fand er für eines seiner Bücher den trefflichen Titel: „Du musst dein Leben ändern."

2.2. Interessensphären menschlicher Kollektive

Unsere Staaten sind letztendlich Kollektive von Individuen, die sich weniger bewusst und freiwillig zusammenfinden um ein gemeinsames Ziel zu verfolgen. Die meisten Mitglieder eines solchen Kollektivs sind Mitglied durch Geburt oder weil sie sich mehr oder weniger zufällig auf deren Territorium befanden, zu dem Zeitpunkt als das Kollektiv, der Staat, zusammenfand.

Anders als Familien, Dörfer, Kommunen, deren vornehmliches Ziel eher eine Selbstverwaltung und –organisation sind, handeln Staaten auch strategisch, wie Individen, und mit eigenen Anliegen und in einer Art Staatspsychologie. Das Handeln dieser Staaten ist in der Regel auch unbehelligt und unbeteiligt an den direkten Interessen der ihm angehörenden Individuen. Im Gegenteil: Staaten können auch in ihren Entscheidungen ganz konträr zu den Interessen und Rechten des Individuums handeln. So werden Individuen als Soldaten im Interesse des Kollektivs geopfert.

---

[1] Sloterdijk, Peter, Du musst dein Leben ändern, Frankfurt 2014[2], S.591
[2] Ebenda: S.699

Man kann das Handeln der Staaten auch mit ihrer »kollektiven Intelligenz« oder »Schwarmintelligenz« begründen. Denn: „Eine Gruppe von durchschnittlichen Menschen kann unter bestimmten Umständen bessere Ergebnisse erzielen als einzelne Individuen innerhalb der Gruppe – selbst wenn eines der Individuen intelligenter ist als jedes andere Gruppenmitglied."[1] Während seiner gesamten evolutiven Entwicklung hat sich der Mensch zu einem sozialen Wesen entwickelt, dessen Stärke es ist, dass es sich in Horden, Gruppen und Kollektiven zusammenfindet, wodurch es ihm ermöglicht wird, seine einzelne, individuelle Schwäche auszugleichen. Aber auch die Fähigkeit in Gruppen zu handeln, ist eine besondere Fähigkeit. »Kollektive Intelligenz« sorgt dafür, dass eine große Gruppe noch gemeinsame Ziele verfolgen kann, die nicht zwingend eine einheitliche Ansicht oder nur das Wohl des einzelnen Individuums im Auge hat. Aber durch Kollektivierung der Intelligenz von Einzelindividuen erhält das Kollektiv etwas wie eine eigene Intelligenz. Eine »Schwarm-Intelligenz«.

Exkurs: ‚Gemeinsam ist man stark' könnte man platt sagen. Das ist für das Individuum auf der einen Seite Sicherheit und zugleich Gefahr. Die Stärke des Schwarms als eigenständiges Lebewesen können Einzelindividuen u.U. mit dem Leben bezahlen. So tritt der Heringsschwarm wie ein großes dunkles Wesen der Robbe entgegen und schlägt sie ggf. in die Flucht. Und wenn die Robbe doch angreift? Dann erwischt sie nur die Heringe am Rande. Der einzelne Hering kalkuliert da wohl mit der statistischen Wahrscheinlichkeit in der Menge nicht erwischt zu werden.

Ja, gemeinsam ist die Menge stark. Das einzelne Individuum ist schwach und hilflos. Es ist allein und ängstlich. Das gilt nicht nur für Heringe, sondern auch für menschliche Kollektive.

Sebastian Herrmann, deutscher Journalist und Sachbuchautor, sagt, wo sich weltliche Behörden halbwegs vernünftig um das Wohlergehen der Bürger kümmerten, suchten „weniger Menschen Halt und Hoffnung im Glauben an eine übernatürliche Wesenheit". So wirke Religion dort weniger

---

[1] Leimeister, J. M., Kollektive Intelligenz, in Wirtschaftsinformatik, Ausgabe/Number: 4, Vol. 52, Wiesbaden 2010, S. 239

attraktiv auf die Menschen, wo die Lebensqualität vergleichsweise hoch sei.[1]

2.2.1 Die Interessen der Staats- und Gemeinwesen

„Staaten haben keine Freunde, nur Interessen."
Charles de Gaulle[2]

„Deutsche Interessen sind zunächst unsere unmittelbaren nationalen Interessen wie Sicherheit und Bewahrung von Wohlstand. Es hat keinen Sinn, das verschweigen zu wollen. Unsere Partner würden uns das ohnehin nicht glauben".
Roman Herzog [3]

Das Bemerkenswerte am Handeln von (menschlichen) Kollektiven ist, dass sie nach den gleichen Regeln und Prämissen handeln, wie das einzelne Individuum. So können auch die Interessen größerer menschlicher Zusammenschlüsse durchaus erheblich divergieren.

Man könnte jetzt meinen, dass dies in der modernen Welt durchaus geregelt sei. Es gebe ja immerhin eine UN-Menschenrechtscharta, also die »Allgemeinen Erklärung der Menschenrechte«, die auf der Generalversammlung der Vereinten Nationen am 10. Dezember 1948 verkündet worden ist.[4] Aber schon die Einigungsprozesse auf solche Grundpositionen sind fast unmöglich.

Gewisse asiatische und islamische Staaten stehen dem allgemeinen Geltungsanspruch von Menschenrechten kritisch und zurückweisend gegenüber. Sie pochen auf die Notwendigkeit des Respekts vor kulturellen, sozialen und religiösen Besonderheiten und Traditionen.

---

[1] Herrmann, Sebastian, Wer dem Staat vertraut, braucht keinen Gott, in Süddeutsche Zeitung, 26.04.2018, aufgerufen 15.04.2019,
https://www.sueddeutsche.de/wissen/sozialpsychologie-wer-dem-staat-vertraut-braucht-keinen-gott-1.3956591
[2] *Charles de Gaulle,* französischer General und Politiker * 22.11.1890, †
09.11.1970
[3] Herzog, Roman: Die Globalisierung der deutschen Außenpolitik ist unvermeidlich, Presse- und Informationsamt der Bundesregierung, Bulletin Nr. 20, 15.3.1995, S. 161–165 (S. 164).
[4] https://www.menschenrechtserklaerung.de/

Sie verteidigen weiter ihre staatliche Souveränität, die territoriale Integrität, die Hauptverantwortung für den Schutz der Menschenrechte und warnen vor der Einmischung in interne Angelegenheiten. Westliche (aufgeklärte) Staaten lehnen eine kulturelle Relativierbarkeit der Menschenrechte ab, weil sie hinter dem Ansinnen dieser Staaten Eliten vermuten, die ihre Machtansprüche sichern wollten. So zeigt sich, dass selbst die Umsetzung von Menschenrechten schwer ist, weil dies regelmäßig mit politischen Interessen anderer Nationen kollidiert.

Exkurs: Im Februar 2019 trafen sich in Scharm El-Scheich Vertreter der Europäischen Union (EU) und der Arabischen Liga auf einem Gipfeltreffen zum Ausbau der Zusammenarbeit. Hier gingen beim Thema der Menschenrechte die Meinungen auseinander.
So kam es bei der Abschlusspressekonferenz zu offenen Meinungsverschiedenheiten. „Auslöser war die Frage, ob sich Ägyptens Präsident Abdel Fattah al-Sisi darüber klar sei, dass die EU mit der Lage der Menschenrechte in seinem Land nicht einverstanden sei. Der Generalsekretär der Arabischen Liga, Ahmed Abul Ghait, erklärte dazu: Nicht einer der Anwesenden habe Unzufriedenheit mit der Menschenrechtslage ausgedrückt.“[1]

So können sogar Menschenrechte als nationales Interesse unter Umständen in gewissen Staaten nicht erwünscht sein. Staatskörper, die Ihre einzelnen Bürger eher als Krankheitserreger oder Parasiten an ihrer Staatsideologie oder – religion empfinden, die man unter Kontrolle bringen müsse, werden Rechte des Einzelnen nicht in gleicher Weise für schützenswert erachtet.
Die Frage ist auch, auf welche Art und Weise sich in Staaten – also Kollektiven, die aus Individuen bestehen – nationale Interessen bilden.
Zum einen kann dies auf einen organisierten Aushandlungsprozess unter den gesellschaftlichen Gruppen und Repräsentanten zurück geführt werden.

---

[1] Schäfer, Norbert, Offener Streit über Menschenrechte, pro-medienmagazin, 26.02.2019, aufgerufen 19.04.2019, https://www.pro-medienmagazin.de/gesellschaft/weltweit/2019/02/26/offener-streit-ueber-menschenrechte/

Andererseits kann es auch das statische Produkt einer dogmatisch fixierten ideologischen oder religiösen Kulturgrundlage sein.

Als weitere Möglichkeit kann nationales Interesse aber auch über Einzelindividuen diktatorisch festgelegt werden.

Am Ende ist es aber dann oft der Fall, dass staatliche und nationale Interessen durch jeweilige Machthaber oder die, die die Lufthoheit über die Argumente – den Mainstream – haben, definiert werden. Wahrscheinlich wirst Du feststellen müssen, dass die Grenzen hier lediglich verschwimmen. Zu behaupten, dass Hitler und seine Vasallen alleine den Holocaust zum nationalen Interesse erhoben haben, ohne dass ein bestimmter Teil der Einzelindividuen mitgetan habe, wäre zum Beispiel eine zu grobe Vereinfachung.

Wir müssen auch bemerken, dass sich Staaten als Kollektive von Einzelindividuen ähnlich schwierig verhalten und teilweise krankhaft wirken, wie einzelne Individuen selber. Und das ist heute, bei den neueren Entwicklungen in der Welt, zunehmend festzustellen. Die Globalisierung macht auf der einen Seite die Abläufe in den internationalen, zwischenstaatlichen Beziehungen immer komplexer und schneller. Der Handlungszwang wächst dauernd an. Gleichzeitig erscheinen westliche (aufgeklärte) Demokratien nicht mehr überall als ideale Staatsform, werden daher sogar teilweise abgelehnt und in immer schnelleren Intervallen zerfallen staatliche Strukturen überall und es geht in vielen Regionen der Welt ‚drunter und drüber'. Hier entsteht weltweit eine große Unklarheit über Machtverhältnisse. Verhandlungspartner und Netzwerke wechseln dauernd oder gehen verloren. Es besteht zunehmende Unsicherheit im Handeln des Staates. Zum Beispiel versucht sich die Bundesrepublik in dieser Gemengelage über ihre »nationale Interessen« im 1994 vorgelegte Weißbuch zur Sicherheitspolitik klar zu werden:

„Die Außen- und Sicherheitspolitik Deutschlands wird von fünf zentralen Interessen geleitet:

- die Bewahrung von Freiheit, Sicherheit und Wohlfahrt der Bürger Deutschlands und der Unversehrtheit seines Staatsgebiets,
- die Integration mit den europäischen Demokratien in der Europäischen Union …,

- das dauerhafte, auf eine Wertegemeinschaft und gleich-
  gerichtete Interessen gegründete transatlantische Bündnis mit den Vereinigten Staaten als Weltmacht ...,
- eine auf Ausgleich und Partnerschaft bedachte Heran-
  führung unserer östlichen Nachbarn an westliche Strukturen und die Gestaltung einer neuen, alle Staaten Europas umfassenden kooperativen Sicherheitsordnung,
- die weltweite Achtung des Völkerrechts und der Menschenrechte und eine auf marktwirtschaftlichen Regeln
  basierende gerechte Weltwirtschaftsordnung ...".[1]

Wir sehen: Ein Staat, der aus einem Kollektiv aus Einzelindividuen besteht, geht strategisch genauso vor, wie ein
Einzelindividuum. Da aber Staaten nicht sterblich sind –
meinen sie zumindest – sind ihre Antriebe jedoch andere.
Der Tod kann es nicht sein. Auch nicht in erster Linie die
Rechte der Individuen, obwohl sie dies oft vorgeben. Antrieb
könnte der Wille zur Stärke sein. Sie möchten mächtiger,
reicher, stärker und universaler als jeder andere Staat sein.
Sie möchten mit ihren Grundlagen und Ideologien recht
behalten. Selbst aufgeklärte Staatsformen wie Demokratien
nach den **Prinzipien (Göttern) (Vor)Macht, Kapitalismus,
Imperialismus und Globalisierung.** Schade! **Denn eigentlich müsste der Hauptantrieb eines Staates die langfristige Garantie der ökologischen und ökonomischen Lebensgrundlagen für die gegenwärtigen <u>und</u> kommenden
Generationen von Einzelindividuen sein.** Das Kollektiv
»Staat« scheint da jedoch immer zu kurz zu springen.

Nun, ich will hier nur kurz auf die neuen-alten »Götter« moderner marktwirtschaftlicher Staaten eingehen. Die genaue-
ren Analysen mögen dann andere wissenschaftliche Diszip-
linen (Wirtschafts- und Politikwissenschaften, etc.) durchfüh-
ren. Du musst jedoch nicht besonders helle sein, um die
folgenden Punkte selber beobachten zu können.

2.2.1.1 (Vor)Macht

Staaten ringen untereinander immer um die erfolgreichere
Vormacht. Macht bedeutet die Fähigkeit, inwiefern internati-

---

[1] Bundesministerium der Verteidigung: Weißbuch 1994, Weißbuch zur
Sicherheit der Bundes- republik Deutschland und zur Lage und Zukunft
der Bundeswehr, Bonn: BMVg 1994, Para. 308, S. 42

onale Entwicklungen beeinflusst werden können. Hiervon ist letztendlich auch die Gestaltung der Zukunft des Staates abhängig. Das geht auf verschiedenste Art und Weise vor sich. In der Vergangenheit waren dies vor allem Länder mit überlegener Militärtechnik und der notwendigen Skrupellosigkeit gegenüber ihren Nachbarn. Trotzdem kommt dies auch heute noch vor. Kann sein, dass es sich bei militärischer Macht auch um Zeitintervalle handelt, die auf und ab gehen.

Eine andere Form von Vormacht basiert auf der wirtschaftlichen Leistungsfähigkeit, auf Innovationskraft und Bildungskompetenz eines Staates. Wie man sieht, ist es nicht entscheidend ob Machtpolitik betrieben wird. Alles Handeln von Staaten ist auf *Vormacht* hin orientiert. Aber die Art und Weise der Machtpolitik ist entscheidend.

Ferner ist auch für eine positive Entwicklung entscheidend, wie ein Staat versteht, mit anderen internationalen Akteuren Bündnisse zu schließen und auszubauen. Dies ist besonders für kleinere oder weniger potente Staaten wichtig. Problematisch ist jedoch am Machtstreben der Staaten, dass es letztendlich wiederum das Misstrauen und Ängste der anderen Staaten weckt. So werden diese wiederum angeregt Vorsorge zur Verteidigung zu treffen. Dies destabilisiert im Gegenzuge die Gesamtsituation und die Welt.

Die mächtigen Staaten werden ihre Vormacht halten und ausbauen wollen. Diese nutzen dann in der Regel ökonomische, militärische Mittel und Technologie. Weniger mächtige Staaten werden sich mit solchen stärkeren Staaten oder mit mehreren kleinen verbünden, um eine Gegenmacht zu bilden.

Betrachten wir das Verhältnis von Staaten untereinander, so ist ein vormachtfreier Umgang, also eine friedliche Koexistenz, keine gängige Lösung. Selbst in unserem scheinbar friedlichen Europa brechen immer wieder Konkurrenzen und Machtfragen auf.

Ein anderes Problem der Staaten ist die Frage nach ihrer Machtausübung nach innen!

Wie ich schon sagte, wird es auch problematisch, wenn der Staatskörper, ein Regime, seine einzelnen Bürger eher als Krankheitserreger oder Parasiten an seiner eigenen Staatsideologie oder –religion empfindet.

Hier müssen wir zu der Überzeugung kommen, dass sich menschliche   Kollektive   entscheidend   von   tierischen

Schwärmen und Kollektiven unterscheiden. Es scheint so, dass sich dabei Führungszirkel von einzelnen oder Gruppen von Individuen herausbilden, die schließlich den Schwarm bzw. die anderen Individuen manipulieren und für ihre eigenen Zwecke und ihren materiellen und ideellen Machterhalt missbrauchen. Ähnliche Parteiungen und Taktiken sind u.a. auch noch in Primatengruppen zu beobachten.

2.2.1.2 Kapitalismus

Der Kapitalismus hat immer noch nicht seine Aktualität eingebüßt. Er hat eine große Anziehungskraft auf unsere modernen Gesellschaften.

So sind unsere sogenannten neuzeitlichen, westlichen Staaten allesamt Staaten, die die kapitalistische Marktwirtschaft als Wirtschaftsform pflegen. Das gilt aber nicht nur für die demokratischen Staaten. Ihre Produktionsmittel sind hauptsächlich in Privateigentum, was zu einer dezentralen Steuerung und   Planung der Wirtschaftsprozesse führt. So können sich die Besitzer der Produktionsmittel – die Unternehmer und Aktiengesellschaften – auch die Wertschöpfung, die durch die Arbeitenden geschaffen wird, sichern. Ob man schließlich die kapitalistische Marktwirtschaft »sozial« nennt oder nicht, ist am Ende relativ unbedeutend für die Folgen, die der Kapitalismus für den Einzelnen und für das Staatswesen hat.

Denn eine trügerische Facette des Kapitalismus ist, dass er zwar ansatzweise in der Lage zu sein scheint, wichtige Grundprinzipien wie Menschenrechte, Demokratie, Wissenschaft besser realisieren zu können, als andere Systeme. Die These des Österreichischen Philosophen und Sozialwissenschaftlers Gerhard Schwarz ist, dass er sich daher auch weltweit durchgesetzt habe. „Mit Hilfe des Geldes sollten alle Ungerechtigkeiten und   Fremdbestimmungen beseitigt werden."[1] Die Erlösungsreligion des Geldes, der Marktwirtschaft, vertrete hier die Grundrechte der menschlichen Selbstverwirklichung.   „Wie die weltweiten Proteste aber zeigen, ist eher das Gegenteil der Fall. Die Schere zwischen Arm und Reich geht immer weiter auseinander.

---

[1] Schwarz, Gerhard, Religion des Geldes, Wiesbaden 2016², S. 7

Die Finanzmärkte, die über die Regierungen regieren, sind alles andere als gerecht."[1]

So ist überall zu beobachten, dass kapitalistische Wirtschaftssysteme oft zwar einen großen Wohlstand und auch ein hohes Wirtschaftswachstum generieren können. Jedoch ist ebenso sichtbar, das nur bestimmte Schichten der Gesellschaft davon profitieren. Das Dogma der Profitmaximierung führt zudem dazu, dass Kapitalismus nicht nachhaltig ist. Umwelt- und Klimaschutz wird in solchen Staaten zum Beispiel nur zögerlich betrieben, weil er oft der **ungehemmten Profitmaximierung** entgegen läuft. Gewinn muss aber eigentlich ethisch vertretbar, sozial und nachhaltig sein. Dies ist leider in der Regel nicht der Fall, so dass man sich die Frage stellen muss, ob die kapitalistische Marktwirtschaft überhaupt soziale und ökologische Probleme zu lösen in der Lage ist.

Das Problem des Kapitalismus ist die „endgrenzte Marktwirtschaft, in der nicht nur die Arbeitsprodukte, sondern auch die Voraussetzungen der Produktion – Land, Produktionsmittel und vor allem die Arbeitskraft – selbst zu Waren geworden sind. (…) Neben Märkten für Produkte und Dienstleistungen gibt es nun Märkte für Land, produzierte Produktionsmittel, Arbeit, schließlich Kapital- und Finanzmärkte. Und neben dieser sachlichen Entgrenzung sind die Märkte in einem weiteren, räumlichen Sinn entgrenzt, indem sie einen weltumspannenden Charakter angenommen haben. Schon seit seinen historischen Anfängen stellte der Kapitalismus ein „Weltsystem" (…) dar."[2]

In der Regel befinden sich die neuzeitlichen westlichen Staaten ferner in einer Geiselhaft.

Überall in Regierungsstädten lungern und agieren Lobbyisten der Wirtschaft und Konzerne

um Einfluss zu nehmen, auch gegen das öffentliche und soziale Interesse der Mehrzahl der Individuen.

Entscheidungsprozesse der Staaten werden beeinflusst, wobei dies überhaupt nicht transparent geschieht. Staaten orientieren sich somit massiv an Konzerninteressen. Je finanziell hochkarätiger der Einflussnehmer ist, desto wahr-

---

[1] Ebenda: S. 7
[2] Deutschmann, Christoph, Moderne Ökonomie ohne Wachstumszwang: ein Wunschtraum? in Hans-Böckler-Stiftung(Hrsg.), wsi mitteilungen 7/2014, S.515

scheinlicher ist es, dass er sich durchsetzen kann. In der Europäischen Union stellt sich dies nachgewiesen wie folgt dar: „Mitgliedstaaten und nationale Unternehmenslobbys haben eine symbiotische Beziehung entwickelt, bei der das nationale Wirtschaftsinteresse - zu Unrecht - zum Synonym für das nationale öffentliche Interesse geworden ist, so wie es von der zuständigen Regierung in EU-Foren dargelegt wird."[1] (…) „Die Bürger sind von der Entscheidungsfindung der Mitgliedstaaten in Bezug auf die EU ausgeschlossen. Sie werden kaum zu anstehenden Entscheidungen befragt und anschließend nicht ausreichend informiert."[2] (Meine Übersetzung)

So gibt die Lobbymaschine jährlich Milliarden Euro für ihre Machenschaften aus, um sich Einfluss in den höchsten Positionen der Politik zu verschaffen. Das einzelne Individuum und der Schwarm (sein Kollektiv) ist kaum noch in der Lage hier Einfluss zu nehmen. Dieser Abhängigkeit der ‚modernen westlichen' Staaten vom Kapital, den Besitzern der

Produktionsmittel und der Profitmaximierung müsste weltweit Einhalt geboten werden.

Zudem funktioniert eine »soziale Marktwirtschaft« nicht mehr, wenn die Produktionsmittel von Aktiengesellschaften und global agierenden Konzernen übernommen werden, deren Strukturen nicht mehr durchschaubar sind und deren Manager zunehmend zu anonymen Größen werden. Während man Großkonzernen alter Prägung in Familien- oder Unternehmerbesitz früher noch den Grundsatz „Reichtum verpflichtet" ins Stammbuch schreiben konnte, so interes-

---

[1] Cann, Vicky und Balanyá, Belén, Captured states: when EU governments are a channel for corporate interests, Corporate Europe Observatory (CEO) Brussels (Hrsg.), Brüssel 2019, S. 7,
https://corporateeurope.org/sites/default/files/ceo-captured-states-final_0.pdf
[2] Ebenda

„Member states and national corporate lobbies have developed a symbiotic relationship whereby the national corporate interest has – wholly wrongly – become synonymous with the national public interest as presented by the relevant government in EU fora" (…)„Citizens are excluded from member states decision-making on EU matters. They are rarely consulted about upcoming decisions and not adequately informed afterwards."

siert dies heutzutage kaum noch. Auf diese Weise zerstören kapitalistische Strukturen immer auch gegebene ökonomisch-soziale Strukturen und auch ökologische Grundlagen. „Aber alle diese Zerstörungen bilden nur die Kehrseite der globalen Zivilisation, die der moderne Kapitalismus hervorgebracht hat und die unser heutiges Leben prägt."[1]

Staaten agieren heute kaum noch selbstbestimmt und können ihren Kopf nicht mehr aus der Schlinge des Kapitals ziehen. Der Schwarm hört auf Schwarm zu sein, wenn ihn Haie anführen…

2.2.1.3 Imperialismus

Was verstehe ich hier unter Imperialismus? Es ist der Wille und das Vermögen eines Staates oder mehrerer Staaten die eigenen Wertvorstellungen, Interessen und ihre Weltanschauung in der Welt geltend zu machen. Das kann militärisch, politisch und wirtschaftlich umgesetzt werden. Die Staaten versuchen hierdurch andere – ggf. unsichere Staaten - von sich abhängig zu machen und ggf. auch auszubeuten. Letztendlich entspricht dies dem Bedürfnis der Staaten oder Staatenbünde in der Welt, Stabilität für ihre eigenen Interessen zu schaffen.

„Jetzt, zu Beginn des 21. Jahrhunderts, gibt es einen neuen Typus von quasikolonialen Unternehmungen. Afghanistan, Irak, zuletzt Liberia, der fast schon zum Gewohnheitsprotektorat gewordene Balkan – lauter verschiedene Fälle, von der humanitären Intervention bis zum militärischen Besatzungsregime, doch allesamt unter fremder, äußerer Vormundschaft. Bald sind es die Amerikaner, die Aufsicht führen, dann wieder die ‚internationale Staatengemeinschaft' in einer ihrer Kürzel-Gestalten als UN, EU oder Nato; ‚der Westen' ist immer die letztlich entscheidende Instanz. The white man's burden, die Sorgepflicht für barbarische Völkerschaften, scheint wieder auf den Schultern jener zu liegen, die sich früher die zivilisierte Welt nannten."[2]

---

[1] vgl. Deutschmann, Christoph, Moderne Ökonomie ohne Wachstumszwang: ein Wunschtraum? in Hans-Böckler-Stiftung(Hrsg.), wsi mitteilungen 7/2014, S.516

[2] Ross, Jan, Der neue Imperialismus, in Zeit Online, 23.08.2003, aufgerufen 22.04.2019, https://www.zeit.de/2003/36/Imperialismus

Der Journalist und Autor Jan Ross sagt, dass der Imperialismus ein anspruchsvolleres Projekt sei „als die schlichte Idee, Demokratie wie ein Fertigprodukt zu exportieren oder gleichsam im Haustürverkauf von politischen Handelsvertretern vorbeibringen zu lassen, die dann sofort weiterreisen."[1]

Auf der einen Seite liege die Grundlage des **»neuen Imperialismus«** auf der humanitären Begründung um dem zunehmenden Unrecht in der Welt, dass durch eine Vielzahl von Unrechtsregimen verursacht wird, entgegenzutreten.

Auf der anderen Seite stehen „liberale Weltrevolutionäre, die Amerikas Sicherheit nur durch einen globalen Siegeszug westlicher Werte und Prinzipien garantiert sehen."[2]

Wobei ich nicht sehe, dass es nur um amerikanische Interessen ginge, sondern ein gemeinsames Interesse der westlichen Staatengemeinschaft gibt. So ist der neue Imperialismus plötzlich auch legitimes Ziel von Demokratien und westlichen Menschenrechtsverfechtern. Derzeit handelt der Westen relativ unkoordiniert und ohne genauere Zieldefinition. Er möchte nur für sein Handeln Sicherheit sicherstellen und die Oberhoheit über die Argumente und Macht erhalten. Das gelingt im Augenblick nur suboptimal, weil es zu viele Player gibt, die nach anderen Spielregeln handeln. So muss der Westen dem Vorwurf entsprechen, dem er eigentlich entgehen wollte: Dass er Imperialist ist!

Er muss diesen Zwang bedienen, dass er nach genauerer philosophischer Beurteilung, eine Staatsform vertritt, die zwar unvollkommen ist, aber eine der besseren, die die Menschheit kennt. Dieser neue Imperialismus könnte eher einen kulturellen Entwicklungshilfeprozess darstellen. Frage ist, ob man das ethisch-moralisch für legitim hält und in wie fern dieses Angebot den Widerstand der anderen Kulturen heraufbeschwört? Ebenso ist zu bedenken, welche Rolle und Kompetenzen das kollektive Handeln der Staatengemeinschaft, der Vereinten Nationen, erhalten wird? Diese Fragen kann und möchte ich hier nicht klären.

Eins ist klar: „Der Westen wird lernen müssen, "Erfolg" richtig zu verstehen, als Durchsetzung seiner Prinzipien, die sich dann gegen ihn selbst wenden können."[3]

[1] Ebenda
[2] Ebenda
[3] Ross, Jan, Der neue Imperialismus, in Zeit Online, 23.08.2003, aufgerufen 22.04.2019, https://www.zeit.de/2003/36/Imperialismus

2.2.1.4 Globalisierung

Trotz der scheinbaren Ähnlichkeit hat die in erster Linie wirtschaftlich interpretierte Globalisierung mit dem Imperialismus nur insofern Parallelen, dass sie Einfluss möglichst weit ausdehnen möchte. Sie ist nur die kapitalistische Kehrseite des neuen Imperialismus. Auch sie ist letztendlich nicht mehr steuerbar und sie vollzieht sich chaotisch und dezentral. Zudem verspricht die Globalisierung dem kapitalistischen Denken eine möglichst ungehemmte Profitmaximierung.

So hat sie, aus ökonomischer Sicht, Entfernungen drastisch verringert. Global wurden die Handelshemmnisse reduziert. Riesige Binnenmärkte, wie in Europa sind entstanden. Waren und Dienstleistungen werden über das Internet von überall aus gehandelt. Selbst kleine Staaten können hierdurch wirtschaftliche Erfolge feiern. Und mehr: Anpassungsfähigkeit und Beweglichkeit dieser Staaten kann entscheidender sein. Sie können sich oft schneller auf neue wirtschaftliche, technologische und politische Notwendigkeiten umstellen, weil kleine Gesellschaften und Kollektive ggf. schneller Entscheidungen treffen können. Bedenklich ist aber in diesem Zusammenhang, dass zentral und diktatorisch – nicht demokratisch – gelenkte Staaten in der kapitalistischen Globalisierung unter Umständen noch größere Vorteile haben könnten. Ein großes wirtschaftlich aufstrebendes Reich - riesig in der Anzahl an Individuen und an Fläche – wie China ist ggf. dafür ein Beispiel.

Die komplizierten und langwierigen Entscheidungsprozesse in parlamentarischen Demokratien machen den Apparat sehr schwerfällig. Die schnellen Entwicklungen und Prozesse in der Globalisierung könnten insofern, wenn sich nicht eine kritische Einstellung zum globalen Kapitalismus durchsetzt, genau diese Staatsformen der Aufklärung gefährden, wenn sich straff geführte Autokratien im Wettbewerb besser halten und behaupten sollten. Auch der amerikanische Präsident Trump neigt dazu, demokratische Entscheidungsprozesse möglichst zu umgehen.

Exkurs: In diesem Zusammenhang muss auch der ökonomische Expansionswille Chinas kritisch gesehen werden! Man muss hinterfragen, ob das neue Milliardenprojekt »Neue Seidenstraße« nicht doch nur ein Trojanisches Pferd ist, durch das China nicht nur wirtschaftlich Einfluss auf den Westen und die ganze Welt gewinnen will. Mit Recht: „Chinas Initiative ist umstritten. Es geht um Milliardeninvestitionen in Straßen, Schienenwege, Häfen und andere Infrastrukturprojekte. Damit will China neue Handelswege nach Europa, Afrika und Lateinamerika und in Asien ausbauen. Doch warnen Kritiker gerade arme Länder vor einer ‚Schuldenfalle‘, politischer Abhängigkeit von Peking und Schäden für die Umwelt."[1] Auch die Europäer ringen hier um mehr einheitliches Handeln. Aber die Verlockung scheint zu groß zu sein. „Vor dem Hintergrund des Handelskrieges mit den USA versprach Xi Jinping eine weitere Marktöffnung, gleiche Behandlung ausländischer Unternehmen und den Schutz geistigen Eigentums."[2]

Ähnlich ist wohl der Aufbau schneller 5G-Mobilnetze durch den chinesischen Konzern Huawei in Europa zu bewerten.

Eins erscheint hier noch wichtig zu bedenken zu sein: Diesen Bemühungen darf man nicht im Rahmen eines Globalisierungshypes und –wahns auf den Leim gehen, da es sich vermutlich lediglich um eine Form von kapitalistischem Imperialismus handelt. Erstaunlich, wie ein ehemals kommunistisch angetretenes, undemokratisches System die Klaviatur des Kapitalismus perfekter zu spielen gelernt hat, als die Herkunftskulturen des Neoliberalismus. Misstrauen ist unbedingt angebracht, denn das Wohl des Individuums spielt hier kaum noch eine Rolle – das zeigen auch die neuerlichen Proteste und Aufstände in Hongkong. Der Schwarm von Individuen ist nur noch Mittel zum Zweck Markt, Konsum und Profitmaximierung sicher zu stellen.

Dringender muss aber auch danach gefragt werden, ob Globalisierung nur wirtschaftlich bewertet werden darf? Oder ist die globale Zusammenarbeit der Menschheit – angesichts der weltweiten Umwelt- und Klimaproblematik – nicht der eigentliche Weg der Rettung? Nicht die Wirtschaft ist global, sondern die Angelegenheiten der Menschheit ebenso. Die Menschen dürfen sich die Globalisierung nicht aus der Hand nehmen lassen!

---

[1] Hoenig, Andreas u. Landwehr, Andreas, China bittet Europäer auf die Seidenstraße, in Kölner Stadt-Anzeiger, 27./28.04.2019, S. 5
[2] Ebenda: S. 5

2.2.2 Sozialpsychologische Auffälligkeiten menschlicher Kollektive (Staaten)

Wenn einzelne Menschen unter psychischen Erkrankungen und Störungen leiden, dann können auch die Kollektive – wie ich schon erklärte – »induziert« erkranken. Ich fasse hier nur die auffälligsten Erscheinungsbilder solcher Störungen zusammen. Augenfällig ist, dass neben den Wahn- und Manietendenzen Kollektive und Staaten genauso wie das einzelne Individuum an Arten von »Persönlichkeitsstörungen« leiden können. Ich nenne die letzteren hier »Störung der kollektiven Persönlichkeit«. Sie drücken sich sowohl im Verhalten der einzelnen Individuen eines Kollektivs aus, als auch in den allgemeingültigen Regeln und Formen des gesellschaftlichen Zusammenlebens – dem, was wir gemeinhin »Political Correctness« nennen.

2.2.2.1 Dissoziale Störungen der kollektiven Persönlichkeit

Im Einzelfall beschreiben *Sozio- und Psychopathien* Auffälligkeiten des Verhaltens einzelner Personen in Bezug auf ihr Verhalten und Empfinden bei der sozialen Interaktion mit anderen Menschen. Im Mittelpunkt steht immer die eingeschränkte Fähigkeit Mitgefühl zu empfinden.

Zwischen Sozio- und Psychopathien ist oft nur schwierig zu unterscheiden. Soziopathisches Verhalten wird gerne in Anlehnung an die *dissoziale Persönlichkeitsstörung (ICD 10 – F60.2 / ICD 11 - 6D11.2[1])* beschrieben, „die durch eine Missachtung sozialer Verpflichtungen und herzloses Unbeteiligtsein an Gefühlen für andere gekennzeichnet ist. Zwischen dem Verhalten und den herrschenden sozialen Normen besteht eine erhebliche Diskrepanz. Das Verhalten erscheint (...) nicht änderungsfähig. Es besteht eine geringe Frustrationstoleranz und eine niedrige Schwelle für aggressives, auch gewalttätiges Verhalten, eine Neigung, andere zu beschuldigen oder vordergründige Rationalisierungen für

---

[1] ICD-11 for Mortality and Morbidity Statistics (Version : 04 / 2019), https://icd.who.int/browse11/l-m/en#/http%3a%2f%2fid.who.int%2ficd%2fentity%2f2062286624

das Verhalten anzubieten, durch das der betreffende Patient in einen Konflikt mit der Gesellschaft geraten ist."[1]

Der Begriff »Psychopathie« bezieht sich eher auf schwere Persönlichkeitsstörungen, die mit einem weitgehenden Defizit an Empathie, sozialem Gewissen und Verantwortung beschrieben werden. Betroffene sind zum Teil in der Lage oberflächliche Beziehungen einzugehen, wirken aber manipulativ. Bei beiden Störungen stehen antisoziale Verhaltensweisen im Mittelpunkt.

Wendest Du durchschnittliche menschliche Denkschemata an, so stellst Du fest, dass menschliche Kollektive, Staaten, sich unter dem kapitalistischen Einfluss zunehmend in Richtung eines emotions- und empathiefreien, logisch-analytischen Handeln entwickeln. Beurteilst Du dies nach den Kriterien eines Einzelindividuums, so vergrößert sich hiermit ihre Nähe zum psycho- und soziopathischen Agieren. Kollektive, Schwärme, verhalten sich also nicht mehr so, wie das Einzelindividuum – also Du – es im Normalfall erwarten würde. Das kommt daher, dass der Schwarm plötzlich eine gemeinsame Richtung einschlägt und eine Richtung nimmt, die dem skrupellosesten Einzelnen die meisten Vorteile zu bringen scheint um hierarchische Geltung zu erlangen. In unserer kapitalistischen Leistungsgesellschaft ist dies der Fall. Geradlinigkeit, Ellbogenhandeln, Macht- und Siegeswillen, Wille zur Effizienz, Gnadenlosigkeit, Skrupellosigkeit, Gewinnstreben etc. sind die Mittel, die der Zweck heiligt und darüber hinaus von unserer Angst vor dem Tod ablenken kann. Sozusagen eine Art »Umfokussierung« mit Suchtfaktor – halt: Wahn- und Zwangserkrankungen. Nicht das psychopathische Handeln von Einzelpersonen häuft sich in diesen modernen kapitalistischen Staaten, sondern auch das Handeln der Staaten selber hat in vielen Zügen psycho- und soziopathischen Charakter. So wundere Dich nicht, dass sich in solch einem Kollektiv, also Schwarm, – eher umgekehrt – auch wiederum zahllose einzelne Psychopathen entwickeln; da siehst Du sozusagen eine angenommene, erlernte Psychopathie. Das ist dann aber nicht die Folge von Einzelerscheinungen und -erkrankungen, sondern es ist induziert durch das Kollektiv und seine pragmatischen oder ideologischen Werte.

---

[1] Internationale statistische Klassifikation der Krankheiten und verwandter Gesundheitsprobleme, 10. Revision, Version 2019

So werden die Gesellschaften im schlimmsten Fall nicht nur von Psychopathen gesteuert, sondern die Wahrscheinlichkeit ist zusätzlich relativ groß, dass emotions- und empathiearme, ja dissoziale, Sozio- und Psychopathen regelmäßig an die Schalthebel der Macht gelangen oder gewählt werden. Unser Sprichwort, dass jedes ‚Volk die Regierung bekommt, die es verdiene' scheint sich da zu bewahrheiten.

Und da kann in den »Tarnideologien« solcher Kollektive noch so viel von »Demokratie«, »sozial«, »Gemeinsamkeit« und »Teilen« gefaselt werden. Hier wird die manisch und wahnhaft wirkende Propagierung der **»dogmatischen Individualrechte«** letztendlich nur zur Tarnkappe und zum Ablenkungsmanöver der **»soziopathischen Steuerung«** des Kollektivs. Und das stimmt auch überein mit den typischen Eigenheiten psychopathischen Verhaltens: „Das bedenkenlose Umformen der Realität selbst in dem Wissen, dass die Tatsachen bekannt sind."[1]

Hier erlebst Du die Einzelindividuen schließlich nur umhergetrieben in einem Schwarmeffekt, der vollkommen chaotisch um sich selber kreist. In Wirklichkeit pfeifen die (kapitalistischen) Führungen unserer staatlichen Kollektive auf die Rechte der Individuen, denn für sie gilt das gleiche wie für Psychopathen: „Haben sie unser Vertrauen erst einmal gewonnen, missbrauchen Sie es mit schrecklicher Gefühlskälte,"[2] Und alles was mit Kapital, Geld, Ansehen, Macht und Gewinn jedweder Art zu tun hat, hat auch eine besondere Anfälligkeit für psychopathisches Handeln. Und wegen diesen Motivationen drohen folgende Fragen offen zu bleiben:

Exkurs: Der brasilianische Präsident Jair Bolsonaro ist Anfang 2019 für die rechtskonservative und neoliberale »Partido Social Liberal« an die Macht gekommen. **Im Sommer brennt der Regenwald am Amazonas an allen Ecken und Enden in nie dagewesener Weise!** Für Bolsonaro soll das Amazonasgebiet zum wirtschaftlichen Rohstoffabbau und der Ausbeutung dienen. So besteht er darauf: „Der Amazonas gehört uns, nicht euch" und so sei

---

[1] Hare, Robert D., Gewissenlos - die Psychopathen unter uns, Wien 2005, S.91f
[2] Ebenda: S.93

der Urwald eine nationale Angelegenheit und wenn sich andere Staaten einmischten, so wollten sie nur die Souveränität Brasiliens behindern. Prominenter Unterstützer Bolsonaros ist Donald Trump!

Seit Bolsonaros Amtsantritt wird immer mehr Wald gefällt und gebrandrodet. Es liegt auf der Hand, dass hier Farmer neues Weideland für die Viehzucht schaffen wollen.

Bolsonaro bestreitet zudem den globalen Klimawandel und auch sonst macht er mit frauenfeindlichen, Homophoben, rassistischen Ansichten von sich reden.

Bolsonaro unterstellte zudem Umweltschützern die Feuer gelegt zu haben.

Wenn Du in die Geschichte und Gegenwart schaust, so erkennst Du zahlreiche Beispiele für Politiker und Staatenlenker, die letztendlich mit einer mehr oder weniger soziopatischen Neigung ihre Ämter ausübten oder auch jetzt noch ausüben. Hier nur einige wenige Beispiele: Donald John Trump, Alexander Boris de Pfeffel Johnson, Recep Tayyip Erdoğan, Xí Jìnpíng, Margaret Hilda Thatcher, Francisco Paulino Hermenegildo Teódulo Franco, Mao Tse-tung, Ferdinand Edralin Marcos, Rodrigo „Rody" Roa Duterte, Slobodan Milošević, Wladimir Wladimirowitsch Putin, Josef Wissarionowitsch Stalin, Pol Pot, Benito Amilcare Andrea Mussolini, Napoleon Bonaparte, Yāsir ʿArafāt, Wladimir Iljitsch Uljanow (Lenin), Matteo Salvini, Hafiz al-Assad, Baschar Hafiz al-Assad, Idi Amin Dada, Silvio Berlusconi, Josip Broz Tito, Viktor Mihály Orbán, Marine Le Pen, Nicolas Sarkozy, Ruhollah Musawi Chomeini, Nigel Paul Farage, Augusto José Ramón Pinochet Ugarte, Saddam Hussein, Muammar Muhammad Abdassalam Abu Minyar al-Gaddafi, Fidel Alejandro Castro Ruz, Muhammad Husni Mubarak, Jorge Rafael Videla, Hugo Rafael Chávez Frías, Mohammad Reza Pahlavi und ganz zu schweigen von Adolf Hitler…

Soweit deine Beispiele für dissoziales Handeln von Staaten und deren Führern.

Aber Du hast bestimmt noch mehr Fragen, die dir soziopathisch anmuten:

Warum lässt die Staatengemeinschaft nach wie vor Millionen von Menschen verhungern?

Warum wird die Umweltverschmutzung nicht viel wirksamer bekämpft, obwohl die Staaten der Welt sich über die Ursa-

chen der Umweltverschmutzung und Klimaveränderung im Großen und Ganzen im Klaren sind?

Was ist mit der konsequenten Beendigung des Gebrauchs fossiler Rohstoffe und Energieträger?

Wo bleibt die breite Produktion von Elektrofahrzeugen?

Wieso steigt Amerika unter Trump aus dem Atomabkommen mit dem Iran aus?

Warum wird so unsäglich viel Geld mit Rüstungsexporten an extreme und unsichere Staaten verdient?

Wieso wird überhaupt so viel Geld für Rüstung ausgegeben?

Wer will wirklich Frieden und ächtet nachhaltig Kriege?

Was ist mit : ...der Klimaerwärmung? ...den Frauenrechten, besonders in Kriegsregionen? ... nachhaltigen Atomwaffenabkommen? ...Ausstieg aus der Atomindustrie?

Kann es sein, dass die panisch in chaotische Bewegung versetzten Kollektive, Schwärme, nicht die Gelegenheit bekommen sollen, diese Problematiken in ihrer endscheidenden Wichtigkeiten zu erfassen? Noch weniger sollen sie – einmal in Bewegung geraten – diese Probleme wirklich zielführend in Angriff nehmen. Globalisiert wird diese Bewegung noch unbeherrschbarer. Einzelindividuen wie Du scheinen dazu nicht nur zunehmend hilflos, sondern auch hier wird die Realität wieder verdreht und die Schuld an Dich zurückverwiesen: Jeder Einzelne, Du seist doch durch dein egoistisches Konsumverhalten an den Miseren der Welt, der Klimakatastrophe, den Hungernden in Afrika, dem Fleischkonsum, dem Missbrauch deiner eigenen Daten in den »Social Media« selber schuld etc. etc. Die »Whistleblower« im globalen Schwarm werden dadurch einfach mundtot gemacht oder angeklagt. Die suggerierte Einbildung einer persönlichen Schuld und individueller Rechte, die letztendlich nur die (kapitalistische) Bewegungsursache bilden, wird dich in Wirklichkeit manipulieren. Eine manische »Stamp Heat« auf der Flucht vor dem ewigen Feuer des Todes in die Arme des rettenden Ersatz-Gottes deiner suggerierten Individualrechte... Und die soziopathisch, marktwirtschaftlichen Regierungen können unbehelligt und unhinterfragt weitermachen. Das ist sicher das, was auch oft im Kleinen den sogenannten »erfolgreichen Psychopathen« gelingt. Robert D. Hare zieht es vor,

„sie ,sub-kriminelle' Psychopathen zu nennen – denn letztendlich ist ihr Erfolg oft irreal und geht stets auf Kosten anderer."[1] ...auf deine Kosten!

Aber wessen irreale und suggerierte Individualrechte desavouierst Du am besten zuerst, um diese Bewegung zu bremsen und aus dieser Hypnose aufzuwachen? Lässt Du dich nicht mehr einlullen und belügen? Du, eine Person, eine Gruppe, das Große und Ganze? Jedoch musst Du bedenken: Dein Versuch wird als ethisch-moralisch verwerflich dargestellt werden?

Ja, es muss jetzt bald etwas geschehen! So kannst Du nicht weiter machen. Aber es geschieht nichts!

„Und das ist der springende Punkt: *Psychopathen sind nicht der Meinung, dass sie psychologische oder emotionale Probleme haben, und sie sehen keinen Grund, ihr Verhalten zu ändern und sich an gesellschaftliche Normen zu halten, mit denen sie nicht einverstanden sind.*"[2] Und wenn jemand die Hand in die Wunde legt, pochen die psychopathischen Einzelstaaten regelmäßig auf ihre »inneren Angelegenheiten«, ziehen gemeinsames Handeln und Selbstkritik nur unwillig ins Kalkül mit dem Ziel, das »Weiter-so« zu konservieren. Sie verdrängen, spielen herunter und ignorieren das Notwendige.

Der Einzelne ist betäubt von seinen Todesängsten und seinem unbändigen Willen dem unvermeidbaren Tod zu entgehen. Eine Quadratur des Kreises, ein »circulus vitiosus«, dem bei aller Anstrengung niemand entgehen kann.

Gerne wird dann bösen Mächten oder den Nachbarn die Schuld gegeben. Dabei sind es die Anführer der Kollektive selber, denen die Einzelindividuen letztendlich gleichgültig sind. Realitätsverlust ersetzt den Willen der Wahrheit ins Auge zu schauen.

Der dissoziale globale Kapitalismus schafft beim Einzelindividuum eine manische Bewegung in Richtung effektiver und exzessiver Profitmaximierung und skrupellos ökonomischer Ausbeutung der Welt. Die Pop-Gruppe ,Geier Sturzflug' goss diese Befindlichkeit zu Beginn der 80er Jahre in einen Song mit genau so manischen Strophen und Refrain:

---

[1] Ebenda: S.99
[2] Ebenda: S.171

„Ja dann wird wieder in die Hände gespuckt
Wir steigern das Bruttosozialprodukt
Ja, ja, ja, jetzt wird wieder in die Hände gespuckt"[1]

Geier Sturzflug, Album Heiße Zeiten, 1983

2.2.2.2 Die Wahn-, Zwangs- und Affektstörungen kapitalistischer Marktwirtschaften

Und die Kollektive leiden ihrerseits an einer Komorbidität aus sozio- und psychopatischer Empathielosigkeit (die Störungen der kollektiven Persönlichkeit) und charakteristischen Wahn-, Zwangs- und Affektstörungen, was ihnen ihre typische Ausprägung verleiht. Dies ist die besondere krankhafte Mischung moderner kapitalistischer Marktwirtschaften, die sich in einem kapital-darwinistischen Sinne im Kampf um Vormacht im kapitalistischen, imperialistischen und globalen Existenzkampf wähnen.

2.2.2.2.1 Der Ambivalenzzwang einer „sozialen" Marktwirtschaft

Du näherst dich hier der Grenzregion von Individualinteressen und Interessensphären eines marktwirtschaftlichen (kapitalistischen) Gemeinwesens. Insofern gehört das Thema zum Teil auch in das Kapitel 3.2.1. Es spricht somit die Ambivalenz zwischen Freiheit des Individuums und eines kapitalistischen Wirtschaftssystems an. Ein Widerspruch, der kaum überwindbar ist und nur zwanghaft (krampfhaft) zusammengehalten werden kann, weil der Kapitalismus dazu neigt, sich alles Störende aus dem Weg zu räumen, unterzuordnen oder dienstbar (zum Sklaven) zu machen. Ein **Ambivalenzzwang**, den schon Ludwig Erhard zu lösen versuchte:

„Eine freiheitliche Wirtschaftsordnung kann auf die Dauer nur dann bestehen, wenn und solange auch im sozialen

---

[1] Geier Sturzflug, Album Heiße Zeiten, 1983

Leben der Nation ein Höchstmaß an Freiheit, an privater Initiative und Selbstvorsorge gewährleistet ist."[1]

Leider müssen wir uns heute zugestehen, dass eine Marktwirtschaft nicht alleine durch das Adjektiv »Sozial« dieses dann auch wird. Schon Ludwig Erhard tat sich sehr schwer damit:

„Wenn wir überhaupt eine freiheitliche Wirtschafts- und Gesellschaftsordnung auf Dauer gewährleisten wollen, dann wird es in der Tat zu einem Grunderfordernis einer Wirtschaftspolitik, die dem Menschen zu persönlicher Freiheit verhelfen will, eine gleichermaßen freiheitliche Sozialpolitik an die Seite zu stellen. Darum widerspricht es zum Beispiel der marktwirtschaftlichen Ordnung, die private Initiative, Selbstvorsorge und Eigenverantwortung auch dann auszuschalten, wenn das Einzelindividuum materiell durchaus in der Lage ist, solche Tugenden in weitem Umfang zu üben. Wirtschaftliche Freiheit und totaler Versicherungszwang vertragen sich denn auch wie Feuer und Wasser."[2]

Ludwig Erhard warnte immer vor den Folgen eines „gefährlichen Weges hin zum Versorgungsstaats (...), an dessen Ende der soziale Untertan und die bevormundende Garantierung der materiellen Sicherheit durch einen allmächtigen Staat, aber in gleicher Weise auch die Lähmung des wirtschaftlichen Fortschritts in Freiheit stehen wird."[3]

Unsere aktuelle Realität mit der neuen Erfahrung der Globalisierung des Bankenwesens und der Industrie zeigt aber auch, dass in einer enthemmten Marktwirtschaft große Bevölkerungsschichten in einer vom Staat aufrechterhaltenen materiellen Sicherung fremdbestimmt – beurteilt nach kapitalistisch-marktwirtschaftlichen Maßstäben bewertet – und unfrei leben müssen. Gerecht erscheint das nicht mehr, wenn Du von deinem Einkommen allein nicht mehr ohne Unterstützung des Staates leben kannst. Schwerer wiegt aber der Verlust an Freiheit, der damit verbunden ist. Denn: „Freiheit ist ein Grundrecht, Gerechtigkeit ist eine Tugend."[4]

---

[1] Erhard, Ludwig, Wohlstand für Alle, Düsseldorf 1957, S. 257

[2] Ebenda: S. 257ff

[3] Ebenda: S. 263

[4] Schmidt, Helmut, im Interview mit Giovanni di Lorenzo, Verstehen Sie das, Herr Schmidt?, in ZeitOnline, 12.01.2012, aufgerufen 13.04.2019, https://www.zeit.de/2012/03/Fragen-Helmut-Schmidt

Je mehr somit die Marktwirtschaft Freiheit hat, desto wichtiger wird eine Ordnungspolitik für eine zukunftsfähige Soziale Marktwirtschaft auch als globale Aufgabe. Das muss auf nationaler, europäischer und internationaler Ebene stattfinden. So leben die heutigen modernen Gesellschaften Westeuropas in einem dauernden Zwang zur Ambivalenz und Korrektur, damit Wirtschaft nicht alleine auf die Seite des Kapitalismus kippt. Ein sehr fragiles System, das dauernd sprichwörtlich auf der Kippe steht. So bedeutet die soziale Freiheit im Verhältnis zum Wirtschaftssystem etwas ganz anderes, als bei uns in Europa.

„Die staatlichen Instanzen haben die Verpflichtung, die ordnungspolitischen Rahmenbedingungen so zu entwickeln, dass sich die gestaltenden Kräfte der Menschen im Markte frei entfalten können. Dabei sind wir aber verpflichtet, immer aufs Neue die Frage zu stellen, ob die alten Bedingungen auch neuen Anforderungen gerecht werden oder ob sie geändert oder ergänzt werden müssen. Denn letzten Endes – und das wusste Ludwig Erhard ganz gewiss, und dem galten seine moralischen Appelle – geht es nicht um Markt oder Wettbewerb um ihrer selbst willen. Sondern letzten Endes und schließlich geht es um das Ganze der Person wie der Gesellschaft: es geht um soziale Gerechtigkeit und um sozialen Frieden."[1]

Glaube ja nicht daran, dass sich die Welt der Menschen auf Dauer in dieser Ambivalenz bewegen kann, ohne dass eine Seite die Oberhand erlangt. Dabei hilft uns aber weder Ethik noch Moral, denn in kapitalistischen Zeiten wird wahrscheinlich der monetär Stärkere gewinnen. Dies ist im Augenblick zu befürchten, in Zeiten, in denen Milliardäre Präsident in den USA werden können und das moralische und ethische Fundament von Politik und Demokratie zugunsten eines individualistischen, rein ökonomischen und egozentrischen Nationalismus kurzerhand auseinanderhebeln. Hier ist die fragile Balance im krankhaften Ambivalenzzwang autokratisch aufgehoben worden. Das ist der Supergau in dieser Situation.

---

[1] Schmidt, Helmut, Helmut Schmidt über Ludwig Erhard, LUDWIG-ERHARD-STIFTUNG, 03.05.2017, aufgerufen 13.04.2019, https://www.ludwig-erhard.de/erhard-aktuell/forum/helmut-schmidt-ueber-ludwig-erhard/

2.2.2.2.2 Der Wachstums- und Profitzwang der freien Marktwirtschaften

Den modernen Marktwirtschaften ist in ihren Genen ein selbstgesetzter *»Wachstumsimperativ«* verbunden mit einem *»Gewinnimperativ«*, also ein „Zwang zur Geldvermehrung"[1], implantiert.

Christoph Deutschmann, Wirtschaftssoziologe an der Universität Tübingen, stellt fest, dass es ein Alptraum sei, wenn eine kapitalistische Wirtschaft nicht mehr wachsen und auch nicht auf gleichem Niveau weitermachen könne, sondern „eine negative, auf Rückgang und Schrumpfung gerichtete Dynamik" entwickele.[2] Denn der Kapitalismus als System habe folglich nur die Wahl zwischen Wachstum und Niedergang; er könne sich nicht auf gleichbleibendem Niveau reproduzieren. „Der Gewinnimperativ ist schließlich gleichbedeutend mit einem Verschuldungsimperativ. Wenn nämlich Unternehmen die von ihnen produzierten Waren mit Gewinn verkaufen wollen, dann setzen sie dabei eine Nachfrage voraus, die höher ist als die, die sie selbst mit ihren eigenen Kostenzahlungen geschaffen haben."[3]

Wichtig in dieser Gemengelage ist auch zu betrachten, dass das Ziel des Wachstums nicht die höhere Lebenszufriedenheit der Individuen ist. Letztere spielen insofern nur eine Rolle, als dass sie auf der einen Seite als Konsumenten dienen, denen man eine ganze Menge – auch falscher Bedürfnisse – suggerieren kann und die auf jeden Fall ihren Lebensstandard – wer den auch immer definiert – halten wollen. „Wer das Glück hatte, zur rechten Zeit am rechten Ort geboren zu werden, konsumiert, als ob es kein Morgen und kein Anderswo gäbe, keine künftigen Generationen und keine Regionen mit weniger glücklichen Bewohnern, für die leider nichts übrig bleibt."[4]

---

[1] vgl: Deutschmann, Christoph, Moderne Ökonomie ohne Wachstumszwang: ein Wunschtraum? in Hans-Böckler-Stiftung(Hrsg.), wsi mitteilungen 7/2014, S.513 + 519
[2] vgl: Ebenda: S.519
[3] vgl: Ebenda: S.516
[4] Anders Indset, Quantenwirtschaft - Was kommt nach der Digitalisierung?, Berlin 2019, S. 81

Auf der anderen, noch entscheidenderen Seite dienen wir – die Individuen – auch in unserer Funktion als Arbeitskräfte der Aufrechterhaltung der Produktion. „Der Unternehmer als Käufer des privaten Arbeitsvermögens hat – bei Strafe des Untergangs – kaum eine andere Wahl, als aus dieser unerschöpflich scheinenden Ressource immer mehr und immer Neues herauszuholen."[1] Unsere innovativen Fähigkeiten werden einer „kapitalistisch organisierten Verwertung"[2] zugeführt.

Exkurs: Interessant ist in diesem Zusammenhang, wie kapitalistische Systeme den Einzelnen manipulieren – oder ausbeuten? – indem sie ihm geschickt vorgaukeln, dass ihr kreativer, innovativer und möglichst selbstloser Einsatz im Rahmen des »Wachstumsimperativs« und »Gewinnimperativs«, also der Produktion, auch noch zu seinem persönlichen Individualrecht der Selbstverwirklichung gehöre!? Dieser Trick wurde zusätzlich notwendig, nachdem Gewerkschaften und Arbeiterbewegungen für bessere Löhne und menschenwürdige Arbeitsbedingungen gesorgt hatten, damit die Individuen nicht mehr nur gezwungen waren, alleine zur Sicherung des nackten Überlebens einer Arbeit nachzugehen.
Am unkritischsten sind leider Feminismus und Genderbewegung diesem Trick auf den Leim gegangen, indem sie die »Gleichberechtigung der Frau« alleine mit der vermeintlichen Selbstverwirklichung und »Chancengleichheit im Beruf« gleichsetzen. So sind die Marktwirtschaften im besonderen Maße daran interessiert, Reproduktions-, Familienarbeit und Pflege möglichst institutionell »wegzuorganisieren«, um ungehinderten Zugriff auf ein möglichst großes Arbeits- und Kreativkräftepotential zu erhalten. Kindertagesstätten und Altenheime sind daher nur bedingt unter dem Aspekt der Ermöglichung und Erhaltung von Individualrechten zu betrachten! Auch wenn sich das System dies einiges kosten lässt, solltest Du dich davon nicht täuschen lassen. Der Gegenbeweis ist, dass in solchen Marktwirtschaften die Familien- und Reproduktionsarbeit nicht hoch angesehen

---

[1] vgl: Deutschmann, Christoph, Moderne Ökonomie ohne Wachstumszwang: ein Wunschtraum? in Hans-Böckler-Stiftung(Hrsg.), wsi mitteilungen 7/2014, S.516
[2] vgl: Ebenda: S.516

ist, den Eltern und Verwandten nichts entlohnt wird und dass auch die in solchen Bereichen tätigen Profis schlechter entlohnt werden, als vergleichbare Mitarbeiter in der Wirtschaft!

Mit Blindheit geschlagen waren die Marktwirtschaften jedoch, dass sie langfristig ihren Konsum- und Absatzmarkt gefährdet haben, indem zugelassen wurde, dass Kinder nicht nur zum Armutsfaktor, sondern auch zunehmend als Hindernis der Selbstverwirklichung der Individuen eingestuft wurden. Das dadurch ausgelöste negative demographische Wachstum wird auf Dauer natürlich den heiß umkämpften Absatzmarkt schrumpfen lassen. So war es keine Nächstenliebe, dass Ökonomen, konservative und neoliberale Politiker, sich angesichts der Flüchtlingswelle 2015 letztendlich heimlich die Hände rieben. So viele neue Arbeitskräfte und Konsumenten! Daraufhin wurde ja auch schnell propagiert, dass dies »gut« auf dem Hintergrund des ängstlich befürchteten Arbeitskräftemangels sei. Die Scheingefechte um die Einwanderungspolitik und die Staatsgrenzen, sowie der Lob und die Unterstützung der ehrenamtlichen Helfer, musst Du unter der Rubrik »Wählermanipulation« abheften... Du solltest dahinter eine Verständnisheuchelei den einfach gestrickten Kritikern gegenüber vermuten, damit endlich Ruhe sei.

Aber dies alles ist ein anderes Thema und wird sicher an anderer Stelle noch aufzugreifen sein.

Tatsächlich beobachten wir nun seit geraumer Zeit Stagnationseffekte in unseren westlichen Marktwirtschaften. In der Europäischen Union, den Vereinigten Staaten und Japan ist das schon seit längerem der Fall. China, Brasilien, Indien etc. gibt es zwar noch hohes Wachstum, aber es steht zu vermuten, dass dies nicht so anhalten wird. „Die zentrale Frage wird sein, wie man diese negative Dynamik aufhalten und die wirtschaftliche Produktion auch dann weiterführen kann, wenn sie keinen oder nur noch geringen Gewinn abwirft."[1]

Besonders soziale und den ökologische Entwicklungen werden weltweit den Wachstums- und Gewinnzwang in Frage stellen.

---

[1] Ebenda: S.519

„Wirtschaftswachstum ist wichtig, aber nicht um jeden Preis. Die ökologischen Grenzen müssen auch die Leitplanken für die wirtschaftliche Entwicklung sein." [1]

Die tatsächlichen Individualrechte werden sich nicht in einer Welt verwirklichen lassen, deren Umwelt den einseitigen Marktinteressen der kapitalistischen Systeme geopfert wird, ohne dass die Besitzer der Produktionsmittel – die Unternehmer und Aktiengesellschaften – die Kosten der Umweltzerstörung tragen müssen. Die Kollektive – Staaten – selber müssen sich darauf einstellen, dass in Zukunft sehr viel mehr Mangel verwaltet werden muss.

Wer sagt, dass es der Markt schon richte, irrt! Der Markt wird nur dem »Wachstums- und Gewinnimperativ« frönen. Die Leidtragenden werden die hiesigen gesellschaftlich Zurückgelassenen, die Umwelt und das Klima, die »Dritte Welt« und ihre Hungernden sein. Wir müssen erkennen, dass freie Marktwirtschaft kapitalistischer Prägung nichts zu schaffen hat mit dem einzelnen Individuum und seinen Rechten oder Selbstverwirklichung. Der »Schwarm« aus Einzelindividuen ist Absatzmarkt und Steinbruch für Arbeitskräfte, Kreativität und Innovation, aber nur im Sinne der kapitalistischen Marktwirtschaft.

Zu deren dissozialen Wesen gehört die Domestizierung und Zucht des Schwarms, sowie der Erhalt einer gewissen Grundzufriedenheit bei dessen Mitgliedern. Nur in diesem Rahmen spielen sich Recht und Selbstverwirklichung des Einzelnen ab. Das wird auch unterstützt von einigen »Leitwölfen«, die dadurch ihren eigenen Lebensstandard und ihre Selbstverwirklichung sichern können. Ein höherer Lebensstandard für alle, würde jenen dieser Einzelnen gefährden. So sind auch die vollkommen überzogenen Einkünfte von Vorstandsmitgliedern in der Wirtschaft zu erklären. Je höher ein Individuum in diesem System der freien Entfaltung der Marktwirtschaft dient, umso astronomischer sind seine Verdienste. Diese Systematik impliziert eigentlich, dass es »Chancengleichheit« gar nicht geben darf, denn diese würde ja u.U. auch die Gleichheit im Verzicht und im Sinne der Allgemeinheit umfassen!

---

[1] Zahrnt, Angelika und Valentin, Für einen nachhaltigen Liberalismus, in Zeit Online, 25.01.2011, aufgerufen am 13.04.2019,
https://www.zeit.de/wirtschaft/2011-01/BUND-Liberalismus-Nachhaltigkeit

*Lange wird das so nicht funktionieren können, beson-
ders wenn wir umdenken müssen: Von den dogmatischen Individualrechten zu den generativen Rechten
der Spezies Mensch!*
"Nicht heute, wohl aber auf mittlere Sicht ist damit zu rechnen, dass die Überwindung des Wachstumszwangs zu einer
globalen Herausforderung wird."[1]

2.2.2.2.3 Die manische digitale Disruption nährt kapita-
listischen Größenwahn

Das Wort Digitalisierung taucht überall, in allen Medien, in
Politik und Wirtschaft immer wieder auf. Es weckt so viel
Aufmerksamkeit, dass Du den Eindruck gewinnen könntest,
dass Digitalisierung eine halbgottartige Wunderformel geworden sei. Sie könnte fast das Synonym einer modernen,
sich evolvierenden Gesellschaft sein.
Scheinbar entwickelt der Mensch zu ihr eine besondere
emotionale Nähe, weil sie ihm wie eine Erweiterung seines
Bewusstseins und geistiger Leistungsfähigkeit vorkommt.
*Digitalisierung ist die »psychedelische« Droge der frei-
en Marktwirtschaft und des Kapitalismus.*

*Exkurs: Zunehmend begegnen wir einer »kognitiven
Dysphasie« bei zahlreichen Fortschrittsgläubigen des digitalen Kapitalismus, die sich durch die dauernde Beschwö-
rung und exzessive Verwendung des (Mode)Begriffs
»disruptiver Wandel« bemerkbar macht. Es ist ein morbi-
der Wettbewerb in Managementtagen diesen Begriff gelegen oder ungelegen möglichst oft im Munde zu führen.
Disruption steht hier für die destruktive Freude ökonomischer Hirne an der Zerschlagung von bestehenden Ge-
schäftsmodellen und ganzen Märkten durch Umstrukturie-
rungen wie der Digitalisierung. Insofern handelt es sich beim
»disruptiven Wandel« nicht um eine Innovation, sondern
um revolutionäre Um- und Zusammenbrüche.*

---

[1] Deutschmann, Christoph, Moderne Ökonomie ohne Wachstumszwang:
ein Wunschtraum? in Hans-Böckler-Stiftung(Hrsg.), wsi mitteilungen
7/2014, S.520

Die Priester dieser Disruptions-Religion sind jedoch nicht im Silicon Valley allein zu finden. Überall beschwören Manager diesen Gott der disruptiven Digitalisierung, benutzen diesen Begriff heimlich wie ein Zauberwort, welches ‚hoffentlich‘ niemand versteht, denn das was sie selber darunter verstehen ist auch ganz entscheidend verbunden mit dem Wohl und Wehe – den Arbeitsplätzen – vieler einfacher Menschen. Diese aber würde man lieber in Unkenntnis über diese dissozialen Gedankenspiele belassen. Mit solch einem Wort können die Manager sich fühlen wie ein Gott, der willkürlich gibt und nimmt…

Aber alle sind sich einig: Wenn disruptiver Wandel wirklich notwendig wäre – zum Beispiel zur Rettung des Klimas -, also durch die schlagartige Beendigung der Nutzung fossiler Energieträger, vermeiden und verzögern Verantwortliche in Wirtschaft und Politik diesen Wandel, damit ‚Old Economy‘ noch möglichst lange überholte Techniken und Produkte auf dem kapitalistischen ‚Markt der Lemminge‘ absetzen kann.

Die revolutionäre digitale Transformation der Wirtschaft durch digitale Start-ups könnte ein Fingerzeig zur Rettung der Welt und des Klimas werden.

Insofern ist das Zauberwort »disruptiver Wandel« nur eine Sprachstörung im Rahmen der Phobie der Manager und Economy in Hinblick auf den notwendig radikalen Wandel in Richtung einer wirklich ökologischen und sozialen Wende des Wirtschaftslebens! Dies ist das eigentliche Potential der Digitalisierung, sollte man diese »disruptive« Zeitenwende dazu nutzen, kapitalistische Strukturen zu entmachten und beenden.

Dies wäre das Kernziel einer echten **»digitalen Destruktion«,** vor der die Wirtschaft und ihre Manager in Wirklichkeit endlose Angst haben!

Ja, es geht aber noch weiter. Mit der neuerdings viel beschworenen künstlichen Intelligenz erwartet der Mensch vielleicht sogar etwas schaffen zu können, das ihm ebenbürtig ist. Er ist versessen darauf wie der eben schon genannte Dr. Frankenstein.

Oder spürt der Mensch in ihr vielleicht auch die Chance unsterblich zu werden?

Aber ebenso besessen von dieser verheißungsvollen Grenzenlosigkeit der Digitalisierung sind die Besitzer und Verwalter der kapitalistischen Produktionsmittel. Ihre tiefe Hoffnung ist vielleicht, in der Digitalisierung und der künstlichen Intelligenz pflegeleichtere Arbeitskräfte und willfährige Innovationsquellen finden zu können.

Aber jetzt schon reicht die Einsetzbarkeit von intelligenten Küchenmaschinen bis zum kurz oder lang erwartbaren autonomen Fahren. Der digitale Arbeitsmarkt wird sich daher bald gravierend ändern und unzählige Arbeitsplätze kosten.

Alles wird überall möglich und zeitnah kontrollierbar. Und alles was geht, soll auch gemacht werden. Wann werden Menschen die ersten Mikrochips unter der Haut tragen, die ihre Leistung optimieren?

Ebenso müssen Organisationen in der Globalisierung eine optimale Anpassungsfähigkeit an die schnell und stetig ändernden Anforderungen erlangen. Die Geschwindigkeit der Entwicklung wird immer höher. Um weitestgehende und schnellste Kommunikation und Datenaustausch zu ermöglichen, müssen digitale Netze, Hard- und Software umfassend miteinander kompatibel sein. Das bedeutet auch, dass eine gewisse Offenheit zu neuer Macht von Regierungen und Unternehmen führen wird. Nur wenn dies vernünftig geplant und in Grenzen gehalten wird, kann Digitalisierung in ihrer grenzüberschreitenden Wirkung für die Menschheit nützlich sein.

Aber es ist zu beobachten, wie Führungszirkel in wirtschaftlichen und sozialen Unternehmen sich wie manisch auf die »Smart Drug« Digitalisierung stürzten, um ihre Vorhaben »zukunftssicher« , innovativ und unabhängiger von den Schwächen menschlicher Individuen und Arbeitskräften zu gestalten.

Man darf nicht alles unkritisch hinnehmen. In meiner Erfahrung hat die Bemühung zum »papierfreien« Büro – im Gegenteil – zu einer noch größeren Flut an Papier geführt.

Und die Geschwindigkeit der notwendigen Informationsbewältigung ist ebenso schwindelerregend, was dazu führt, dass MitarbeiterInnen mittlerweile auch in der Freizeit für ihren dienstlichen Mail-Account und somit für ihren Arbeitgeber erreichbar sein wollen. Flexible Arbeitszeit, Homeoffice und dauernde Erreichbarkeit verwischen die Grenzen von Arbeitszeit, Arbeit, Familienleben, Frei- und Rekreationszeit. Der Mensch steht unter Dauerstress.

Manisch irrational betet das Management in Wirtschaft und Regierungen die Digitalisierung an. Die Gier nach Profit und die Hybris des eigenen Erfolges, machen zahlreiche Entscheider der Digitalisierung gegenüber zu unkritisch.

Mit Blick auf die eben beschriebenen soziopathischen Charakterzüge der modernen Marktwirtschaften, sollte man nicht glauben, dass die Digitalisierung durch die Wirtschaft derart forciert wird, um dem einzelnen Menschen die Arbeit zu erleichtern! Der Mensch ist in optimierten Produktionsprozessen eine unkalkulierbare Unbekannte. Nicht nur durch Roboterisierung kann der Mensch in der maschinellen Produktion ersetzt werden, sondern auch seine kreativen und innovativen Gedächtnisleistungen werden, über Kurz oder Lang, durch Algorithmen ersetzt werden können! Machen wir uns keine Illusionen: Die Manager dieser modernen Wirtschaftsprozesse werden den Menschen durch Maschinen und Mikrochips, die keinen Schlaf und Urlaub benötigen, nicht krank werden oder Elternzeit benötigen, überflüssig machen und ersetzen. Die Digitalisierung in den westlichen Marktwirtschaften droht den Menschen vorübergehend zum Sklaven zu machen, um ihn danach in die Arbeitslosigkeit zu entlassen!

Alles nur Angstmacherei und Horrorgeschichten über den Terminator?

Dann kann ich mir nicht erklären, warum überall in der Welt, nicht nur im Sillicon Valley, daran gearbeitet wird – wo doch nur Geld in Sachen investiert wird, die auch wirklich Gewinn versprechen ?

Und in die Schwellenländer werden die Arbeiten verlagert, die in den hochentwickelten Staaten niemand mehr machen will: Mülltrennung, Recycling, Edelmetalle oder Neue Erden aus Elektrogeräten lösen oder abbauen, etc., etc.

Im Augenblick ist die besondere Gefahr die Macht, die über die Digitalisierung ausgeübt werden kann.

Die Menschheit, allen voran der Westen, muss hier dringend umsteuern. *Kapitalistische Prinzipien werden der digitalen Revolution keine ethisch-moralisch tragfähigen Grundlagen geben können. Digitalisierung muss nicht allein dem Individuum dienen, sondern im Focus muss das (Über)Leben der gesamten zivilisierten Menschheit stehen. Sie ist ein Werkzeug zum Erhalt der Welt und nicht zur kapitalistischen Profitmaximierung. Und dieser Perspektivwechsel muss schnellstens eingeleitet werden!*

2.2.2.2.4 Die Familienphobie kapitalistischer Systeme

Kapitalistische Systeme sind abhängig von einem gesicherten Nachschub an Arbeitskräften, die die Produktion von Konsumgütern sicher stellen, und InnovativarbeiterInnen, die im Sinne der Profitmaximierung »ausgebeutet« werden können.

Derzeit noch sind Menschen, die großen Wert auf Familienleben, Kinder und deren Wohlergehen legen, in einem System, welches dringend so viele Arbeitskräfte wie möglich in die Produktionsprozesse einbinden will, unbrauchbare Störfaktoren.

Familienleben sollte möglichst allen ökonomischen Prozessen untergeordnet werden.

Genderbewegung und Feminismus haben sich – wie ich schon andeutete – in besonderem Maße in diese Weltanschauung einspannen lassen.

Unkritisch arbeiten sie vehement an der Erhöhung des Frauenerwerbsanteils auf dem Arbeitsmarkt. Die natürlichen Rollen von Vater und Mutter werden gering geachtet. Reproduktionsarbeit wird gering schätzt.[1] *Massiv werden Instrumente propagiert, die die Arbeitskraft von ihrer biologischen Bestimmung – der Reproduktionsarbeit – befreien sollen*: „Frauenquoten, flächendeckender Krippenausbau, Ganztagsschulen – all diese Instrumente dienen dem Markt, dem Kapital. Familie wird zum Störfaktor, Kinder werden zur Manövriermasse auf dem Verschiebebahnhof Krippe, Mutterschaft zu einem notwendigen Übel, deren Aufwand auf ein Minimum des Gebäraktes reduziert wird. Frauen als Brutkästen. Fehlt nur noch, dass die Kreissäle in die Kitas verlegt werden."[2]

Die Journalistin und Publizistin Birgit Kelle sagt zurecht, dass sich nicht nur der Mann, sondern auch die Frau und das Kind in die Bedürfnisse des Staates, des Marktes, der Wirtschaft einfügen sollten. Das sei Kapitalismus pur.

---

[1] vgl. Becker, Bert, eMANNzipation, Berlin 2019
[2] Kelle, Birgit, Entlasst die Familien in die Freiheit!, in WirtschaftsWoche, 09.10.2013, aufgerufen 13.04.2019, https://www.wiwo.de/politik/deutschland/liberalismus-entlasst-die-familien-in-die-freiheit/8907658.html

So greife der Staat immer mehr in die intimen Bereiche der Familien ein. Und wenn es nur das Rauchen in Kraftfahrzeugen, in dem Kinder sitzen, ist.

So werden unsere »modernen« Staaten weiterhin mit aller Macht die Aufgaben in Familie und der Erziehung des Nachwuchses klein reden und verunglimpfen, denn Eltern, die ihre Rolle ernst nehmen, stehen dem Arbeitsmarkt nicht mehr uneingeschränkt zur Verfügung!

Im Mittelpunkt steht nicht die Familie, als soziale Grundstruktur, „sondern die Frage, kommen durch diese Politik mehr Menschen auf den Arbeitsmarkt, kommt mehr Geld in die Sozialkassen bei gleichzeitigem Anstieg der Geburtenrate. Und selbstredend: Wie sieht es aus mit der Frauenfrage? Entsprechend die Empfehlungen der Experten, die jedes Geld verteufeln, das bar an Familien fließt und jedes Instrument in den Himmel loben, das in Institutionen fließt. Weil nur dadurch gewährleistet wird, dass der Anteil erwerbstätiger Frauen gesteigert wird. Das ist das eigentliche Ziel der Familienpolitik."[1] Aber auch Ziel der Väter- und Männerpolitik, wenn es diese überhaupt gibt, denn auch diese stände den kapitalistischen Verwertungsinteressen der Geschlechter durchaus entgegen!

Eltern, die ihre Kernaufgabe in Familie, Kindern und Erziehung sehen, werden als reaktionär und rückständig verunglimpft. „Stattdessen macht sich eine breite Versorgungs- und Betreuungsmentalität breit."[2]

Alles wird auf »Ganztag« umgestellt! Gleichzeitig akzeptiert der Staat - in seiner Angst vor dem Arbeitskräftemangel – dass die Löhne so stark an die untere Grenze der Auskömmlichkeit abgesenkt werden, dass Paare, die Familien ernähren müssen, gezwungen sind, beide das Erwerbseinkommen sichern zu müssen. Die Familie, in der ein Elternteil zu Hause bleibt und Reproduktionsarbeit leistet, wird verunmöglicht! So beobachten wir zunehmend eine Tarifflucht von Unternehmen und Firmen. Und gleichzeitig bereitet sich die Wirtschaft offenbar schon mal auf das Ersetzen der menschlichen durch digitale Arbeitskräfte vor. Das passt auch zu den vorausgegangen Kapiteln!

„…Ganztagskitas, flächendeckende Ganztagsschulen, Frauenvollbeschäftigung. Einheitsschulen, in denen nie-

---

[1] Ebenda
[2] Ebenda

mand schneller vorankommen soll, weil es die Gleichheit stören würde. Endziel: Familie nur noch als WG mit abendlicher Quality-Time am gemeinsamen Kühlschrank."[1]

Ich will hier auch nicht als jemand gelten, der ein altes, rückständiges Familienbild vertritt, denn ich wäre ein Verfechter des Vollzeit-Vaters und Hausmanns im Rahmen einer wirklichen Gleichberechtigung von Rollen. Aber parallel erscheint es als eine ehe- und familiendiskreditierende Maßnahme, dass im Rahmen einer Genderideologie gleichgeschlechtliche Partnerschaften der biologischen Familie absolut gleichgestellt werden, obwohl die natürliche Keimzelle unserer gesellschaftlichen Reproduktion die heteronormale Familie ist! Ist es denn so problemtisch, die Besonderheiten der einen, wie der anderen Lebensform zu berücksichtigen und ihrer Funktion nach hervorzuheben? Es ist nun mal den heteroerotischen Paaren vorbehalten, sich wirklich biologisch fortpflanzen zu können! Das darf auch nebenbei einmal gewürdigt werden…

Exkurs in eigener Sache: Ich argumentiere hier nicht als irgendein homophober Rechter, denn ich bin für Gleichberechtigung aller Menschen, homo- wie heterosexueller. Aber gleiche Rechte zu fordern heißt nicht, alles gleich zu machen…

Menschen haben somit einen Anspruch auf Gleichberechtigung, nicht jedoch immer auf dieselben Rechte. So können Erwachsene und Kinder, Frauen und Männer, schwangere Mütter und werdende Väter, Schüler und Auszubildende, Autofahrer und Radfahrer, Senioren und Berufstätige und auch Hetero- und Homosexuelle nicht immer dieselben Rechte beanspruchen, aber die gleichen Gesetzesgrundlagen. Hier steht die gleichberechtigte Anerkennung der sozialen, kulturellen und sexuellen Herkünfte der Menschen im Vordergrund – keine Gleichmacherei. Das eine »Ehe« und das andere »Lebenspartnerschaft« zu nennen, könnte den entscheidenden biologischen Unterschied würdigen aber nicht werten.

So sehe ich es gleichzeitig als selbstverständlich an, dass eine Transgender Mann-zu-Frau (MzF) natürlich auch alle Rechte einer Frau beanspruchen kann: Von der bevorzugten Berücksichtigung als Frau mit gleicher Qualifikation in

---

[1] Ebenda

Bewerbungsverfahren bis zum Frauenparkplatz und der Benutzung der Frauentoilette – keine Diversentoilette.

Das oben Erwähnte ist interessant, denn eigentlich zerstört das kapitalistische System die zuverlässige Brutstätte ihres eigenen Arbeitskräfte- und Konsumentennachschubs selber. Der anhaltende Rückgang der Geburtenrate in westlichen Gesellschaften spricht Bände davon! Und die schändlich phobische Behandlung der Familie durch die Gesellschaft geht noch weiter und vergrößert das Problem zusätzlich:

„Wozu noch Kinder groß ziehen, wenn jede Investition in die nächste Generation in der Rente später bestraft, anstatt belohnt wird? Wozu noch Unternehmergeist, wenn jeder Erfolg nur beneidet und besteuert wird? Wozu noch Mitmenschlichkeit und Ehrenamt, wenn nur noch zählt, wer Geld verdient und Steuern zahlt?"[1]

Es wird ganz entscheidend sein, wie wir nun damit umgehen, dass die kapitalistischen Systeme parallel darauf hin arbeiten, die unkalkulierbare und pflegeintensive humane Arbeitskraft durch Digitalisierung und Roboterisierung überflüssig zu machen. *Nur wenn es gelingt diese marktwirtschaftlichen Modernisierungen einem sozialökologisch umgewerteten Gesellschaftssystem, einer kollektiven Sorge, unterzuordnen, wird der Mensch weiterhin ein sinnerfülltes Leben führen können.*

Gelingt das nicht, so wird eine sinnlose Massenarbeitslosigkeit die Folge sein, die selbst die heranwachsende Generation ins Elend nutzloser Untätigkeit hineinvegetieren lässt.

2.2.2.2.5 Die Multikulti- und Diversitätsmanie

Selbsterklärt ‚moderne‘ und ‚progressive‘ Menschen und PolitikerInnen puschen den *»Multikulturalismus«* und die Diversität als generellen, dogmatischen Mainstream. Ihre Gegner bezeichnen sie als reaktionär oder gar rassistisch.

Das Faktum, dass die westlichen Gesellschaften durch Zuwanderung auch multikulturelle und ethnisch diverse Gesellschaften sind, hat in den letzten Jahren dazu geführt,

---

[1] Ebenda

dass sich parallel eine Art dogmatische Weltanschauung entwickelt hat, die im »Multikulturalismus« durchaus ideologische Züge annimmt. Es ist natürlich nicht abstreitbar, dass sich unsere Gesellschaften aus Individuen verschiedenster Kulturen zusammensetzen und diese einen *»modus vivendi«* finden müssen. Der kapitalistischen Marktwirtschaft, die sich – derzeit noch – auf der dauernden Jagd nach willfährigen Arbeitskräften befindet, kommt dieses sehr gelegen – vergleichbar mit dem gendristisch-feministischen Ideal der *»mulier faber«*[1].

Mit einer Politik eines »Multikulturalismus« versucht man besonders in England, das immerhin durch seine Vergangenheit als Kolonialmacht Handlungsdruck verspürt, die kulturelle Vielfalt im Lande zu begründen und normalisieren. Vertreter des politischen Ansatzes möchten auf keinen Fall andere, fremde Kulturen unterdrücken oder bevormunden. Der »Multikulturalismus« stellt alle verschiedenen, als gleichwertig und schützenswert betrachtete Kulturen ins Zentrum seiner Prämissen. Hierbei stößt er sehr schnell auf das Problem, „dass die jeweiligen Kulturen Anspruch auf Anerkennung und, falls gewünscht, auf Sonderrechte haben, wenn diese zur Entfaltung kultureller Besonderheiten eingefordert werden."[2] Historiker und Autor Heiko Heinisch sagt, dass der »Multikulturalismus« so betrachtet dogmatisch „kulturalistisch und kulturrelativistisch" sei. ‚Multikulturalisten' belächeln dagegen die französische »Assimilationspolitik«. Beide Ansätze führen jedoch zu Problemen: „Der Multikulturalismus und der Assimilationismus sind zwei unterschiedliche politische Lösungsversuche für dasselbe Problem: das Auseinanderbrechen der Gesellschaft. Dennoch haben beide dieselbe Wirkung: Sie verschlimmern die Situation. (…) Diese Ansätze wirken sich im Kleinen unterschiedlich aus. Doch im Großen sind die Folgen überall dieselben: fragmentierte Gesellschaften, entfremdete Minderheiten, empörte Einheimische."[3] Das gilt auch für die Verfechter der ethnischen Diversität…

---

[1] Arbeitende Frau

[2] Heinisch, Heiko u. Scholz, Nina, Pluralismus statt Multikulturalismus, Sir Peter Ustinov Institut, 09.12.2015, zuletzt geöffnet 09.06.2019, http://www.ustinov.at/blogs/pluralismus-statt-multikulturalismus

[3] Malik, Kenan, Multikulturalismus ist gescheitert, IPG Internazionale Politik und Gesellschaft, 17.03.2015, zuletzt aufgerufen 09.06.2019,

Dies ist zu erklären, weil die Ansätze auf der anderen Seite die Angst vor dem Fremdartigen (2.1.1.2) weiter anfachen.

Im »Multikulturalismus« und der Ideologie der ethnischen Diversität spiegelt sich erneut ein schwieriges Individualrecht wieder: Jenes auf den kulturellen Unterschied als Minderheit. Die Verfechter unterliegen dem Trugschluss, dass alle Kultur generell ‚positiv' zu bewerten sei. Ein individuelles Recht auf die eigene Kultur führt jedoch auch dazu, dass die einzelnen Kulturen wieder auseinanderfallen und isoliert werden. Hinzu kommt, dass sich ein vermeintlich individuelles Recht auf eine kulturelle Differenz in Wirklichkeit vorwiegend auf kulturelle und ethnische Gruppen bezieht, denen sich das Individuum wiederum unterwerfen muss. Insofern wirkt der »Multikulturalismus« damit tatsächlich dem individualistischen Ideal entgegen. Rechte des einzelnen Individuums werden eingeschränkt. Letztendlich macht dies die rassistische Kehrseite des »Multikulturalismus« aus, denn das Individuum wird hier nach seiner Herkunft bewertet und gefangen in seiner Kultur, ob es will oder nicht.[1]

Exkurs: „Wenn etwa streng muslimische Eltern ihre Töchter vom Schwimm-, Sport- oder Sexualkundeunterricht abmelden und ihnen die Teilnahme an Klassenfahrten verbieten dürfen, werden diese Mädchen zwangsläufig in ihrem Recht auf freie Entfaltung ihrer Persönlichkeit behindert und ihnen geringere Chancen auf Entwicklung eingeräumt als ihren nichtmuslimischen Altersgenossinnen."[2]

Warum ist dann dieser Blödsinn der Sharia-Polizei ein Aufreger und warum kam der rheinland-pfälzische Justizminister Jochen Hartloff (SPD) auf die Idee islamische Schiedsgerichte in Zivilrechtsangelegenheiten einzurichten? Tatsächlich wird die Sharia „bereits heute in Deutschland geduldet und teilweise auch in Urteilen berücksichtigt."[3]

---

https://www.ipg-journal.de/rubriken/soziale-demokratie/artikel/multikulturalismus-ist-gescheitert-834/

[1] Vgl. Adamson, Göran, The Trojan horse : a leftist critique of multiculturalism in the West, Malmö 2015, S. 149 ff

[2] Heinisch, Heiko u. Scholz, Nina, Pluralismus statt Multikulturalismus, Sir Peter Ustinov Institut, 09.12.2015, zuletzt geöffnet 09.06.2019, http://www.ustinov.at/blogs/pluralismus-statt-multikulturalismus

[3] Baspinar, Deniz, Muslime in Deutschland brauchen die Scharia nicht, Zeit Online, 07.02.2012, zuletzt aufgerufen 09.06.2019,

Aber können wir Bürger dieses Rechtsstaates Gesetze, die nicht demokratisch legitimiert sind, dulden, wenn „deren Regelungen auf eine systematische Benachteiligung von Frauen, beispielsweise in den Bereichen Erbrecht, Zeugenrecht, Scheidungs- und Kindschaftssorgerecht, hinauslaufen?"[1]

Und ich bin ehrlich: auch das Kopftuch ist weniger ein Zeugnis tiefer Religiosität, als ein patriarchalischer Deckel auf den Kopf einer untergeordneten Frau.

Eine Sozialarbeiterin, die in der ‚Geflüchteten-Arbeit' tätig ist, behauptete in einer Diskussion, in ihrer Gender- und Multikultiumnebelung, dass auch eine Frau mit Kopftuch Feministin und Frauenrechtlerin sein könne…

…ich denke hier in Deutschland nicht sehr überzeugend und was mich persönlich aufregte war, dass sie dies als kulturell vollkommen normales Faktum betrachtete, in Wirklichkeit damit selber jedoch Individuen an ihre eigene Kultur zurückverweist und der Unterdrückung preis gibt. Das ist auch rassistisch…

Aber da ist ja sowieso einiges in unserem Verhaltenskodex in Unordnung. Denn neuerdings gilt auch die Frage nach der Herkunft als ‚rassistisch', auch wenn sie höflich Teilnahme an einer Herkunfts- oder Fluchtgeschichte nehmen will. Also, alles ist heutzutage rassistisch: Wenn ich jemandem oder einer Gruppe nicht eine kulturelle Herkunft zugestehe und auch wenn ich mit der mittlerweile verpönten »Woher-kommst-du-Frage« eine Person an diese dann auch noch erinnere! …keine Ahnung, wie man sich noch politisch korrekt verhalten kann!

Noch ein Punkt: Immer wieder rufen Medien und Politiker während des Ramadan zum gemeinsamen Fastenbrechen bei muslimischen Haushalten auf. So wird aus der Lust am Exotischen dann von nativen Besuchern berichtet, die offenbar in ‚Multikultitrance' und mangels eigener kultureller und religiöser Identität zum Fastenbrechen aufbrechen. Das will ich jetzt nicht verurteilen, aber ich hoffe, dass diese Multikulturalisten auch wissen, welches das wichtigste Fest ihrer angestammten christlichen Kultur ist und was die Kernaussagen des Humanismus sind. Vielleicht laden sie

---

https://www.zeit.de/gesellschaft/zeitgeschehen/2012-02/scharia-schiedsgerichte
[1] Ebenda

ihre Gastgeber auch zum Gegenbesuch in der Ostemacht ein – mal sehen wer kommt…

Hauptsache man war modern und ist ganz offen ,multikulti' – wie man eben so ist – mit einer anderen Kultur umgegangen. Dass in dem TV-Beitrag, den ich vor Augen habe, Mutter und 2 Töchter mit Hidschab am Tisch saßen, hat die jungen westlichen ,emanzipierten' Frauen unter den Besuchern absolut nicht gestört. Wenn das mal keine ,multikulti' verwaschene Offenheit ist…

…gegen die individuellen Selbstentfaltungsmöglichkeiten dieser jungen Frauen!

Gesellschaftlich gesehen sind es zudem nicht die kulturellen Gruppen, die in eine Gesellschaft integriert werden sollen, sondern immer nur das einzelne Individuum. Beachtet man das nicht, entsteht ein Gegeneinander von verschiedensten kulturellen Gruppen mit der nativen Kultur, deren jeweilige Unterschiede betont werden. Hier bilden sich auch Subkulturen, Parallelgesellschaften und Segregation. **Der »Multikulturalismus« als Diversitätsideologie stellt in Wirklichkeit Partikularinteressen und –rechte über die universelle politische Freiheit des Individuums.** Der „Alle anders, alle gleich"-Ansatz einer pluralistischen, multikulturellen Gesellschaft trägt nicht dazu bei, politische Teilhabe unter Migrantengruppen zu fördern.[1] Man könnte Parallelen mit der Genderbewegung und dem Feminismus ziehen (s. 2.1.2.6), da beide den Unterschied des vermeintlich Unterlegenen und der Minderheit feiern und gleichzeitig deren Opferrolle kultivieren. Im Gegensatz zur Genderbewegung weicht hier nur die Argumentation ab und besteht auf der Andersartigkeit von Migranten, die auch besonders zu schützen und hervorzuheben sei. Gender hingegen macht hier im Kontrast alles Gleich und will die – seiner Meinung nach – soziokulturell bedingten Geschlechterrollen auflösen. Vollkommen unterschiedliche Interpretationen aus dem oft gleichen Protagonistenlager – sehr seltsam…

---

[1] Vgl. Adamson, Göran, The Trojan horse : a leftist critique of multiculturalism in the West, Malmö 2015, S. 148ff

Jene Migranten jedoch, die sich in erster Linie als Bürgerinnen und Bürger begreifen und deren Kultur für sie nicht alleine identitätsstiftend ist, werden sich dagegen wehren.

Verfechter des »Multikulturalismus« ignorieren des Öfteren autoritäre Strukturen, Gewalt und Missstände in anderen Kulturen oder relativieren diese immer wieder. Sie bedienen das innere Tabu, dass man keine Urteile über die Angelegenheiten anderer Kulturen fällen dürfe.

Sie verkennen, dass das einzelne Individuum der eigentliche Gegenstand von Integration, Inklusion, Würde, Chancengleichheit und auch von Menschenrechten ist – nicht etwa die ethnische und soziokulturelle Identität ist ausschlaggebend.

Eine wirklich pluralistische Gesellschaft geht vom Individuum aus, dass nicht durch Herkunft, Ethnie, Kultur und Religion festgelegt ist! »*Pluralismus*« umfasst dagegen „sämtliche kulturellen Identitäten und Lebensentwürfe, auch solche subkultureller Natur."[1]

Hierzu würde auch in unserem Land gehören, den Einwanderern die deutsche Staatsbürgerschaft zu verleihen, anstatt sie dem Gefühl zu überlassen, dass sie ihre eigene Kultur und ihren spezifischen Lebensstil beschützen müssten oder in ihnen gefangen seien...

Der britische Publizist und Universitätsdozent Kenan Malik nennt 3 Punkte des gesunden Umgangs mit kultureller Vielfalt[2]:

1) Kulturelle Vielfalt als gelebte Erfahrung solle vom »Multikulturalismus« als politischem Prozess unterschieden werden. Die Erfahrung, in einer Gesellschaft zu leben, die infolge Masseneinwanderung vielfältig würde, solle willkommen sein. *„Versuche, diese Vielfalt durch die formale Anerkennung kultureller Unterschiede zu institutionalisieren, sollten dagegen unterbleiben."*

---

[1] Heinisch, Heiko u. Scholz, Nina, Pluralismus statt Multikulturalismus, Sir Peter Ustinov Institut, 09.12.2015, zuletzt geöffnet 09.06.2019, http://www.ustinov.at/blogs/pluralismus-statt-multikulturalismus
[2] Malik, Kenan, Multikulturalismus ist gescheitert, IPG Internazionale Politik und Gesellschaft, 17.03.2015, zuletzt aufgerufen 09.06.2019, https://www.ipg-journal.de/rubriken/soziale-demokratie/artikel/multikulturalismus-ist-gescheitert-834/

2) Europa solle zwischen „Farbenblindheit und Rassismusblindheit unterscheiden". Menschen sollten als Bürger gleich behandelt werden, statt sie als Vertreter einer spezifischen Hautfarbe oder eines kulturellen Kontextes zu betrachten. Das bedeute nicht, dass der Staat die Diskriminierung bestimmter Gruppen ignorieren dürfe. Eine Staatsbürgerschaft sei wertlos, wenn verschiedene Klassen von Bürgerinnen und Bürgern unterschiedlich behandelt würden, sei es durch multikulturelle Politik oder Rassismus.

3) Europa solle zwischen Völkern und Werten unterscheiden. *Gemeinsame Werte* sollten auch in einer pluralistischen Gesellschaft möglich sein und gepflegt werden.. *Minderheiten seien keine homogenen Gebilde sondern Teil der modernen Demokratie.*

2.2.2.2.6 Die Bürokratiemanie kapitalistischer Staaten

Bürokratiewahn, Lobbymacht und Regelungswut sind Schlagworte in der Diskussion nicht nur in der Europäischen Union. Sicherlich: Eine übersichtliche Sammlung von Verhaltensregeln ist unerlässlich. Orientierung und Richtung sind wichtig und markieren die Grenzen unseres Handelns. Aber warum haben so viele Menschen das Gefühl, dass die Bürokratie in »modernen Staaten« ganz exorbitante unüberschaubare Blüten treibt?

Ist Bürokratie wirklich bemüht die Krake Kapitalismus zum Wohle der Individuen zu domestizieren?

Wir müssen beobachten, dass ein kompliziertes bürokratisches Regelwerk wiederum nur für diejenigen Individuen oder Organisationen befriedigend oder sogar nutzbringend ist, die über viel Geld oder/und organisatorische Größe verfügen. Sie können sich Berater, Juristen und Abteilungen leisten, die die bürokratischen Vorschriften im Griff halten oder aber unter finanziellem Einsatz Hintertürchen und Kniffe zum Austricksen derselben entwickeln. Kann es sein, dass die Bürokratie in unseren profitorientierten Systemen in Wirklichkeit dazu da ist, den großen Raubtieren, die in der Lage sind, ein Heer von , Rechtsanwälten und Lobbyisten zu beschäftigen, einen Vorteil zu verschaffen? Es ist ja gut, wenn die Kleinen und Individuen damit abgelenkt sind, sich ihrer Haut zu wehren – ja auch mal kleine Erfolge zur Beruhigung erringen dürfen – während die Großen immer weiter – trotz manchmal hoher Entschädigungen – wachsen und ihren Profit potenzieren. Diesel- und Glyphosatskandal sind da nur zwei Beispiele.

Die Bürokratie erscheint so im Licht einer besonderen Beschäftigungstherapie und eines beschwichtigenden Placebopflasters für die, die in der Rolle des dauernd Unterlegenen nicht unzufrieden werden dürfen.

Bürokratische Monster nehmen überhand und werden zur Belastung von Individuen, klein und mittelständigen Betrieben. Ein kaum zu bewältigender Berg von Verordnungen, Erlassen und Gesetzen schränken das Privatleben und auch das unternehmerische Handeln ein.

Wer keinen Juristen oder Steuerberater finanzieren kann läuft immer Gefahr für Fehler und falsches Verhalten haftbar gemacht zu werden.

Selbst wenn der Regulierungswahn vorgibt in erster Linie die »Kleinen« schützen zu wollen, so bevorteilt er in Wirklichkeit die Starken, da diese sich in der Realität die wirklich große Lobby schaffen können – in Gesetzgebungsverfahren und politischen Systemen (s. 3.2.1.2).

So handelt es sich nicht nur um eine Art kollektive *anankastische Persönlichkeitsstörung (F60.5 - ICD10 / 6D11.4 – ICD 11[1])*, also eine besondere Starrheit und Perfektionismus sowohl in Denken als auch Handeln, sondern auch um das *implementierte System der Bevorzugung der Stärksten in wirtschaftsdominierten kapitalistischen Systemen*. Aus dem immer wieder notwendigen und alibihaften bürokratischen Einfangen des unmäßigen und unlauteren Vorteils der Starken, erwächst automatisch und paradoxer Weise immer wieder deren nächster Vorteil. Die Starken können wieder über die interne Taktik verfügen, wie man die Bürokratie wiederum austrickst. Auch die Betonung der gesellschaftlichen Verantwortung von Unternehmen unter den Schlagworten »Corporate Responsibility« oder »Corporate Social Responsibility« kann in den meisten Fällen mit Vorbehalt betrachtet werden.

Da findest Du für alles Regelwerke: – europäische Datenschutzverordnungen, Urheberrecht im Internet, endlose

---

[1] ICD-11 for Mortality and Morbidity Statistics (Version : 04 / 2019), https://icd.who.int/browse11/l-m/en#/http%3a%2f%2fid.who.int%2ficd%2fentity%2f2062286624

Vorschriften zur Prüfung von Bedürftigkeit vor Bewilligung von unterstützenden Transferleistungen, Sicherheits- , Eignungsüberprüfungen im Rahmen des Generalverdachts gegen Personen, die mit Kindern und Jugendlichen umgehen und sonstige missbrauchs-hysterische Überreaktionen, Frauenquoten in Führungspositionen etc. etc. – Du darfst mit Recht anzweifeln, ob manche Regelungen wirklich dem Gemeinwesen und den wirklichen Individualrechten der Einzelnen nutzen. Oder sind sie nur Ablenkungsmanöver und Nebelkerzen?

Eines solltest Du durchschauen: Je größer und reicher, desto undurchsichtiger ist auch eine Art »Gegenbürokratie« was letztendlich auch ein **»survival of the fattest«** istitutionalisiert.

*Exkurs: Hinter den hehren Schlagworten bürokratischer Arbeitsstrukturen wie »Arbeitsethik«, »Präventionsentwicklung«, »Genderprozessen«, »Arbeitssicherheit«, »Beschwerdemanagement«, »Leitbild«, »Qualitätsmanagement«, »Evaluation«, »Arbeitssicherheit«, »Lenkungsgruppe«, »Unternehmenskultur« etc., etc. erscheint es oft so, als ob hier Arbeitsbereiche und **Bullshitjobs**[1] entstehen, damit Menschen einfach nur weiterarbeiten, nicht auf dumme Gedanken kommen oder, im perfiden Falle, entlarvende Absichten und Strukturen von Bürokratien kaschiert und verschleiert werden.*

„> Heerscharen von Menschen üben während ihres ganzen Berufslebens Tätigkeiten aus, von denen sie insgeheim glauben, dass sie nicht ausgeführt werden müssten.

> Es ist, als würde sich irgendjemand sinnlose Tätigkeiten ausdenken, nur damit wir alle ständig arbeiten.

> Aus dieser Situation erwächst ein weitreichender moralischer und geistiger Schaden. Er ist eine Narbe, die sich quer über unsere kollektive Seele zieht. Und doch spricht praktisch niemand darüber.

> Wie kann man auch nur ansatzweise von der Würde der Arbeit sprechen, wenn man insgeheim den Eindruck hat, dass es den eigenen Job eigentlich gar nicht geben sollte?"[2]

---

[1] Vgl. Graeber, David, Bullshitjobs – vom wahren Sinn der Arbeit, dt. Stuttgard 2018
[2] Ebenda: S. 22

Ein Indiz für ein Ablenkungsmanöver durch überbordende Bürokratie könnte sein, dass besonders bürokratische Organisationen dazu neigen ein kaum beherrschbares Eigenleben zu entwickeln. Ein Grund dafür ist sicherlich auch, dass die hier arbeitenden und engagierten Individuen in diesen Strukturen wiederum eine selbstzufriedene und eigennützige Solidarität entwickeln. „Die Internalisierung der Organisationsregeln durch die Mitglieder wird erhöht. Regeln, die ursprünglich zur Erreichung der Organisationsziele erlassen wurden, werden zu einer positiven Maxime, die mit den Organisationszielen nichts mehr zu tun hat"[1]

Gleichzeitig kommt es bei der Entscheidungssuche (Entscheidungstechnik) zu einer „Restriktion der verwendeten Kategorien auf eine relativ kleine Anzahl und zur Heranziehung der ersten formal anwendbaren Kategorie."[2] Dies erzeugt eine „wachsende Rigidität des Verhaltens der Organisationsteilnehmer" und genügt dem „Bedürfnis der Systemerhaltung" und der Identifizierung des Einzelnen mit der Gruppe. »Kastengeist«, »Abwehrhaltungen« und »Verwendung von Autoritätssymbolen« sind die Folge.[3] *So entsteht in bürokratischen Organisationen ein mehr oder weniger ökonomisch erwünschter gesellschaftlicher Effekt, der nicht nur die Individuen in Organisationen dauernd beschäftigt, sondern auch die bedauernswerten Individuen, die mit diesen Organisationen zu schaffen bekommen.*

Man kann nur hoffen, dass diese Problematiken mit einer zunehmenden Digitalisierung und einer geschäftsfähigen Online-Bürokratie umfassend gebessert werden können.

Kritisch zu beobachten ist auch, dass Bürokratien, ob sie nun der Wirtschaft oder der staatlichen Bürokratie angehören, nach Macht und Einfluss streben – ob dies nun informell oder formell geschieht. Wir können ja zudem beobachten, dass staatliche und wirtschaftliche Bürokratien eng miteinander verwoben sind und in kapitalistischen Systemen gegenseitig Einfluss nehmen (s. NGOs etc.). James Burn-

---

[1] March, James G. u. Simon Herbert A., Organisation und Individuum, in Hofmann, Michael (Hrsg.), Führung-Strategie-Organisation, Schriftenreihe des interdisziplinären Instituts für Unternehmensführung an der Wirtschaftuniversität Wien - Serie 3, Band 3, Wiesbaden 1976, S.40
[2] Ebenda: S.41
[3] Ebenda: S.41

ham hoffte noch 1941 in seinem Buch **»The Managerial Revolution«**, dass die Kapitalisten schließlich von den Managern entmachtet würden und nicht vom Proletariat, weil diese auf Grund ihrer technischen Überlegenheit die Herrschaft ergreifen würden – Genauso wie nicht etwa die Bauern die Feudalherrn abgelöst hätten, sondern das Bürgertum...[1] Was Burnham noch wie die Lösung der Verteilungsprobleme in der Welt vorkam, ist heute eher ein fast nicht reformierbarer und wenig steuerbarer Selbstläufer und Diener des Kapitalismus...

Du darfst somit diese Theorie anzweifeln, besonders da die Manager oder Bürokraten ja nicht bewusst nach der Macht greifen. Aber wenn Du die heutige Verwobenheit von Staaten mit Wirtschaft und deren Bürokratien betrachtest, so stellst Du dir natürlich wieder zu recht die Frage, wer eigentlich die Staaten regiert. Je schwerer bürokratische Systeme durchschaubar sind, desto eher können sie zur unkontrollierbaren Machtausübung missbraucht werden, sei es durch einzelne Individuen, die ihr Unwesen hier treiben können, aber auch besonders durch ganz bestimmte Interessengruppen aus Wirtschaft und Staat.

Exkurs: *Schon Kurt Tucholsky hat das Phänomen »Bürokratie« unter dem Pseudonym Peter Panter im Jahr 1925 trefflich beschrieben:*

„Die Zentrale
Die Zentrale weiß alles besser. Die Zentrale hat die Übersicht, den Glauben an die Übersicht und eine Kartothek. In der Zentrale sind die Männer mit unendlichem Stunk untereinander beschäftigt, aber sie klopfen dir auf die Schulter und sagen: »Lieber Freund, Sie können das von Ihrem Einzelposten nicht so beurteilen! Wir in der Zentrale ... «

Die Zentrale hat zunächst eine Hauptsorge: Zentrale zu bleiben. Gnade Gott dem untergeordneten Organ, das wagte, etwas selbständig zu tun! Ob es vernünftig war oder nicht, ob es nötig war oder nicht, ob es da gebrannt hat oder nicht –: erst muß die Zentrale gefragt werden. Wofür wäre sie denn sonst Zentrale! Dafür, dass sie Zentrale ist! merken

---

[1] Burnham, James, Das Regime der Manager, Stuttgart 1947

Sie sich das. Mögen die draußen sehen, wie sie fertigwer-den!

In der Zentrale sitzen nicht die Klugen, sondern die Schlau-en. Wer nämlich seine kleine Arbeit macht, der mag klug sein – schlau ist er nicht. Denn wäre ers, er würde sich darum drücken, und hier gibt es nur ein Mittel: das ist der Reformvorschlag. Der Reformvorschlag führt zur Bildung einer neuen Abteilung, die – selbstverständlich – der Zentra-le unterstellt, angegliedert, beigegeben wird ... Einer hackt Holz, und dreiunddreißig stehen herum – die bilden die Zentrale.

Die Zentrale ist eine Einrichtung, die dazu dient, Ansätze von Energie und Tatkraft der Unterstellten zu deppen. Der Zentrale fällt nichts ein, und die andern müssen es ausfüh-ren. Die Zentrale ist eine Kleinigkeit unfehlbarer als der Papst, sieht aber lange nicht so gut aus.

Der Mann der Praxis hats demgemäß nicht leicht. Er schimpft furchtbar auf die Zentrale, zerreißt alle ihre Ukase in kleine Stücke und wischt sich damit die Augen aus. Dies getan, heiratet er die Tochter eines Obermimen, avanciert und rückt in die Zentrale auf, denn es ist ein Avancement, in die Kartothek zu kommen. Dortselbst angelangt, räuspert er sich, rückt an der Krawatte, zieht die Manschetten grade und beginnt, zu regieren: als durchaus gotteingesetzte Zent-rale, voll tiefer Verachtung für die einfachen Männer der Praxis, tief im unendlichen Stunk mit den Zentralkollegen – so sitzt er da wie die Spinne im Netz, das die andern gebaut haben, verhindert gescheite Arbeit, gebietet unvernünftige und weiß alles besser.

(Diese Diagnose gilt für Kleinkinderbewahranstalten, Au-ßenministerien, Zeitungen, Krankenkassen, Forstverwaltun-gen und Banksekretariate, und ist selbstverständlich eine scherzhafte Übertreibung, die für einen Betrieb nicht zutrifft: für deinen.)"
Kurt Tucholsky [1]

---

[1] Exenberger, Hans, Kurt Tucholsky lebt..., 1. Band, Hamburg 2006, S. 129-131

2.3 Globale Interessensphären

Wenn Du nicht geneigt bist alles durcheinander zu werfen, dann musst Du mindestens zwischen 2 Sphären unterscheiden.

Erst einmal musst Du die Rolle eines Anwalts einnehmen und beurteilen, welche objektiven Interessen das Ökosystem Welt – mit oder ohne Mensch – haben könnte.

Zweitens müsstest Du auch betrachten, welche Stellung die Menschheit als entscheidender Zerstörungs- und Gefährdungsfaktor hier einnimmt und mit welchen – zum Teil eingebildeten und suggerierten – subjektiven Ansprüchen diese in die objektiven globalen Interessen eingreift.

2.3.1. Objektive globale PRIORITÄTEN

Nun, da ich selber kein Wissenschaftler, Biologe oder Klimaforscher bin, fühle ich mich natürlich in besonderer Weise von objektiven Ergebnissen und deren Interpretation abhängig. Insgesamt ist die Übersicht von den Initiativen zahlloser Laien und Nichtwissenschaftler dann auch verwaschen, da diese auch noch ihre subjektiven Interessen und PRIORITÄTEN in den öffentlichen Ring werfen, teilweise mit missionarisch-moralischem Anspruch.

Folge ich einfach mal der Logik des gesunden Menschenverstandes, so komme ich schon selber auf eine einleuchtende Hierarchie von globalen PRIORITÄTEN.

Du wirst schnell merken, dass es Abhängigkeiten unter den Zielen gibt und deren Erreichungswege zusammenhängen oder auch sich gegenseitig bedingen.

Gehst Du einer solchen Kette nach, dann wirst Du rückwärts über Menschenrechte, Friede und Freiheit, Bekämpfung von Hunger und Armut, Ernährung der wachsenden Menschheit, Artenschutz, Nachhaltigkeit bis zum obersten Thema Klimaschutz und Erderwärmung gelangen.

So haben die Vereinten Nationen globale Nachhaltigkeitsziele – *»Sustainable Development Goals« (SDGs)* entwickelt. 17 Nachhaltigkeitsziele sollen die Zukunft der Welt sicher stellen. 139 Länder haben sich hierauf verständigt:

Exkurs:

„At its heart are the 17 Sustainable Development Goals (SDGs), which are an urgent call for action by all countries - developed and developing - in a global partnership. They recognize that ending poverty and other deprivations must go hand-in-hand with strategies that improve health and education, reduce inequality, and spur economic growth – all while tackling climate change and working to preserve our oceans and forests."[1]

*(Im Mittelpunkt stehen die 17 Nachhaltigkeitsziele (Sustainable Development Goals, SDGs), die für alle Länder - entwickelte und sich entwickelnde - **in einer globalen Partnerschaft** eine dringende Aufforderung zum Handeln darstellen. Sie erkennen an, dass die Beseitigung von Armut und anderen Benachteiligungen Hand in Hand mit Strategien gehen muss, die Gesundheit und Bildung verbessern, die Ungleichheit verringern und das Wirtschaftswachstum - bei gleichzeitiger Bekämpfung des Klimawandels und beim Schutz unserer Meere und Wälder - ankurbeln.- meine Übersetzung):*

1. Armut beenden

2. Ernährung sichern – den Hunger beenden, Ernährungssicherheit und eine bessere Ernährung erreichen

3. Gesundes Leben für alle

4. Bildung für alle

5. Geschlechtergleichstellung erreichen und alle Frauen und Mädchen zur Selbstbestimmung befähigen

6. Wasser und Sanitärversorgung für alle

7. Nachhaltige und moderne Energie für alle

8. Nachhaltiges Wirtschaftswachstum und menschenwürdige Arbeit für alle

9. Widerstandsfähige Infrastruktur und nachhaltige Industrialisierung

10. Ungleichheit verringern – Ungleichheit in und zwischen Ländern verringern

11. Nachhaltige Städte und Siedlungen

12. Nachhaltige Konsum- und Produktionsweisen

---

[1] United Nations Department of Public Information, Sustainable Development Goals, https://sustainabledevelopment.un.org/sdgs

13. *Sofortmaßnahmen ergreifen, um den Klimawandel und seine Auswirkungen zu bekämpfen*

14. *Bewahrung und nachhaltige Nutzung der Ozeane, Meere und Meeresressourcen*

15. *Landökosysteme schützen*

16. *Frieden, Gerechtigkeit und starke Institutionen.*

17. *Umsetzungsmittel und globale Partnerschaft stärken*[1],[2]

Die SDGs enthalten explizite Zielvorgaben, Zeitpläne und objektiv messbare Indikatoren. Ferner beanspruchen sie eine universelle Gültigkeit, indem sie globale Nachhaltigkeitsziele vorgeben, die sich alle beteiligten Länder zum Ziel setzen sollten. Ob hier eine genauso nachhaltige PRIORITÄTENsetzung geschieht, kann man nicht ablesen. Wenn man all diese Themen scheinbar gleichwertig nebeneinander stellt, dann scheint hier die Priorisierung auf die grundlegenden Schwerpunkte zu fehlen. Schon eine zeitliche und logische Hierarchie wäre absolut notwendig und um sich auf das Wichtigste fokussieren zu können.

„Um zu wirklich aussagekräftigen und handhabbaren SDGs zu gelangen, wäre es erfolgversprechender, die internationalen Debatten und Verhandlungen auf die Themenkomplexe zu konzentrieren, die aus Perspektive der globalen Nachhaltigkeitsagenda nicht nur wichtig, sondern in zweifacher Hinsicht besonders drängend sind: *Erstens, weil die zu Grunde liegenden Trends irreversible Folgen haben werden und sich die Zeitfenster diesen entgegenzusteuern absehbar schließen werden; zweitens, weil sie gleichzeitig unabdingbare Voraussetzungen für nachhaltige Entwicklung betreffen.*"[3]

Es war wahrscheinlich wieder mal einfacher, „die Gipfel-Erklärung in unverbindlicher Weise um jedermanns Lieblingsthema zu erweitern als einen Konsens über die drän-

---

[1] Vgl.
https://de.wikipedia.org/wiki/Ziele_f%C3%BCr_nachhaltige_Entwicklung
[2] United Nations Department of Public Information, Sustainable Development Goals, https://sustainabledevelopment.un.org/sdgs
[3] Bauer, Steffen u. Richerzhagen, Carmen, PRIORITÄTEN bitte! Das UN-Umweltprogramm und die globale Nachhaltigkeitsagenda, in Deutsches Institut für Entwicklungspolitik (DIE), Die aktuelle Kolumne (2013), aufgerufen 11.05.2019, https://www.die-gdi.de/uploads/media/Deutsches-Institut-fuer-Entwicklungspolitik_Bauer_Richerzhagen_18.02.2013.pdf

gendsten Problemfelder und Handlungsbedarfe herbeizuführen."[1]

Wäre es nicht absolut dringend gewesen, den Themen Erderwärmung, Klima und Energiepolitik absolute PRIORITÄT einzuräumen?

Es sind doch die Folgen des Klimawandels, welche letztendlich alle Themen nach sich ziehen werden. Nicht umsonst betonen die Jugendlichen der »Fridays for Future-Bewegung«, dass sie keine Bildung benötigten, wenn die Welt sowieso zerstört würde.

Gleichzeitig stehen die *»Sustainable Development Goals«* der Weltgemeinschaft für eine kapitalistisch globalisierte Wachstumsideologie, der es schwer fällt, soziale und ökologische Komponenten (PRIORITÄTEN) in eine neue Zukunftsordnung einzugliedern. So laufen Schwellen- und Entwicklungsländer in eine ähnliche Falle, in der die Industriestaaten schon stecken.

Hier werden kostbare Erfahrungswerte verschenkt, denn wir sehen ja, wie schwer es dem System einer Wachstumsideologie fällt, sich nicht auf Energieerzeugung ohne klimaschädliche CO_2-Emissionen umzustellen und den wirklich effizienten Ausbau erneuerbarer Energien voran zu treiben.

Ebenso ist der Klimawandel den Fragen des Arten-, Landes- und Bodenschutzes vorgeordnet, wobei all diese Fragen auch wachsende Agrarwirtschaft und die Welternährung tangieren. Wie gehen wir dann, wenn wir das Klima letztendlich in den Griff bekämen, auch

mit all diesen Ressourcen um: Mit unseren Nutzflächen, Landwirtschaft, Boden, Wasser etc..

Nachhaltigkeit umfasst aber auch, wie wir oben gesehen haben, unser Konsumverhalten unter dem Gesichtspunkt der Nachhaltigkeit. Die SDGs können leider so angenehm eklektizistisch durch die Unterzeichnerstaaten vertreten werden, weil sie eben nach wie vor Wachstumsideologisch denken und keine wirkliche Hierarchie der PRIORITÄTEN vorgeben.

Denn es ist nicht so, als könne man sich hier hobbymäßig einfach irgendein Thema aussuchen. *Alles baut aufeinander auf und beginnt bei der obersten PRIORITÄT Klima-*

---

[1] Ebenda

schutz. Dies alles hat Folgen für unsere Handlungs- und Lebensstile.

Und hier sind gerade die technisch und industriell hoch entwickelten Länder verpflichtet, einer Weltgemeinschaft zu zeigen, dass sie verstanden haben und die notwendigen Schritte umsetzen, auch wenn sie vielleicht in einzelnen Punkten erst die Vorreiter sind.

Aber es fällt den Staaten schwer, sich auf eine Hierarchie der PRIORITÄTEN zu konzentrieren. Ich vermute, weil gerade die Länder, die auch die Vorreiter sein könnten, vollkommen verfangen sind in einem ambivalenten Denksystem zwischen marktwirtschaftlichem Wachstumszwang und der Individualrechte auf Wohlstand und gutem Lebensstandard. Zudem sollen die meisten Individuen nicht durch eine harte Linie verprellt werden, da sich zahlreiche Staatsführer der hoch entwickelten Länder regelmäßig Wahlen stellen müssen. Dies erscheint wie ein fasst unlösbares Konglomerat an Beweggründen für einen sehr pragmatischen ökologischen und ökonomischen Konservativismus.

Sobald Du aber harte PRIORITÄTEN festlegen müsstest, täte es irgendjemandem weh: Vom Kohlearbeiter bis zum Hobbyornithologen. Aber wir müssen der Tatsache Rechnung tragen, dass wir Menschen nun mal die Welt verändern und dass dies vielleicht bleibende Folgen für die Ökosysteme haben wird, die man ggf. nicht ändern kann. Viele baumbewohnende Tierarten werden sich wahrscheinlich keinen Baum mit einem Menschen teilen wollen und würden sich von ihm eher vertreiben lassen (weswegen ich ja auch die Baumbesetzer im Hambacher Forst für egomanische und gefühllose Hornochsen halte).

Aber das Leben ist ja bekanntlich kein Ponyhof!

Exkurs: Nehmen wir als Beispiel mal den Artenschutz.

„Zahlreiche Arten, die hier im Fokus des Naturschutzes stehen und für die dadurch eine Inanspruchnahme von (finanziellen) Ressourcen erfolgt, sind aus biogeografischer Sicht häufig von untergeordneter Relevanz für Deutschland oder sogar für ganz Europa. Zahlreiche dieser Arten existieren in kleinen, isolierten Reliktpopulationen, am westlichen Rand der Polararktis, und haben ihr Hauptverbreitungsgebiet weiter im Osten. (...) Allerdings sollten gerade solche Arten aus naturwissenschaftlicher Sicht eine eher untergeordnete Rolle in der PRIORITÄTENsetzung des Naturschut-

zes spielen."[1] Der terrestrische Ökologe Jan Christian Habel beschreibt hier ein „Spannungsfeld zwischen subjektiver Liebhaberei und objektiven Fakten", was im ersten Moment sicher schmerzt, aber verständlich aus der Akzeptanz der Notwendigkeit einer harten PRIORITÄTENliste zu verstehen ist.

Er sagt, die Frage »Was schützt der Mensch?« werfe bereits „das Spannungsfeld wissenschaftlicher Objektivität und subjektiver Wahrnehmung und PRIORITÄTENsetzung auf."[2] Soll sich der Artenschutz auf zahlreiche „peripheren Relikt-populationen konzentrieren" in Anbetracht der Problematik des Größeren und Ganzen?

„Gerade Rote-Liste-Arten leiden teilweise sehr stark unter anthropogenen Veränderungen, wie der rasant ablaufenden Klimaveränderung. Sind daher Arten überhaupt die richtige Kenngröße für den Arten- und Naturschutz?"[3] Sollte nicht vielmehr auf die Erhaltung der Biodiversität geachtet werden? Oder soll alleine das »Besondere und das Bemerkenswerte«

(mal wieder das individuelle Recht) betrachtet werden und nicht das Größere und Ganze, der Lebensraum, welcher sich sicherlich auch durch die Gegenwart des Menschen verändert hat? Dazu später mehr.

2.3.2. Woran krankt die Subjektive globale PRIORITÄTENsetzung?

»Sie können mit einem Hintern nicht gleichzeitig auf zwei Pferden sitzen.«
Woody Allen[4]

Du wirst feststellen: Die Weltgemeinschaft hat nicht die größten Probleme mit der PRIORITÄTENsetzung, wenn es um die Details geht. Entscheidender ist, dass nicht ständig

---

[1] Habel, Jan Christian, Rote Listen und »Fauna-Flora-Habitat«-Arten – Wie wählen wir Arten für den Naturschutz aus?, in Rundgespräche der Kommission für Ökologie, Bd. 44 »Wie viel Wissenschaft braucht der Naturschutz?«, München 2016, S. 93

[2] Ebenda: S. 94

[3] Ebenda: S. 96

[4] Woody Allen, amerikanischer Regisseur und Schauspieler, * 01.12.1935

die kleinen PRIORITÄTEN die Handlungsziele dominieren dürfen. Die Divergenz von subjektiver und objektiver Bewertung, von kurz und langfristen Notwendigkeiten, vernebelt den Blick auf das <u>Eine</u> wirklich notwendige.

Wenn die Menschen und die Verantwortlichen glauben, eine Aufgabe gelöst zu haben, warten bereits zwei neue auf die Bearbeitung. Die Menschheit leidet eigentlich unter einer Tyrannei der Dringlichkeit – sie bemerkt es aber nicht. In der westlichen Welt wird die Tändelei zwischen den vielen kleinen Notwendigkeiten kultiviert, was dazu führt, dass nichts wirklich richtig in Angriff genommen wird. Es wird wichtig sein, dass sich die Menschheit – oder der Teil der Menschheit, der die Schlagzahl angeben könnte – darüber klar werden muss, welche höchsten PRIORITÄTEN bearbeitet werden müssen. Und dazu muss sie sehr zielgenau vorgehen!

Problem ist, dass schon allein das Gefühl, nicht mehr viel Zeit zu haben und den anstehenden Aufgaben nicht nachkommen zu können, die Effektivität und Zielsicherheit erheblich beeinträchtigt.

Die Menschen verpassen es, sich auch als Kollektiv auf das Wesentliche zu konzentrieren. Die Einhaltung von PRIORITÄTEN wird auch zusätzlich schwierig, wenn sich das Kollektiv als solches auf die sogenannten »Verantwortlichen« verlässt. ‚Die Politik, der Markt oder die Regierung wird es schon richten' ist keine Maxime die zu Ziel führen wird.

Und durch die unscharfe PRIORITÄTENsetzung wird eine Vielzahl an nebensächlichen Aufgaben geschaffen, die nicht erledigt werden müssten und können. So kann nur noch reagiert werden, die Menschheit verliert die Oberhand und wird durch die Probleme vorgeführt.

Die Weltgemeinschaft müsste schnellstens die Top-PRIORITÄTEN des Handelns festlegen. Sie müsste sich eigentlich immer wieder fragen, was die wichtigste Aufgabe ist. Es müssen wieder Erfolgsprinzipen der Fokussierung und der Konzentration wirksam werden.

Irrtümlicherweise hält die Menschheit Aktivität für produktiv und zielführend, je mehr desto besser. Die Menschengemeinschaft muss aber dringend auch ein konsequentes »NEIN« in Richtung einer Ausfransung der PRIORITÄTEN aussprechen. Das gelingt derzeit nur unvollkommen.

Diese Unzulänglichkeit und Unfähigkeit zielstrebig zu handeln lassen sich auch wieder in pathologischer Art und Weise beschreiben.

2.3.2.1 Der Wahn vom »kleinsten gemeinsamen Nenner«

„Wenn man sich nun überlegt, eine Gruppe von Junkies wollte nun gemeinsam aus der Droge aussteigen. Aber jeder, also auch die, die als Dealer arbeiten und also das Zeug verkaufen, können jederzeit Widerspruch einlegen gegen jedwede Maßnahme. Dann kann man sich vorstellen, wie weit so eine Gruppe kommen würde."
Klimaexperte Hermann Ott[1]

Hermann Ott, Jurist, Umweltwissenschaftler und Politiker von Bündnis 90/Die Grünen, bemängelt aktuell bei den globalen Bemühungen um Umwelt und Klima, dass ein »Konsenszwang« herrsche, der „natürlich ein Rezept für Lähmung"[2] sei. Wenn man die Weltweiten Klimagipfel, die am 20.09.2019 vorgestellte Klimastrategie und das beschlossene Klimaschutzprogramm 2030 der Deutschen Bundesregierung betrachtet und auch die auseinanderfallenden Bemühungen mit unterschiedlichstem Engagement, so muss man ihm recht geben! Das »Klimapaketchen« der Deutschen Regierung im November 2019 nennt der WWF.Deutschland – zu Recht – „eine Mischung aus Verzagen, Vertagen und Versagen."[3]

---

[1] Ott, Hermann im Interview mit Kassel, Dieter, „Konsens ist ein Rezept für Lähmung" in Deutschlandfunk Kultur, 27.10.2015, aufgerufen am 02.05.2019, https://www.deutschlandfunkkultur.de/chancen-des-un-klimagipfels-konsens-ist-ein-rezept-fuer.1008.de.html?dram:article_id=335130

[2] Ebenda

[3] WWF Deutschland, WWF-Forderungen zum Klimaschutzprogramm 2030, 12.11.2019, https://www.wwf.de/themen-projekte/klima-energie/klimaschutz-und-energiewende-in-deutschland/wwf-forderungen-zum-klimaschutzprogramm-2030/?gclid=EAIaIQobChMI5KXzw6qp5gIVE5zVCh0RawI9EAMYASAAEgLR5vD_BwE

Für Ott gehöre der **Zwang zum Konsens** unter den Mitgliedsstaaten abgeschafft. Denn er führe in Sachen Klima- und Umweltschutz regelmäßig zu Blockaden von einzelnen Staaten, USA oder den Ölstaaten. Er sieht die größere Aussicht auf Fortschritt durch die, die als Beispiel voran gehen – ob es einzelne Menschen, Städte oder Staaten sind.

Aber der Klimawandel wird nicht aufgehalten durch die Wahl des **»kleinsten gemeinsamen Nenners«**. Gleiches gilt auch im Kleinen, was Wirtschaft und einzelne Bürger angeht.

„Beim Kyoto-Protokoll ist es so, dass es aufgrund eines Widerstands von Saudi-Arabien und anderen Öl produzierenden Staaten nicht möglich gewesen ist, überhaupt Mehrheitsentscheidungen in die Geschäftsordnung hineinzubekommen. Seit 1994 blockieren die Saudis und andere also diese Klausel. Und das bedeutet, dass alles im Konsens entschieden werden muss. Konsens heißt nicht Einstimmigkeit, also, es müssen nicht alle die Hand heben und sagen, wir stimmen zu, Konsens heißt die Abwesenheit von Widerspruch. Wenn einer die Hand hebt, dann geht es nicht. Das ist ein faktisches Vetorecht, das diese Staaten haben."[1] Um Blockaden zu vermeiden, kann man auch wie oben erwähnt handeln: Schon das so angenehm eklektizistische Wesen der SDG hat hier seinen Ursprung! Wenn man sich nicht auf Konkretes einigen kann, so stellt man Allen Alles zur Wahl, ganz wie es je beliebt.

Wir stellen also fest, dass die Welt nach **egozentrisch, nationalen und kapitalistischen Gesichtspunkten** geführt wird und dass man nicht von einer zeitnahen Lösung ausgehen kann, wenn dies im Fokus der Beteiligten bleibt. Wenn aber die einzelnen Beteiligten so im Mittelpunkt stehen und mit blindem Willen auf die Berücksichtigung ihres Vorteils achten – siehe Saudi Arabien – und auch alle anderen daher solche Übereinkommen akzeptieren, dann ist das Selbst – sein Individualrecht – wieder derart in den Mittelpunkt gerückt, dass man von der Grundstruktur eines Wahnes reden kann. Wahn verläuft ganz egozentrisch, das subjektive Schicksal ist berührt und nicht objektiv. Gleichzeitig ist Wahn verbunden mit einer Störung der sozialen Kognition, die es unmöglich macht, die Welt mit den Augen der

---

[1] Ebenda

Anderen zu sehen. Insofern können die eigenen Überzeugungen nicht mehr korrigiert werden und die Betroffenen entfernen sich immer weiter von den allgemein anerkannten Normen. Andererseits ist der Wahn nichts anderes als eine pathologische Modifikation zuvor schon im Subjekt vorhandener Seins- und Verhaltensdispositionen.[1] Insofern kann man die Vorstellung, dass es unter der Maxime des *»kleinsten gemeinsamen Nenners«* zu irgendwelchen zeitnahen, zielführenden und dringenden Lösungen kommen könnte, tatsächlich in das Reich von Wahnvorstellungen zu verdammen. Aber nur der Wahn spräche für mildernde Umstände. Wenn diese Maxime dazu dient, auf Zeit zu spielen oder gar bewusst dringend notwendige Entscheidungen zu verhindern, dann steckt wahrscheinlich kapitalistische Profitgier oder (religiöser) Nationalismus dahinter.

Der »kleinste gemeinsame Nenner« wird wohl niemanden dazu zwingen, vom selbstzerstörerischen Wachstums-, Konsum- und Egoismus-Wahn Abschied zu nehmen.

Schließlich: Wenn die Situation nur ein Zwang wäre, so wäre die Lage vielleicht zu bewältigen. Wahnerkrankte glauben jedoch, dass ihre Vorstellung real sei. Das macht die Sache so hartnäckig…

2.3.2.2 Der Wahn vom »Alles oder Nichts« - Ökowahn

Und plötzlich ist alles verboten, weil alles gerettet werden muss…

Nicht gemeint ist eine Form von umfänglichem Größenwahn, sondern auch vom Größenwahn einzelner Gruppen unter den Naturschützern. Gerade die deutschsprachigen Länder Europas haben das Umweltbewusstsein extrem hof- und exportfähig gemacht. Von der Mülltrennung bis zum Energiesparen; vom Wal bis zum Regenwald: Die Bürger dieser Länder haben Umwelt- und Klimaschutz umfassend assimiliert.

Aber mittlerweile ist Uneinigkeit unter den vielschichtigen Umweltschützern entstanden. ***Arten-, Landschafts-, Tier-,***

---

[1] Vgl. Huber, Gerd, u. Gross, Gisela, Wahn - Eine deskriptiv-phänomenologische Untersuchung, Stuttgart 1977, S. 8

Umwelt- , Klimaschützer, Fleischverachter und verwirrte Umweltfantasten und -esoteriker liegen plötzlich in Fehde miteinander und verlieren die wichtigsten Ziele, die PRIORITÄTEN, aus den Augen. Unversöhnlich stehen da die Fronten gegenüber, nur weil sie stur ihr spezielles – vielleicht gar nicht so wichtiges – Ziel unbedingt umgesetzt wissen wollen.

Die einen bekämpfen Windräder, Solarkraftwerke, Wasserkraftwerke und Stromtrassen, weil sie angeblich einen schädlichen Eingriff in die Landschaft darstellten, störenden Einfluss auf das Kleinklima oder die menschliche Gesundheit hätten. Fledermausschützer, Vogelretter & Co treten radikal für die (Individual)Rechte von Tieren oder Menschen ein. Auf jeden notwendigen – ggf. auch radikalen Plan – folgen zahlreiche Einzelprobleme und –interessen, die auf jeden Fall entschärft und geschützt werden sollen. Und jede dieser Gruppen beansprucht für sich, die dringendsten Forderungen zu vertreten und niemand anderer. Jeder will das **»Alles oder Nichts«** - aber nur alleine für seine eigene Position! Alles wird bei aufkommender Kritik entweder umgewertet oder alles, was vorgibt im Sinne von Natur zu sein, ist überraschend gleichwertig mit allem anderen. Und nichts geht mehr und die Weltrettung demontiert sich selber, denn wirkliche PRIORITÄTEN sind nicht mehr durchsetzbar.

Exkurs: „Sind Sparleuchten umweltfreundlich, die giftiges Quecksilber enthalten? Ist Bio-Landwirtschaft wirklich ökologisch, wenn sie für den gleichen Ertrag doppelt so viel Land benötigt? Sind Windkraftwerke umweltfreundlich, die angeblich Tausende Vögel und Fledermäuse zerhacken? Welche Folgen hat Biodiesel für die Natur, wenn er aus Palmöl stammt für dessen Anbau Regenwälder abgebrannt werden? Warum interessiert es deutsche Sonnenfreunde nicht, dass chinesische Solarzellen-Fabriken die Umwelt verschmutzen und Menschen vergiften? [1] *Waldsterben, Rinderwahn, Eisbären, Gentechnik, Neonikotinoide, Insektensterben: Beispiele für Themen, die der ökologische*

[1] Maxeiner, Dirk u. Miersch, Michael, Deutschland leidet unter gefährlicher Öko-Hysterie, in WeLT, 14.02.2015, aufgerufen 05.05.2019, https://www.welt.de/wirtschaft/article137324810/Deutschland-leidet-unter-gefaehrlicher-Oeko-Hysterie.html

Mainstream regelmäßig nach oben spült um dann die wirkli-
chen PRIORITÄTEN zu verstellen.
Hier bleiben Menschen wohnungslos, weil auf dem Gelände
eines Wohnungsbauprojektes irgendeine seltene Spezies
lebt! Und anderen Ländern von Indien bis Südafrika hilft
zum Beispiel die Gentechnik Ernten zu steigern und Pflan-
zenschutzmittel einzusparen.
Aber jeder fordert sein individuelles Recht auf sein ganz
spezifisches Umweltengagement.

Es wird notwendig, endlich zu bestimmen, was **primärer**
Umweltschutz für unsere Gesellschaft heutzutage bedeutet. Intelligente ökologische Lösungen müssen für bestimmte Detailfragen (Arten, Landschaft, Städte, Technik) der
postindustriellen Gesellschaften gefunden werden, während
gleichzeitig auch knallharte PRIORITÄTEN festgelegt werden, die auch dem Individuum Unangenehmes abverlangt.
Nur mit der Rettung des Klimas in erster Linie können auch
anschließend wieder die Wünsche und Rechte des Individuums adäquat erfüllt werden.
Stattdessen beschwört jeder den Weltuntergang und erklärt
jedes Detail zum obersten Ziel.
„Die geistige Landschaft des grün-konservativen Bürger-
tums ist inzwischen von Verboten so durchzogen wie die
kleinkarierte Idylle der Adenauerzeit. Nur was von den Kont-
rollinstanzen der herrschenden Normen durchgelassen wird,
hat eine Chance auf öffentliche Beachtung."[1]
Das »Alles oder Nichts« oder »Alles gleichzeitig« werden
die Welt nicht retten. Die Rettung der Welt wird Opfer verlangen.

2.3.2.3 Die manische Gier nach (tödlichen) Katastro-
phen

Menschen in unseren westlichen Staaten suchen sich
scheinbar immer spektakuläre Ablenkungsmanöver. Viele
kleine katastrophale Nebensachen und Nichtigkeiten binden
die Aufmerksamkeit der Menschen und hindern sie an den
wirklichen Notwendigen zum Handeln.

---

[1] Ebenda

Und sie lassen sich wohl auch gerne ablenken, denn dann kann man in ängstlichem Aktivismus Auswege planen, die die Welt nicht benötigt…

Auf gut Deutsch: Da wird jedes Mal eine neue **»Sau durch's Dorf«** getrieben…

…Aber man hat dadurch eine plausible Begründung dafür, nicht das Notwendige zu tun!

"Planung ersetzt den Zufall durch den Irrtum."

weder Albert Einstein, noch Peter Ustinov

Am Ende wirkt das Ganze dann wie eine **histrionische Persönlichkeitsstörung (HPS)** der ökologischen und ökonomischen Gemeinschaft, gepaart mit der oben schon erwähnten Todesangst. So drehen sich die Engagierten egozentrisch, hysterisch, theatralisch im Kreise um sich selber.

***Exkurs:** Anfang der 1980er Jahre sollte der Wald sterben. Unzählige Menschen gingen auf die Straßen und protestierten. Aktivisten prophezeiten in die Panik hinein, dass die Wälder nicht mehr zu retten seien. „Kaum ein Umweltthema hat die Menschen in der alten Bundesrepublik je so geeint wie die kollektive Angst vor dem Tod des sagenumwobenen deutschen Waldes."[1]*

»Erst stirbt der Wald, dann stirbt der Mensch« *war die dunkle Vorahnung.*

Jeder erinnert sich noch an die Bilder von Wäldern mit kahlen Stämmen. Besonders die von Braunkohlekraftwerken und Erzhütten gerupften und gequälten Wälder im Erzgebirge Tschechiens waren ein sehr beliebtes Motiv.

Bundestagswahlen hatten das Waldsterben zum Hauptthema erkoren.

Zahlreiche Maßnahmen wurden Pflicht, von Rauchgasentschwefelung bei Kraftwerken bis zu den Katalysatoren in Kraftfahrzeugen – was nicht unwichtig für die Rettung war.

---

[1] Hecking, Claus, Was wurde eigentlich aus dem Waldsterben?, in Spiegel Online, 03.01.2015, geöffnet 14.05.2019,
https://www.spiegel.de/wissenschaft/natur/umweltschutz-was-wurde-aus-dem-waldsterben-a-1009580.html

„1996 stellt der damalige Vorsitzende des wissenschaftlichen Beirats des Europäischen Forstinstituts, der Freiburger Professor Heinrich Spiecker, eine Studie vor, die zeigt, dass sich das Wachstum der Wälder in Europa überall beschleunigt hat. 2003 erklärt die grüne Bundeslandwirtschaftsministerin Renate Künast, der Trend zum Waldsterben sei umgekehrt worden."[1]

War das Waldsterben echt? Fragte das Handelsblatt. Heute seien 1/3 Deutschlands mit Wald bedeckt: 1980 seien es eine Million Hektar weniger gewesen.

Insgesamt müsse man sagen, dass da eine hysterische Überreaktion stattgefunden hatte, die aber durchaus auch positiv gewirkt habe.

Denn Fakt sei auch, dass die emotionale Diskussion dazu geführt habe, dass schärfere Gesetze zur Rauchgasentschwefelung verabschiedet worden seien. Schon Ende der 80er-Jahre habe sich der Ausstoß von Schwefeldioxid aus Kohlekraftwerken um 70 Prozent verringert.[2]

Trotzdem, die eigentlichen Gründe wurden offenbar in der hysterischen Panik falsch interpretiert. Denn das vermeintliche Waldsterben war auch eine Folge der massiven Monokulturen an Fichten, auch in Gebieten, wo diese einfach nicht hin gehörten. Mittlerweile führt auch mehr ökologischer Waldbau zu besseren Ergebnissen. Hinzu kamen sicher Wetterereignisse wie Temperaturstürze (1978), Trockenzeiten (1976). Alles kommt zusammen und natürlich wirkt dies auf den Wald.

Heute bemerken wir, dass der Klimawandel nun kurzfristig zu Veränderungen führen wird. Unser Wald verändert sich wieder. Fichten sterben schon wieder, weil die Monokulturen Klimaerwärmung, kombiniert mit dem Borkenkäfer, nicht überleben. Und wir sehen – mit Blick auf unsere PRIORITÄTENbildung –, dass die ganzen Waldrettungsbemühungen der 80er keinen Bestand haben werden, wenn wir den Klimawandel nicht in den Griff bekommen!

---

[1] Ebenda

[2] Was wurde eigentlich aus dem sauren Regen? in Handelsblatt, 02.09.2013, aufgerufen 14.05.2019,
https://www.handelsblatt.com/technik/das-technologie-update/weisheit-der-woche/umweltaengste-der-80er-was-wurde-eigentlich-aus-dem-sauren-regen/8720538.html?ticket=ST-801972-tVDdrF4TbypkTf2j1PYq-ap1

*Ende der neunziger Jahre des letzten Jahrhunderts erschüt-
terte die* **»Bovine Spongiforme Enzephalopathie« (BSE -
Rinderwahnsinn)** *die heile, fleischfressende Welt des Wes-
tens. In Edinburgh und London glaubte man aussagekräfti-
ge Belege für die Übertragbarkeit des Rinderwahnsinns auf
den Menschen nachweisen zu können. Wissenschaftler
sahen Parallelen zu einer neuen Variante der Creutzfeldt-
Jakob-Krankheit (nvCJD).*

*Ausgerechnet junge Menschen, oft unter 30, erkrankten an
der neuen CJK-Variante,*

*die durch ansteckende Eiweißkörper (Prionen) ausgelöst
wird.*

*Aber es konnte keine Antwort darauf gefunden werden, wie
genau Rinderwahnsinn und die Creutzfeldt-Jakob-Krankheit
genau entstehen? „Rinder infizieren sich im Regelfall über
nicht ausreichend behandelte Futtermittel tierischen Ursprungs an BSE. (…) So gilt etwa seit 2001 ein EU-weites
Verfütterungsverbot für tierische Proteine an Wiederkäuer
und andere Nutztiere. Dieses Verbot wurde in den vergangenen Jahren aber teilweise gelockert. Auch muss bei der
Verarbeitung von Rindern zu Nahrungs-, Futter- und Dün-
gemittel sogenanntes Risikomaterial entfernt werden. Dazu
zählen etwa Gehirn, Augen oder Rückenmark von Tieren,
die älter als zwölf Monate sind. Aber zum Beispiel auch
Mandeln und Teile des Darms."* [1]

*Ab März 2013 spart sich die EU nun die Subvention der
Gewebetests. Nur noch alte Tiere – Milchkühe – werden
getestet.*

*Und sind Menschen bis dato daran gestorben? „Einen be-
legten Fall gab es hierzulande bisher allerdings nicht, be-
richten die Behörden."* [2] *Dabei müssten sich schon im Vorfeld Zehntausende angesteckt haben!*

*Zuletzt wurde in Deutschland 2009 BSE diagnostiziert, CJK
wurde gar nicht beobachtet.*

*Die Sache gilt nur noch als Propagandamittel für einge-
fleischte Vegetarier, das die panische Todesfurcht der Menge instrumentalisiert!*

---

[1] Schnurrenberger, Andreas, Was aus BSE geworden ist, Augsburger
Allgemeine, 25.11.2016, geöffnet 14.05.2019, https://www.augsburger-
allgemeine.de/wissenschaft/Was-aus-BSE-geworden-ist-id39819932.html
[2] Ebenda

Enterohämorrhagische Escherichia (E.), EHEC coli, hieß das Bakterium, dass schwere Durchfälle und Folgeerkrankungen verursacht. Wie das **Hämolytisch-Urämische Syndrom (HUS)** das mit Durchfall, zuerst wässrig, später blutig beginnt. Dann kann es zu akuter Niereninsuffizienz, neurologischen Komplikationen und Herzversagen kommen. Man sagte, dass bis zu 10% der Erkrankungen tödlich enden. **2011** starben 53 Manschen durch eine EHEC-Epidemie. Wo sie ihren Ursprung hatte, kann auch heute nur vermutet werden.

Übertragen wird es auf verschiedene Art und Weise. Stets aber durch eine orale Aufnahme von kontaminierten Lebensmitteln, Wasser oder von Fäkalspuren, wie z.B. bei Kontakt zu Wiederkäuern. Auch Mensch-zu-Mensch-Übertragungen sind möglich.

Zuerst wurden Salatgurken und Tomaten aus Spanien verdächtigt. Tausende Tonnen dieser Gurken und Tomaten landeten im Müll. Später konnte überzeugender von belasteten Bockshornkleesamen aus Ägypten ausgegangen werden. Ein Gartenbaubetrieb in Niedersachsen sollte diese verbreitet haben.

Wochenlang hielt die Presse die Menschen im Atem ihrer Todesfurcht.

„In Westafrika kam es 2014/2015 zum bisher größten **Ebolafieber**-Ausbruch in der Geschichte. In den hauptsächlich betroffenen Ländern Guinea, Liberia und Sierra Leone erkrankten mehr als 28.000 Menschen, mehr als 11.000 starben. Erstmals waren Länder großflächig vom Ebolafieber betroffen: In Guinea, Sierra Leone und Liberia trat die Krankheit in fast allen Provinzen, auch in großen Städten mit Flughafen-Anbindung auf. Nach dem Höhepunkt des Ausbruchs im Herbst 2014 ist die Zahl der Neuinfektionen im Laufe des Jahres 2015 kontinuierlich gefallen. Seit August 2015 werden nur noch Einzelfälle registriert. Der Ausbruch kann damit als weitgehend beendet angesehen werden. Am 29. März 2016 erklärte die Weltgesundheitsorganisation (WHO) die seit August 2014 bestehende „Gesundheitliche Notlage von Internationaler Tragweite" (Public Health Emergency of International Concern, PHEIC) für beendet (Link siehe unten).

Allerdings kann das Ebolavirus auch nach der Genesung monatelang im Körper (unter anderem in der Samenflüssigkeit) überleben. Bei der großen Zahl Überlebender kann daher nicht ausgeschlossen werden, dass auch in Zukunft in den vom Ausbruch betroffenen Ländern einzelne Fälle von Ebola-fieber auftreten." [1] *2019 scheint es wieder einen Ausbruch zu geben.*

Ebola ist eine angenehme Katastrophe: Sie ist in der Regel schön weit weg und wir dürfen angeregt schaudernd hoffen, dass es nicht doch jemand mit dem Flugzeug einschleppt…

*Die **griechische Schuldenkrise** hielt ganz Europa über Jahre in Atem.*

2009: Die Regierung unter Giorgos Papandreou gesteht die Lage ein. Die Bilanz ist ein Defizit von 12,7 % und 350 Milliarden Euro Schulden.

2010: Die Finanzmärkte geben Griechenland keine Kredite mehr. Das Land bittet die EU um Hilfe. Die EU und der Internationale Währungsfonds (IWF) stellen 110 Milliarden Euro als Notkredite zur Verfügung. Griechenland muss rigorose Sparmaßnahmen ergreifen.

2011: Über einen möglichen Austritt Griechenlands aus der Eurozone wird erstmalig spekuliert. Es kristallisiert sich heraus, dass Griechenland weitere Finanzhilfe braucht.

2012: Das Linksbündnis Syriza gewinnt die Parlamentswahlen, aber eine Regierungsbildung kommt nicht zustande. Im Juni gewinnt die konservative Nea Dimokratia weitere Wahlen. Parteichef Samaras führt die Regierung.

Griechenlands Austritt wird ernsthaft diskutiert.

EU und IWF beschließen im Herbst Erleichterungen für Griechenland um den Schuldenberg abzubauen.

2013: Trotz knapper Mehrheiten kann Samaras die Sparauflagen durch das Parlament bringen. Die Experten der Geldgeber müssen aber eine Prüfung in Athen in das Folgejahr

---

[1] Robert Koch Institut (Hrsg), Informationen zum Ebolafieber-Ausbruch in Westafrika 2014/2015, 30.3.2016, aufgerufen 18.05.2019, https://www.rki.de/DE/Content/InfAZ/E/Ebola/Kurzinformation_Ebola_in_Westafrika.html

verschieben. Die Griechen kommen mit den Auflagen nicht klar. Die Eurogruppe wird nervös.

2014: Weitere Milliarden müssen zugeschossen werden. Griechenland kann erstmals wieder Staatsanleihen ausgeben.

Das Linksbündnis Syriza wird bei der Europawahl und in den Regionalwahlen stärkste Kraft.

2015: Die Bundesregierung erwägt ein Ausscheiden Griechenlands aus der Eurozone.

Etc. etc.

Jahrelang wird die Öffentlichkeit mit Nachrichten überschüttet. Griechenland bleibt und man fragt sich, warum die ganze Aufregung…

*Und schon warten wir auf die nächsten Katastrophen: Die **Afrikanische Schweinepest (ASP)** ist zwar noch gar nicht in Deutschland angekommen, aber man läuft sich schon mal warm. Zu den betroffenen EU-Staaten gehören mittlerweile Ungarn, Bulgarien und Belgien neben 6 weiteren Staaten. Wie schaurig nahe…*

Es handelt sich um einen Virus, eine Warzenschwein-Krankheit aus Afrika, die auch Wild- und Hausschweine infizieren kann. Betroffene Tiere leiden an hohem Fieber und inneren Blutungen. Mehr als 90 Prozent der Tiere verenden dann innerhalb von 7 Tagen. Für Menschen ist es nicht ansteckend! Auf Sardinien und Tschechien war die Krankheit schon lange aktiv. Aus Sicherheitsgründen wurden in Deutschland in der Jagdsaison 2017 800.000 Wildschweine erlegt, 42 % mehr als im Vorjahr. Unter Protesten der Tierschützer.

Die Ansteckungsrate ist jedoch sehr niedrig. Die Übertragung geht über Kadaver und unachtsam entsorgte Fleischreste.

Wie gut das wir´s wissen: Fleischreste bitte nur in der Mülltonne entsorgen!

Dann können wir ja noch in Ruhe schaudern, bis die Krankheit in Deutschland eindringt…

Der Sommer 2018 *war nicht nur ungewöhnlich warm, sondern auch extrem trocken. Seit Beginn der Aufzeichnungen 1881 wurde noch nie ein derart großes Niederschlagsdefizit gemessen. Zuvor war der Sommer 2003 der heißeste. Vor* *allem im Juni und August war es heiß. Für die Landwirte war 2018 ein schlechtes Jahr. Der heiße und trockene Sommer hat*

zu bedrohlichen Einbußen der Hektar-Erträge bei den meisten Feldfrüchten geführt. Das Minus hat bei Getreide und Kartoffeln mehr als 20 % betragen.

„Mit 512 Millimetern Niederschlag war 2018 den Statistikern zufolge im Landesdurchschnitt das zweittrockenste Jahr in Niedersachsen seit 1881. Nur 1959 fiel mit 404 Millimeter noch weniger Niederschlag. (…) Drastische Rückgänge wurden auch bei Dicken Bohnen (minus 23 Prozent), Erbsen (minus 46 Prozent), Speisekürbis (minus 19 Prozent) Möhren (minus 24 Prozent), Erdbeeren (minus 12 Prozent) sowie bei manchen Salat- und Kohlsorten registriert. Auch die Heu-Erträge gingen massiv zurück. Sie lagen gut 45 Prozent unter dem Mittel der vorangegangenen Jahre.(…) Nach Angaben des Landwirtschaftsministeriums in Hannover wurden bereits bis Mitte März 1760 Anträge auf Dürrehilfen geprüft und Beträge in Höhe von zusammen 13,44 Millionen Euro ausgezahlt. Insgesamt wurden 4600 Anträge gestellt. Maximal werden 500.000 Euro je Unternehmen gezahlt. Der Hilfstopf ist 35,6 Millionen Euro groß."[1]

Die Medien hielten auch im Sommer 2018 die Menschen mit Hiobsbotschaften in Atem. Endzeitliche Szenarien zum Klimawandel wurden auch in den TV-Medien immer wieder ausgestrahlt. Ich will nicht anzweifeln, dass der Klimawandel dahinter steckt, aber anstatt klare Schlussfolgerungen daraus zu ziehen und in der Öffentlichkeit radikal Maßnahmen zur Vermeidung des Ausstoßes von CO_2 zu fordern – denn es ist ja noch nicht zu spät – bleiben da alle halbherzig, die Verantwortlichen haben nur Not mit der raschen und umfänglichen Auszahlung von Entschädigungen an die Landwirte – denn die sind ja Wähler. Und die Individuen sind wieder mit einem wohlig-warmen Gruselschauer à la Hollywood zufrieden.

Und wie im Kino versuchen die Medien in 2019 schon die Zweitauflage: „Der Sommer 2018 war in Europa eine einzige lange Hitzewelle. Jetzt warnen Wetter-Experten, dass es

---

[1] Nordwest Zeitung, Dürre-Sommer vertrocknet die Erträge, 17.04.2019, aufgerufen 19.05.2019, https://www.nwzonline.de/wirtschaft/hannover-landwirtschaft-im-nordwesten-duerre-sommer-vertrocknet-die-ertraege_a_50,4,2076354805.html

*auch im **Jahr 2019** wieder trocken und heiß werden könnte - uns steht ein extremer Sommer bevor."[1]*
Überall alarmierten Wetter-Experten, dass 2019 wieder ein extremer Sommer mit Rekord-Temperaturen zu erwarten sei. Was sich im Juli mit über 40° C zwar nur kurz bewahrheitet. Warten wir aber mal ab. Medien titeln u.a. mit „Wärmer und wärmer"[2]....
Sie sollten nicht recht behalte

*Der Super-Gau im Atomkraftwerk **Tschernobyl** am 26. April 1986 in der Ukraine. Radioaktivität tritt unkontrolliert aus. Die radioaktive Wolke verteilte sich über ganz Europa, mit dem Regen der Fallout.*

*Nach einem Erdbeben und einem Tsunami kam es gleich in drei Reaktoren des Atomkraftwerks **Fukushima Daiichi** am 11. März 2011 zur Kernschmelze. Radioaktive Stoffe wurden in großen Mengen freigesetzt. Landstriche mussten evakuiert werden und in Japan wurden alle Kernkraftwerke vom Netz genommen. Heute gehen sie schon wieder ans Netz...*

***Plastikmüll** ist in der Tiefsee und der Arktis. Er ist einfach überall. Die Menschheit sitzt im eigenen Dreck fest. Salzwasser, Wellen, UV-Licht, und Kleinstlebewesen reiben alles klein. Und schließlich landet das meiste über riesige Wasserwirbel und –strudel in der Tiefe.*
Flaschen, Tüten, Fischernetze, Spielzeug, Flip-Flops, Benzinkanister, Strohhalme, Möbel landen in den Tiefen des Meeres und werden zu Mikroplastik – „Weltweit wurden inzwischen wohl gut 8,3 Milliarden Tonnen Plastik produziert (...). Ein kleiner Teil davon wird recycelt, ein weiterer verbrannt, fast 80 Prozent landen auf Müllhalden oder in den Müllstrudeln."[3]

---

[1] Kettenbach, Maximilian, Wetter-Experten schlagen Alarm: 2019 droht ein extremer Sommer mit Rekord-Temperaturen, Merkur, 08.05.2019, aufgerufen 19.05.2019, https://www.merkur.de/welt/wetter-experten-schlagen-alarm-2019-droht-ein-extremer-sommer-mit-rekord-temperaturen-zr-12030174.html
[2] Ebenda
[3] Mast, Maria und Stockrahm, Sven, Die größte Müllkippe der Welt ist gut versteckt, Zeit Online, 20.08.2018, aufgerufen 19.05.2019,

„Mehr als die Hälfte der Kunststoffabfälle stammt aus nur fünf Ländern, darunter China, Indonesien und die Philippinen (…). Das meiste schwemmen Flüsse und Gewässer ins Meer hinaus. An deren Ufern sammelt sich der Abfall auf wilden Deponien, wo Müll der Bevölkerung und aus der Industrie direkt in die Umwelt gekippt wird."[1]

Jährlich verendeten um die 100.000 Meerestiere wie Wale oder Delfine und möglicherweise eine Million Seevögel an den Folgen.

Über den Fisch aus den Meeren landet das Plastik wieder beim Menschen. Die Schädlichkeit ist noch nicht ganz erforscht.

Politik wird dafür sorgen müssen, dass der Plastikverbrauch umfassend reduziert wird. Wenn man den Plastikverbrauch alleine in den Supermärkten sieht, dann ist gesetzliches Eingreifen dringend notwendig.

Und schließlich habe ich in 2019 folgende **Schlagzeilen** bei durchaus »seriösen« Online-Medien gefunden (Aufzählung ohne genaue Quellenangabe):

»Supervulkan, Es rumort am Vesuv«

»Forscher prophezeien Ausbruch von Supervulkan in Europa«

»Aktivität in Eifel-Vulkan entdeckt. Der letzte Vulkanausbruch in der Eifel liegt 13.000 Jahre zurück - aber das muss nicht so bleiben«

»Europas Supervulkan ist aktiver als gedacht«

»Es gibt eine viel gefährlichere Bedrohung als den Supervulkan in Yellowstone, an die kaum jemand denkt«

»Super-Erdbeben statt Super-Vulkan: Keine unwahrscheinliche Situation«

»Meteorit im Norden. Die derzeit größte Bedrohung für die Erde«

»Großer Asteroid könnte 2019 einschlagen«

Und wenn die Nachrichten und Medien uns nicht mit unserer ‚Katastophendroge' beliefern? Dazu wird's nicht kommen: Corona geht um…

---

https://www.zeit.de/wissen/umwelt/2018-07/plastik-meer-tiefsee-nordpazifik-muellstrudel-oekosystem

[1] ebenda

*Dann suchen wir unsere morbide Nähe zum gefürchteten Tod halt als **Gaffer**: „Insgesamt kollidierten fünf Fahrzeuge miteinander. Den Rettungskräften bot sich ein Trümmerfeld aus umgedrehten und zerstörten Fahrzeugen.*

Doch nicht nur das: Die Beamten mussten mehrere Gaffer ermahnen, die anhielten oder langsam vorbeifuhren, um Videos zu drehen. Einsatzkräfte konnten nur schwer zum Unfallort vordringen, weil keine Rettungsgasse gebildet wurde."[1] Ein Polizist zwang fotografierende und filmende Autofahrer aus dem Wagen und hielt Standpauken.

Normal ist unser Verhalten allemal nicht!

Was ist mit den Menschen und deren Verantwortlichen los? Je mehr sie den Tod aus ihrem Leben zu verbannen versuchen, desto mehr scheinen sie sich den Tod auch herbei zu wünschen. Die Hintergründe eines beobachtbaren gesellschaftlichen

Katastrophenvoyeurismus haben verschiedene Auslöser mit unterschiedlich realer Begründung. Der Philosoph Anders Indset nennt es „Die fatale Infomationsgesellschaft"[2]: Wer sich durch die Flut willkürlich gemixter Informationen bloß überschwemmen lasse, statt auszuwählen und bewusst zu reflektieren, der sei nicht gut informiert, sondern mit Sicherheit überfordert.

Er beobachte eine geistige und psychische Verwirrung, die immer mehr Menschen daran hindere, grundlegende Fakten zu erkennen...[3]

Einige Gefahren sind gewiss wissenschaftlich nachweisbar, andere Gefahren sind nur ‚gefühlt' real und oft nur fiktiv, aber alle scheinen in erster Linie nur das subjektive Skandalbedürfnis der Menschen zu befriedigen.

Aber sachliche Reflektionen scheinen für das Bedürfnis der Menschen nach katastrophalem Schaudern und morbidem Blick ins Auge des Todes einerlei zu sein. Diese Gefühlsla-

---

[1] WeLT online, Panorama, Polizist bringt Gaffer zum Unfallauto – Dem schießen Tränen in die Augen, 24.05.2019, aufgerufen 25.05.2019, https://www.welt.de/vermischtes/article194111901/Nach-schwerem-Unfall-Polizist-bringt-Gaffer-zum-Unfallauto-Dem-schiessen-Traenen-in-die-Augen.html

[2] Anders Indset, Quantenwirtschaft - Was kommt nach der Digitalisierung?, Berlin 2019, S. 65-66

[3] Ebenda: S. 67

ge scheint sie nicht ernsthaft zu einem gezielten Vorgehen gegen die wirklich real drohenden Gefahren zu bewegen. Nein! Es regt sie eher zu zahllosen Kompensationshandlungen und Ablenkungsmanövern vom Wesentlichen an: *Die vernunftbedingte, aufklärerische Säkularisierung und die totale Individualisierung verhindern, dass das einzig wesentlich Richtige getan wird: Das Aufstellen von klaren PRIORITÄTEN für das zielstrebige Handeln – auch unter Umwertung und Neuinterpretation von Individualrechten!*

Das bedeutet nicht, dass die Errungenschaften der Aufklärung nicht mehr gelten dürfen. Aber die moderne Menschheit ist offenbar an einem Punkt angelangt, an dem diese eine Welt, dieses eine Ökosystem, nicht mehr in der Lage ist, eine im neoliberal-kapitalistischen Sinne verstandene (Selbst-)Verwirklichung jedes Individuums gewährleisten, ja aushalten, zu können.

2.3.2.4   Die egomanische Suizidalität der Weltgemeinschaft

Interessant ist, dass sich im Grunde niemand gegen diese dauernde Krisen- und Katastrophenberieselung durch die Medien zur Wehr setzt. Es geht ja nicht darum, dass es das Individuum kalt lassen soll und die Öffentlichkeit nichts davon erfährt. Aber die Art und Weise welche Berichterstattung die Menschen zulassen – dass wochen- und monatelang ein Thema alle Medien und Kanäle beherrscht und dann plötzlich mit einem Fingerschnipp verschwindet. Als sei nichts gewesen – wie ein blinder Alarm, wie ein: ‚ach sorry, war doch nicht so schlimm'. Ist den Individuen denn das punktuelle Schaudern, wie in einem Horrorfilm, so wichtig? Und in diesem Einerlei des Schauderns verschwinden auch Themen die immens Wichtig wären!

Und wie geht man mit dem gravierendsten und wichtigsten Problem seit Menschengedenken um: Dem menschengemachten kurzfristigen Klimawandel?

"Why should I be studying for a future that soon may be no more,

when no one is doing anything to save that future?" [1]
Greta Thunberg

Die Jugendlichen von "Fridays For Future" haben eine klare Botschaft:
„Die Klimakrise ist längst eine reale Bedrohung für unsere Zukunft. Wir werden die Leidtragenden des Klimawandels sein und für die Fehler der vorhergehenden Generationen büßen. Deshalb gehen wir auf die Straßen.
(…)
Die Klimakrise stellt für die Stabilität der Ökosysteme unseres Planeten und für Millionen von Menschen eine existenzielle Bedrohung dar. Eine ungebremste Erderwärmung ist eine enorme Gefahr für Frieden und Wohlstand weltweit.
(…)
Seit Beginn der Industrialisierung habe sich die Erde laut IPCC (Intergovernmental Panel on Climate Change, Genf) bereits um circa ein Grad Celsius erwärmt. Es bleibt daher wenig Zeit, den Klimawandel aufzuhalten und so zu verhindern, dass die Kipppunkte im Klimasystem überschritten werden. Tun wir das nicht, werden die verursachten Schäden weit höhere Kosten mit sich bringen als alle Investitionen in konkrete Maßnahmen zur Vermeidung der Klimakatastrophe.
Es darf nicht die alleinige Aufgabe der Jugend sein, Verantwortung für die Priorisierung des Klimaschutzes zu übernehmen. Da die Politik diese kaum wahrnimmt, sehen wir uns gezwungen, weiter zu streiken, bis gehandelt wird!" [2]

Ist das nicht eine Botschaft von einer Realität, die tagtäglich in den Medien – rauf und runter – bespielt werden müsste? Aber der Kapitalismus und seine Nutznießer haben kein wirklich ernsthaftes Interesse an diesem Thema und so sind traditionelle Parteien, Politiker und Medien für die Kids keine ernstzunehmenden Ansprechpartner. Diese haben sich weder in der Vergangenheit für die Themen der Jugendlichen interessiert, noch ist zu erwarten, dass sie sie in Zukunft ernst nehmen werden.

---

[1] Fridays For Future, https://fridaysforfuture.de/forderungen/
[2] Ebenda

Die Protagonisten unserer Verantwortungsträger und Politiker erlebt man als wenig einfühlsam im Umgang mit den jungen Klimaaktivisten und zeigen eher „intellektuelle, kommunikative und emotionale Defizite (…), die dazu führen, dass sie sich nicht nur bei der Bewältigung der Klimaprobleme blamieren, sondern aktuell am laufenden Band in ihrer Auseinandersetzung mit »Fridays For Future«."[1]

Man verweist die Jugendlichen auf ihre Schulpflicht, zweifelt die Aktion als Streik an und unterstellt die eigennützige – schulmüde und –faule – Wahl des Demonstrationstages ‚Freitag'. Es ist schon hart, wenn einem Kids zu Recht die Leviten lesen.

Alle scheinen Pflichten zu haben, nur Politiker sehen keine Veranlassung ernsthaft an der Rettung der Welt zu arbeiten. Das ‚Klimapaket' der Großen Koalition vom 20.09.2019 hatten wir schon besprochen.

"»Fridays For Future« ist eine Lehrstunde gelebter Demokratie, leider mit Aushilfslehrern aus der Politik, von denen einige Nachhilfe in Demokratie benötigen."[2]

Exkurs: Reiner Haseloff (CDU), Ministerpräsident von Sachsen-Anhalt, gab der Klimaaktivistin Therese Kah in einer Diskussion bei Anne Will den Tipp:
"Ich würde den Schülern sagen, macht in der Zeit Physik, Meteorologie, Klimapolitik, damit ihr für die Zukunft gewappnet seid." Die Umweltaktivistin Kah konterte: "Wir haben nicht die Zeit, zu warten, bis mein Studium fertig ist."
Harald Lesch, Astrophysiker, Wissenschaftsmoderator und Autor antwortete auf den Vorschlag von Wolfgang Kubicki, bestimmte Energien nicht komplett zu verbieten, sondern teurer zu machen: **"Das dümmliche Entgegensetzen von Wohlstand und Klimaschutz ist ein Rückfall in die Sechziger Jahre."**[3]

---

[1] Scholz, Christian, Die große Blamage der Politiker, in Manager Magazin, 05.04.2019, zuletzt aufgerufen 18.05.2019, https://www.manager-magazin.de/politik/deutschland/fridays-for-future-begeisterung-ueber-die-jugend-entsetzen-ueber-politiker-a-1261386.html
[2] Ebenda
[3] Romahn, Marcel, "Wir haben nicht die Zeit, zu warten, bis das Studium fertig ist", RP online, 01.04.2019, aufgerufen 18.05.2019, https://rp-online.de/panorama/fernsehen/anne-will-fridays-for-future-aktivistin-therese-kah-kontert-gegen-reiner-haseloff_aid-37806921

Und an den dumpfen Stammtischen der Nation wird Greta Thunberg diffamierend »Greta Thunfisch« genannt...

Hoffentlich merken sich die Jugendlichen das Handeln der Politiker und Erwachsenen.

Es zeigt, dass schnell und nachhaltig gehandelt werden muss.

Das Entgegensetzen von Wohlstand und Klimaschutz deutete sich ja schon in 2.3.2.1 – beim Kleinsten gemeinsamen Nenner – an. Das ist immer wieder das Totschlagargument in Verkennung des Ernstes der Lage. Geht es um Arbeitsplätze und Wirtschaft, so ist Klimaschutz plötzlich gefährlich und schlecht! Und der Verweis auf die ungenügenden Erfolge des Umwelt- und Klimaschutzes wirkt wie ein wahnhaftes Festhalten an einer Vorstellung, die nie Realität werden wird.

Und um von ihrer Verirrung abzulenken – und ihren Versäumnissen und ihrer Untätigkeit – fragen die Politiker regelmäßig die Klimaaktivisten nach eigenen Vorschlägen. Dabei kennen sie diese genauso gut wie alle anderen auch!

Da stellt sich die Frage: Brauchen wir ein neues politisches System und einen neuen Typus von Politikern? Es beweist zumindest, dass sie Teil der in 2.2.2.2.6 genannten Bürokratischen Systeme sind. Es ist ein Fingerzeig, das wir ein neues politisches System und eine Presse benötigen, die nicht nach kapitalistischen Prinzipien funktionieren und dem Einfluss der Wirtschaft unterliegen.

Dies ist aber nur die beispielhafte Schilderung der Diskussion der Situation in Deutschland. Wie sieht es denn weltweit aus? Wie nehmen die Verantwortlichen denn dort die dringendste Frage der Rettung der Welt auf?

Immerhin: Die Kids von »Fridays For Future« haben noch einen gesunden, klaren Geist. Hoffentlich werden sie nicht angesteckt und halten weiter durch...

2.4 Fazit

Ich wollte eine psychiatrische Analyse – vielleicht sogar eine Diagnose – unserer wachsenden postindustriellen Gesellschaften[1] wagen.

Bei diesem Versuch müssen wir feststellen, dass erstaunlich wenige Motivationsgrundlagen menschlicher Entscheidungen und PRIORITÄTENbildung bewusst gesteuert sind. In der Regel scheinen sie dagegen subjektiv psychischen Ursachen zu entspringen, die nur schwer zu beeinflussen sind und hauptsächlich tief ins Unterbewusste verdrängt sind.

In einem Punkt bündeln sich alle Motivationen: *Im Einflussgebiet der grassierenden Angst vor dem Tod.* Und da der Tod eine sehr persönliche, individuelle Angelegenheit ist, steigert sich das zwang- und wahnhafte Bemühen des panischen Hinauszögerns und Vermeidens des Todes zu einer absolut vorrangigen, *fast dogmatischen,* Prämisse für viele gesellschaftliche Entscheidungen und postulierter Individualrechte. So leitet die (ach so) ‚moderne, humanistische, individualistische Gesellschaft' aus einer kollektiven, induzierten Angststörung unzählige narzisstische **»Individualrechte«** ab. Diese treten schließlich in unzähligen Fällen mit kollektiven Rechten und einem unversehrten Ökosystem in Konkurrenz.

So wird das Dogma von diesen ‚unveräußerlichen' Individualrechten und der verabsolutierten Chancengleichheit zum eigentlichen »Opium für das Volk« - nicht etwa der sinkende Stern der Religion! Hierbei transzendiert – auf narzisstische Art und Weise – das einseitige Postulat

---

[1] onpulson, Wissen für Unternehmer und Führungskräfte, aufgerufen 10.05.2019, https://www.onpulson.de/lexikon/postindustrielle-gesellschaft/:

„Die *postindustrielle Gesellschaft* ist die Gesellschaft, in der die Arbeits- und Kapitalressourcen ersetzt wurden durch Wissen und Information als Hauptquellen der Wertschöpfung. Ermöglicht durch technischen Fortschritt, geht mit der postindustriellen Gesellschaft ein Wechsel von der Schwerpunktlegung auf die Fertigungsindustrie zur Dienstleistungsindustrie einher."

von Individualisierung und Chancengleichheit alle gesellschaftlichen und universalen Notwendigkeiten zum notwendigen Erhalt aller Lebensgrundlagen einer wachsenden Weltgemeinschaft. Gleichzeitig sichert das Beschwören dieser Individualrechte dem neoliberalen Kapitalismus den Markt für immer neu suggerierte Konsumbedürfnisse. Das betäubt die Individuen unkritisch in einer ‚durchdrehenden‘ Spirale des Strebens nach Unsterblichkeit. Im aufgeklärten Individualismus und dem damit verbundenen »Tod Gottes« ist auch der **Verlust altruistischer und sozialer Motivationen** zu Grunde gelegt!

Was ist nun die Folge für die Individuen und den Verantwortlichen der Weltgemeinschaft? Je mehr die einzelnen Menschen den Tod aus ihrem Leben zu verbannen suchen, desto mehr wünschen sie sich insgeheim diesen unvermeidbaren Tod auch herbei.

Beraubt aller spirituell-religiöser Grundlagen, hebt das – neuzeitlich auf sich selber gestellte – Individuum immer wieder neugierig und heimlich den Schleier an, der den Tod tabuisiert. Du sehnst dich in Wirklichkeit nach einem Leben, das spiritueller, tiefer ist. Angesichts deiner Sterblichkeit fragst Du dich ausweglos: Wer bin ich? Woher komme ich? Wohin gehe ich? Was ist nach dem Tod? **Was ist der Sinn meines Lebens?** Warum gibt es Leid?

Aber deinem objektiv aufgeklärten Ich bleibt die subjektive Anerkenntnis deiner Angst verboten. Dein – soeben beschriebener – beobachtbarer **Katastrophenvoyeurismus** ist dieses angstvolle, aber auch zwanghafte, Anheben deines eigenen Totenschleiers!

Der reale Auslöser dieses Zwangs steht hier nicht im Vordergrund. Er ist für unser zwanghaftes Bedürfnis nach katastrophalem Schaudern und morbidem Blick ins Auge des Todes einerlei. So kann diese Gefühlslage uns auch nicht ernsthaft zu einem gezielten Vorgehen gegen die drohenden Gefahren bewegen.

Nein! Es regt uns eher zu weiteren zahl- und sinnlosen Kompensationshandlungen und Ablenkungsmanövern vom Wesentlichen an. Nochmal:

Die vernunftbedingte, aufklärerische Säkularisierung und narzisstische Individualisierung verhindern, dass das einzig wesentlich Richtige getan wird: Das Erstellen von klaren PRIORITÄTEN für das zielstrebige Handeln

– auch unter Umwertung und Neuinterpretation von Individualrechten!

Das bedeutet nicht, dass die Errungenschaften von Aufklärung und Individualismus, als treibende Kräfte im Kampf für die Befreiung des einzelnen Menschen, nicht mehr gelten dürfen. Aber die Menschheit ist offenbar auch an einem Punkt angelangt, an dem diese eine *Welt, dieses* eine *Ökosystem, nicht mehr in der Lage ist, eine im neoliberal-kapitalistischen Sinne verstandene (Selbst)Verwirklichung jedes Individuums gewährleisten, ja aushalten, zu können.*

Es muss umgehend die Grundlage für eine neue, soziale „postkapitalistische" Moderne gelegt werden!

Abb. 1: Zusammenspiel von Interessensphären (PRIO-RITÄTEN) bei der Rettung der Welt.

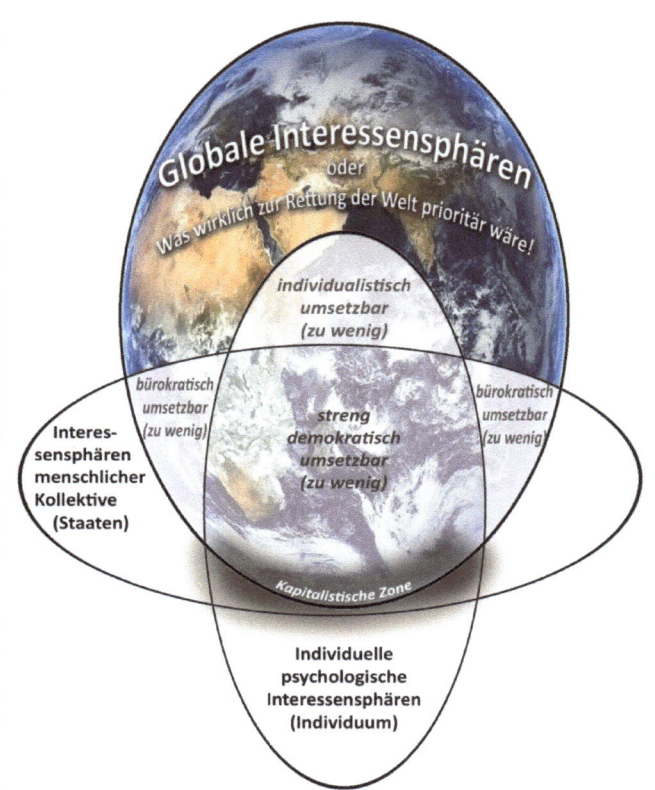

Mit dieser Graphik möchte ich das Dilemma darstellen, dass die drei PRIORITÄTENbildenden Interessensphären nie Deckungsgleich sind. Das kommt daher, dass die Sphären natürlich auch Bereiche schützen, die den alleinigen Vorteil der eigenen Sphäre darstellen. Das begründet auch, dass diese eigennützige einzelsphärische PRIORITÄTENsetzung z.B. einer umfänglichen Rettung der Welt entgegensteht.

3. Der Heil- und Kostenplan für die Welt

"Wir sind eine Gesellschaft notorisch unglücklicher Menschen: einsam, von Ängsten gequält, deprimiert, destruktiv, abhängig - jene Menschen, die froh sind, wenn es ihnen gelingt, jene Zeit 'totzuschlagen', die sie ständig einzusparen versuchen."[1]
Erich Fromm

Deine Frage an diesem Punkt könnte sein, welche Lehre Du aus diesen psychischen und psychiatrischen Schwächen des menschlichen Geistes ziehen wolltest.

Zuerst einmal wirst Du feststellen, dass es fast unmöglich ist, sich einen Überblick zu verschaffen. Die Zukunft der Welt und die damit verbundenen Fragen ihrer Rettung sind fast unmöglich zu durchschauen.

Erst recht kann sich kein kleiner Sozialarbeiter, wie ich, anmaßen, Dir hier nun wirklich ernsthaft den Rettungsversuch einer Welt mit all ihren Facetten darzulegen. Trotzdem müssen wir gemeinsam versuchen wenigstens die Eckpunkte für jeden Menschen verständlich darzustellen.

Anders Indset versucht es mit der Konstruktion von Modellen und Theorien, die überprüft, verbessert und falsifiziert werden können. Die dogmatische Vertretung einer »absoluten Wahrheit« erscheint nicht praktikabel. „Die vollkommene Wahrheit können wir nie erreichen, aber mit einer kritischen, skeptischen Geisteshaltung können wir uns ihr Schritt für Schritt nähern."[2]

Und dazwischen erdet auch noch die **»Sollbruchstelle Mensch«** alle Theorie.

So ist dies sicher auch unser Versuch, angesichts all dieser psychopathischen Störfaktoren, *eine tragfähige Disziplin und zielstrebige Grundhaltung in Bezug auf die Entwicklung einer postkapitalstisch-sozialen (Welt) Gesellschaft und die ökologisch-nachhaltige Rettung der Welt zu entwickeln*. Wir sollten den Versuch wagen…

---

[1] Fromm, Erich, Haben oder Sein. Die seelischen Grundlagen einer neuen Gesellschaft, München 2009[36], S. 18
[2] Anders Indset, Quantenwirtschaft - Was kommt nach der Digitalisierung?, Berlin 2019, S. 61

…denn die Menschheit steht vor einer ungeahnten Zeitenwende oder vor dem Weltende. Menschengemachte Klimakatastrophe, Umweltzerstörung und ungesteuerter technischer Fortschritt bis zur künstlichen Intelligenz. Anders Indset sieht zu Recht zwei existentielle Herausforderungen der Menschheit in den nächsten zehn Jahren:

„Wie können wir den drohenden *ökologischen Kollaps* noch vermeiden?

Und wie können wir die *exponentiellen Technologien* wie künstliche Intelligenz, Bio- und Nanotechnologie so handhaben, dass sie uns helfen, diese Welt zu einem wahrhaft traumhaften Paradies zu machen – und nicht zu einer posthumanen Hölle, in der unsere Nachkommen nur noch als Zootiere oder bewusstlose Zombies vegetieren?"[1]

Er sieht die Zukunft und Existenz unserer ganzen Spezies auf dem Spiel.

Und wo bleibt unser moralisch-ethisches Erbe, entwickelt durch zähe und unermüdliche philosophische Entwicklungsprozesse – *wo bleibt unser Herz*?

Und was machen die Menschen der westlichen Kultur, vielleicht eine der fortschrittlichsten Kulturen? Sollten wir nicht die Verantwortung übernehmen und als erste die notwendigen Veränderungen anstoßen?

Aber wir erstarren in Denk- und Verhaltensweisen, Werten und Vorstellungen, die in ihrer Tendenz auf psychiatrische Erkrankungen schließen lassen. Wir haben den Idealismus zu grenzenlosem Egoismus und Egozentrik entwickelt, so dass altruistische PRIORITÄTEN, die unseren eigenen Vorteil zugunsten eines anderen Individuums oder eines größeren Ganzen hinten an stellen, sich nicht durchsetzen können. Unser altruistisches Handeln muss aber freiwillig sein, so dass es ein Leitbild im philosophischen und religiösen Sinne durchsetzen kann.

Exkurs: Da lamentiert die Weltklimakonferenz in Madrid 2019 länger herum als je zuvor. Endlich sollten nach dem Klimaabkommen von Paris fehlende Regeln für die internationale Zusammenarbeit beschlossen werden, u.a. was den Handel mit Klimaschutz-Gutschriften angeht. Es sollte ein Marktmechanismus entwickelt werden, der es Investoren

---

[1] Ebenda: S. 21

ermöglichen sollte mittels Klimaprojekten in den Entwicklungsländern Klimaschutz-Zertifikate zu generieren, also ein Weg, der die Reichen zur Hilfe für die Armen verpflichtet. Diese hätten dann andere Länder und Unternehmen auf ihre Klimaziele anrechnen können. All dies scheiterte durch Egoismen einiger Staaten. Und es bleibt lediglich eine Schlusserklärung, die die Sorgen der Staaten über die Ausmaße des Klimawandels ausdrückt. Keiner scheint die wirkliche Dringlichkeit ernst zu nehmen. Die Industrienationen haben kein sichtliches Bewusstsein für die wirkliche Katastrophe der Klimakrise zu haben. All dies bestätigt meine vorherigen Ausführungen. Den armen Staaten werden Hilfen und Finanzzusagen verweigert und allein gelassen. So haben zum Beispiel Australien, Brasilien und die USA notwendige Beschlüsse diesbezüglich blockiert und eine angemessene Klimaschutzstrategie vereitelt. Das ist ein Trauerspiel des Egoismus.

3.1 Sollbruchstelle Mensch

Schon 1969 hat Erich Fromm geschrieben: „Es ist ein neues Gespenst: eine völlig mechanisierte Gesellschaft , die sich der maximalen Produktionen und dem maximalen Konsum verschrieben hat und von Computern gesteuert wird."[1] Und Fromm mahnt weiter, dass wir offenbar im Begriff seien, die Kontrolle über unser eigenes System zu verlieren.

50 (!) Jahre später schreibt Anders Indset: „Durch Verlagerung aller Autoritäten in Algorithmen werden wir in einer posthumanen Welt komplett die Kontrolle verlieren."

Beide beschreiben denselben Sachverhalt, nur in unterschiedlich moderner Sprache, die einen jeweils anderen Erfahrungshintergrund wiederspiegelt, aber sie haben vollkommen recht! Und wenn Fromm ernst genommen worden wäre, dann hätte Indset sein Buch nicht schreiben müssen.

Warum hat keiner hingehört? Woher kommt so viel menschliche Borniertheit?

Sie kommt von jedem Einzelnen, von Dir! Indset und Fromm reden von einer Gemeinschaft, der wir angehören, einem Wir! Als wäre Solidarität und ein Schwarmempfinden für die

---

[1] Fromm, Erich, Die Revolution der Hoffnung, München 1987, S. 15

Menschen selbstverständlich. Dazu benötigen wir aber einen gemeinsam empfundenen Altruismus, der die Bedürfnisse anderer in den Mittelpunkt stellt. Dem haben wir uns aber nicht genügend verschworen, denn es ist schon immer »in«, das zu tun was zweckmäßig, ökonomisch und ‚opportun' ist.

»Wenn die Angst umgeht, ist sich jeder selbst der Nächste.« Das scheint die Realität zu sein, die sich nicht stringent aus der Doktrin von Profitmaximierung und Raubtierkapitalismus herausgebildet hat. Es ist auch das archaische Urgefühl, dass jedem Individuum, jedem Tier und Lebewesen zu Eigen ist: Der Überlebenswille! –

Und woher kommt unser Wille jenseits des Todes vom Körper und seines unvermeidlichen Niederganges überleben zu wollen?

Da wir einen verletzlichen und endlichen Körper haben, den wir schützen wollen, um im evolutionistischen Sinne zu überleben, haben wir dieses Verhalten besonders nachhaltig gelernt.

So sind wir darauf geeicht uns durch Egoismus und Ellenbogen-Einsatz einen klaren Vorteil zu verschaffen. Das *»Jeder ist sich selbst der Nächste«* ist auch eine ernüchternde Aussage zur Rechtfertigung unsers menschlichen Eigennutzes und unseres egoistischen Handelns.

Aber unser Überlebenswille ist nicht nur ein evolutionistischer Antrieb…

„In allen reichen westlichen Industrieländern – besonders deutlich in der Bundesrepublik Deutschland – hat sich in der wohlfahrtsstaatlichen Modernisierung nach dem Zweiten Weltkrieg ein gesellschaftlicher Individualisierungsschub von bislang unerkannter Reichweite und Dynamik vollzogen.“[1]

Seit Aufklärung und Individualismus kommt – wie erwähnt – zu den Werten und Normen einer humanistischen Gesellschaft noch hinzu, dass das vermeintliche Recht eines jeden Individuums auf sein Dasein (im physischen Sinne) und sein Sosein (im personellen Sinne) durch unverwechselbare Selbstverwirklichung eine normative Rolle spielt.

---

[1] Beck, Ulrich, Risikogesellschaft: Auf dem Weg in eine andere Moderne, Frankfurt 1986, S. 116

Was zuerst wie die Befreiung unseres menschlichen Individuums aussah, führte nicht automatisch zur Freiheit aller
Menschen im Sinne einer ungehinderten, persönlichen
Selbstentfaltung eines jeden Einzelnen. Ausgestattet mit
einem solchen (Menschen-)Recht wähnten sich viele Individuen – auch wir – berechtigt, ihre ‚Ellbogen auszufahren‘.
Einseitig und materialistisch verstanden, verknappen sich
bei wachsender Menschheit auch die uns zur Selbstverwirklichung – Individualisierung – zur Verfügung stehenden
Ressourcen rapide. In diesem Verständnis bricht unweiger-
lich ein kapitalistischer Darwinismus aus, der den Stärkeren
bevorteilt und den Schwächeren unterdrückt. Das Gefälle
zwischen Reich und Arm bildet sich über Kurz oder Lang in
jedem kapitalistischen System heraus und zeigt lediglich,
dass der *»Individualisierungsdruck«* auf jeden Einzelnen
von uns letztendlich in unseren profitorientierten Gesellschaften seinen Ursprung hat. Wenn Politiker von *»bürgerlichen Freiheiten«* faseln, so müssten Sie genau definie-
ren, was darunter im eigentlichen zu verstehen ist. Halten
wir hier erst einmal vorläufig fest, dass das, was wir unter
»sozialem Gemeinwohl« und unter *»bürgerlichen Individualrechten«* verstehen, nicht kompatibel ist mit den Bedingungen des materialistischen Turbokapitalismus!
Wenn wir über all das reden und nachdenken, so geht es
hier eigentlich um das, was den Menschen bewegt, was ihn
motiviert. Die Motivationen, Bedürfnisse und das, was Menschen antreibt, führt uns hier zu Motivationstheorien. Einer
der Bekanntesten, der sich hiermit beschäftigte war Abraham Maslow.[1]
Ausgehend von einem Menschen, der von Natur aus gut ist,
sind für Maslow die destruktiven Kräfte und grausamen
Seiten des Menschen letztendlich auf die Frustrationen der
ihm innewohnenden Grundbedürfnisse zurück zu führen
Er entwickelt hier eine Theorie einer Hierarchie von Bedürfnissen, die den Menschen leiten, die dann als Pyramide
dargestellt werden können.

---

[1] Maslow, Abraham H., Motivation und Persönlichkeit, Hamburg 2018[15] –
(Motivation and Personality Erstausgabe 1954) S. 62 ff

Abb. 2: Bedürfnispyramide: Maslows Motivklassifikation nach einem Hierarchie-Modell

→ Als Grundlegende Bedürfnisse sieht er die *physiologischen Bedürfnisse* wie Hunger, Durst und Sexualität. Es geht um elementare Motive die als – oft körperliche – Mangelzustände erlebt werden können. Diese verlieren an Bedeutung, wenn sie nachhaltig befriedigt werden. Als Sozialarbeiter weiß ich auch, wie wichtig hier alleine schon das Bedürfnis nach Wohnung ist. Arbeit, Wohnen sind sicherlich Teile dieser untersten Stufe.

→ Das Verlangen des Individuums nach Beständigkeit, Sicherheit, Einsicht in Zusammenhänge, Stabilität, Ordnung, nach Schutz und körperlicher Unversehrtheit, Angstfreiheit, Struktur, Ordnung, Gesetz bilden die *Sicherheitsbedürfnisse*. Der Mensch sehnt sich nach einer kalkulierbaren Welt. Er wird verunsichert von Ungerechtigkeit und Inkonsistenz. Hier entsteht bei Menschen der tiefe Wunsch nach einem sicheren und langangelegten Arbeitsvertrag, im Abschluss von Versicherungen, Geldanlagen u.v.m..

→ Der Mensch ist ein soziales Wesen, das sich anderen Individuen zuordnen will, damit seine *Zugehörigkeitsund Liebesbedürfnisse* befriedigt werden. Eine wichtige Rolle spielt die Zugehörigkeit zu einer Gruppe und der Wunsch angenommen zu werden. Die Erfahrung zeigt, dass der Verlust von Bezugspersonen und die Trennung von Identifikationsgruppen den Menschen entwurzelt. Heutzutage sind scheiternde Familien, Flucht und Migration oft der Grund für die Frustration des Menschen und seinen sozialen Bedürfnissen.

→ Der Mensch benötigt Anerkennung, Prestige, Ruhm und Macht um Selbstbewusstsein zu entwickeln, um seine *„Bedürfnisse nach Achtung"*[1], *Wertschätzung und Geltung* befriedigen zu können. Hier entwickelt er auch seine Stärke, Leistung und Kompetenz. „Zweitens gibt es was man den Wunsch nach einem guten Ruf, nach Prestige nennen könnte, (…) nach Status, Berühmtheit und Ruhm, nach Dominanz, Anerkennung,

---

[1] Ebenda: S. 72 ff

Aufmerksamkeit, Bedeutung, Würde und Wertschätzung."[1]
Das Selbstwertgefühl will durch Erfolg und Unabhängig-
keit gestärkt werden.

→ Schließlich, wenn die vorherigen Bedürfnisse annä-
hernd befriedigt sind, strebt das Individuum nach
Selbstverwirklichung und Selbstaktualisierung (self-
actualization needs). Maslow meint hier die positive Per-
sönlichkeitsentwicklung des Menschen. Der Mensch will
vorwärts kommen und sich als konsistente Persönlichkeit erleben. Er will seine potentiellen Fähigkeiten opti-
mal entfalten und sich in vollem Sein erleben. Hierzu
gehören unter Umständen das entwickeln eines Le-
bensauftrages, Selbstkreativität und altruistische Initiative.

In der Theorie ‚arbeitet' der Mensch diese Bedürfnisstufen
nacheinander ab, immer zur nächsten Stufe fortschreitend.
Die Bedürfnisse bauen nicht nur in den Stufen aufeinander
auf, sondern i.d.R. auch in einer zeitlichen Reihenfolge. In
der persönlichen Entwicklung entstehen die obersten Bedürfnisse beim Individuum auch erst später.
Die unteren Bedürfnisse sind existentieller für das Überleben, ihre Nichtbefriedigung führt zu einem Mangelzustand,
während die oberen eher aufschiebbar sind. Daher werden
die unteren vier Stufen auch die **»Defizitbedürfnisse«**
genannt.
Die oberen sind dagegen die **»Wachstumsbedürfnisse«**.
Maslow sagt: „Frustration unwichtiger Wünsche führt zu
keinen psychopathologischen Ergebnissen; Frustrierung
grundlegend wichtiger Bedürfnisse hingegen führt dazu.
Jede Theorie der Psychopathogenese muss auf einer vernünftigen Motivationstheorie aufbauen. Konflikt und Frustration sind nicht notwendig pathogen. Sie werden es nur,
wenn sie die Grundbedürfnisse bedrohen oder frustrieren,
oder Teilbedürfnisse, die auf sie eng bezogen sind."[2] Für
mich weißt er hiermit auf unsere eingehenden Schilderun-
gen hin, wie das Bedürfnis des Menschen **»sinnhaft zu
Sein«** durch den unweigerlichen Tod dauerhaft bedroht und

---

[1] Ebenda: S. 72 -73
[2] Ebenda: S. 85

frustriert wird. Dieses Bedürfnis kann niemals – im Sinne von Maslow – „gesättigt" werden, auf dass hin ein neues, höheres Bedürfnis auftauchen könnte.[1]

In unsren heutigen Gesellschaften des Überflusses, in denen im Grunde die Defizitbedürfnisse über das Notwendige hinaus befriedigt werden können, führt dies zu den beschriebenen psychopathologischen Erscheinungen.

Sicher: Maslows Theorie ist nicht immer stringent durchzuhalten und empirisch nicht konsequent nachweisbar, weil Zufriedenheit schwer definier- und messbar ist. Sie ist abhängig von der Selbstwahrnehmung eines Individuums. Selbstverwirklichung bleibt bei ihm auch eine verwaschene Floskel, wenn sie nicht inhaltlich näher definiert wird. Ebenso sind die Stufen der Pyramide sicher weniger starr, sondern eher fließend und übergreifend zu verstehen. *Immerhin bietet die Theorie trotzdem eine Orientierung auf einen Idealzustand hin und legt die Vermutung nahe, dass im Motivationsleben des Menschen eine Menge Eckpunkte vorliegen können, die ihn frustrieren und ihn veranlassen sich psychopathologisch zu entwickeln.*

Dies legt vielleicht die Vermutung nahe, dass ein Individuum seltener krank und freier von psychopathologischen Erscheinungen, sowie angstfreier sein könnte, wenn sein Verhalten vorwiegend durch höhere Bedürfnisse bestimmt ist. Ist dies vielleicht ein Garant für eine bessere Gesundheit?

Maslows Theorie spiegelt aber ganz sicher seine humanistische Prägung wieder (Humanistische Psychologie); Jedenfalls geht es ihm darum, Aspekte einer befriedigenden Personalisation, Individualisierung, Sozialisation und Autonomie zu beschreiben.

Setzen wir jedoch Maslows *Hierarchie der Bedürfnisse* in Bezug zu einer *Hierarchie der PRIORITÄTEN*, so müssen wir feststellen, wie viele Berührungspunkte die Bedürfnisse des einzelnen Individuums mit den notwendigen Entscheidungen für die wichtigsten Veränderungen in der Welt und deren Rettung haben. Diese Punkte betreffen zwar ähnliche

---

[1] Vgl. Ebenda: S. 85

Kategorien an Aufgaben, welche der Mensch als Individuum und als Gruppe zu lösen hat, jedoch merken wir auch, dass sie an ihren Nahtstellen widersprüchlich und ambivalent verlaufen (müssen). Versuchen wir die menschlichen PRIORITÄTEN hierarchisch zu ordnen, so wird uns auffallen, dass wir quasi die Pyramide auf die Spitze stellen müssten. Die Erkenntnis, die derzeit allen schwant, scheint nach der Logik zu funktionieren, dass die PRIORITÄTEN des Individuums – sagen wir mal mit den höchsten Bedürfnissen des einzelnen nach Personalisation, Individualisierung, Sozialisation und Autonomie – erst einmal davon abhängig ist, dass unsere Welt überhaupt noch belebt werden kann und Ressourcen angemessen verteilt werden.

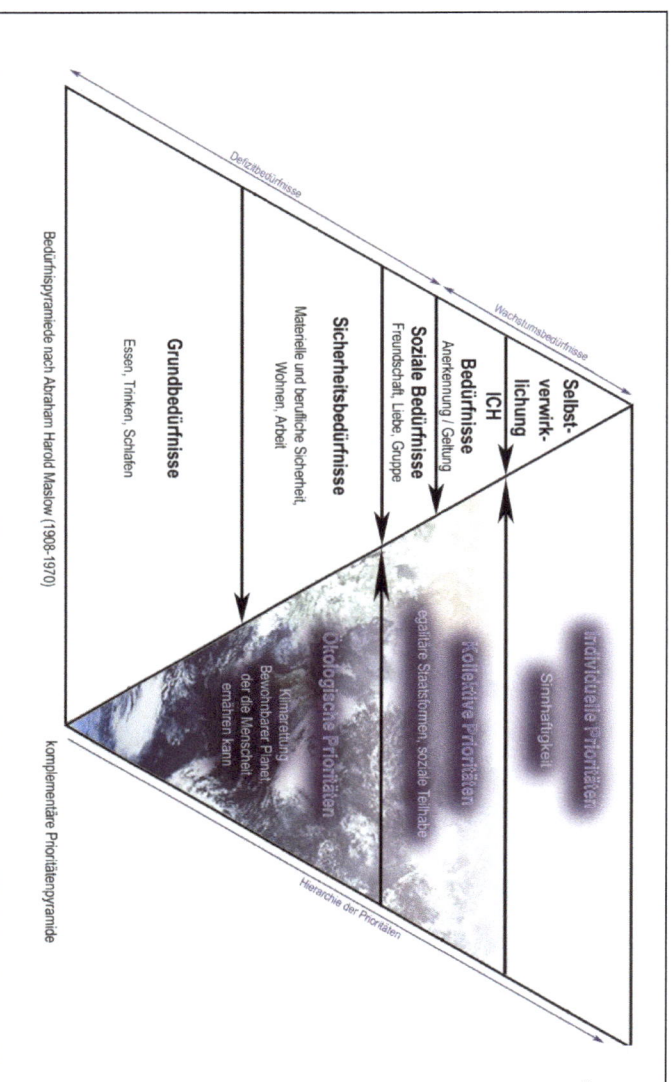

Abb. 3: Ambivalenz von Bedürfnis- und PRIORITÄTEN-pyramide

Die sich uns aktuell aufdrängende Erkenntnis, dass die Selbstverwirklichung des Menschen in erster Linie vom Erhalt des Planeten und der gerechten Ressourcenverteilung abhängig ist, stößt uns als Individuum aus dem Scheinwerferlicht unserer egoistisch, anthropozentrischen Weltsicht. Du könntest den Eindruck gewinnen, dass die genannten höchsten Bedürfnisse des Menschen in der Dringlichkeitshierarchie der Welt-PRIORITÄTEN erst ganz unten auftauchen. Du musst gerade feststellen, dass es nicht alleine um deine eigene Bedürfnisbefriedigung und Selbstverwirklichung, so wie Du sie bis dato verstehst, gehen kann. Nicht nur die Tatsache, dass 7 bis 10 Milliarden Menschen dies auf einem endlichen Planeten niemals alle gleichzeitig für sich beanspruchen könnten, überführt diese einseitige Weltsicht als Trugschluss. Zudem ist es auch ethisch-moralisch eine zutiefst verwerfliche Interpretation des Selbst- und Weltgefüges, denn sie impliziert immer zwingend, dass eine große Menge von Individuen nicht ‚zum Zuge' kommt!

Gleichzeitig musst Du dich an diesem Punkt fragen, welche Form und Art von Bedürfnisbefriedigung wir in unseren westlichen Gesellschaften betreiben. Welcher Bedürfnishierarchie bedienen wir uns und wo kommen unsere Bedürfnisse her? Hier angelangt wirst Du wohl aufmerken müssen: Viele der Bedürfniskategorien, die unser Handeln bestimmen, scheinen unecht zu sein und mutieren zur endlosen Belastungsspirale. Wir scheinen manipuliert zu sein! Und wer manipuliert uns?

Du weißt es im Grunde genau: Die profitorientierten Marktwirtschaften spielen mit deinen Bedürfnissen (denn die kennen Maslow auch), die dir in vielen Fällen suggeriert sind und dich in dauerndem Druck eines kapitalistischen Konsumismus ‚unter Dampf' halten. Wir bilden nur den Markt für den Wachstumsimperativ einer unserer kapitalistischen Marktwirtschaften. Das „Prinzip eines hedonistischen Materialismus"[1] leitet uns. Hier ist auch die Grundlage unseres ressourcenintensiven Lebensstils zu erkennen, der letztendlich das höchste gemeinsame Bedürfnis aller Menschen gefährdet: Die Erhaltung unsers Planeten in ökologischer, ökonomischer und sozialer Hinsicht!

---

[1] Fromm, Erich, Die Revolution der Hoffnung, München 1987, S. 42

Den Individualisierungsschub, den Renaissance und Humanismus auslösten, muss wieder in diesen größeren Zusammenhang zurückfinden! Unsere ‚modernen' Marktwirtschaften haben sich der Selbstentdeckung des Menschen, seiner Individualität und Einzigartigkeit bemächtigt, um ihn schließlich unter Verweis auf »Individualismus« oder »Autonomie des Subjekts« ausbeuten zu können. Die manipulierten und suggerierten Begierden, Bedürfnisse und Wünsche sind Triebfeder einer wirtschaftlichen Vermarktung des entmündigten Menschen. Der ungebremste Wunsch nach einer solchen eingeflößten (extrinsischen) Individualität, führt tatsächlich dazu, dass die Menschen immer Ich-bezogener werden: Keine guten Aussichten für die Zukunft!

Der Mensch wird verwandelt in den *„homo consumens*, in den totalen Konsumenten, dessen einziges Ziel es ist, immer mehr zu haben und zu benutzen. Diese Gesellschaft produziert viele nutzlose Dinge und in gleichem Maße viele nutzlose Menschen."[1]

Wie gesagt: Aufklärung und Individualismus sind nicht wegzudenken – aber eine neue Bewertung, zurück zu den eigentlichen Inhalten, wäre notwendig.

Es braucht eine Reduktion zum wirklichen humanistischen Individualismus jenseits des Konsumismus, zu neuen Inhalten von Arbeit und Beschäftigung, zu nachhaltiger Energie- und Nahrungsproduktion, zu neuen Visionen sozialen Zusammenlebens und Wirtschaftens.

Es wird ein *»neuer Individualisierungsprozess«*, anders als in früheren Zeiten, notwendig sein, der die, von allen weltanschaulichen Banden befreit, Individualisierung wieder erdet. .

Denn mit der Verabsolutierung des ungehemmten Individualismus gingen auch all seine wichtigen Korrektive verloren. Der Mensch erlag dem Irrtum, dass er sich selber zum Maß aller Dinge machen könnte. So verließ er sein weltanschauliches Gesamtgefüge, seine Sinnstrukturen, ignorierte seine transzendenten Geheimnisse und verabschiedete sich auch von Gott. So durchschnitt die Individualisierung leichtfertig die Nabelschnur zum Bezugspunkt allen Seins und schaffte auch die letzte normgebende Instanz nach und nach einfach ab.

---

[1] Ebenda: S. 54

Der Mensch spielte Gott und bedachte dabei nicht, dass er sterblich ist – ups!

Da steht er nun in einem Universum ohne Transzendenz und soll diesem nun selber einen Sinn geben... In seinem Ringen um Wert und Orientierung verlor er die Richtung und der materialistische Kapitalismus bemächtigte sich unbemerkt seiner Welt. Dieser gibt ihm oberflächliche Linderung in seiner Existenzangst und Sinnlosigkeit – wie eine Droge. Seither dreht sich der untröstliche Mensch in einer endlosen Spirale um sich selbst und um die eigenen vermeintlichen Bedürfnisse in einer Multiplikation der Wahlmöglichkeiten. Der Mensch hat sich in seiner transzendentalen Leere eine *„Multioptionsgesellschaft"*[1] erschaffen. Er betäubt sich mit einer Angebotsvielfalt, die dauerende Entscheidungen verlangt. Er glaubt sich dauernd auf der Jagd nach Selbstverwirklichung und Individualisierung in einer Gesellschaft eines transzendenzleeren Individualismus der Postmoderne.

Dies wird das Bohren sehr dicker Bretter bedeuten, denn „die Macht der Unterhaltungs- und Eventindustrie, das Entertainment der Massenmedien sowie die massive Propaganda der Werbeindustrie haben die Hirne und Herzen der Menschen offensichtlich stärker besetzt als die Utopien eines einfachen, solidarischen und lustvollen Lebensstils, in denen Konkurrenz durch Kooperation und Gemeinsinn abgelöst wird."[2]

Insofern ist jeder einzelne Mensch und sein Egoismus die »Sollbruchstelle« für den nachhaltigen Wandel.

3.1.1 Spiritualität des Todes

„Es gilt, eine Wahrheit zu finden, die Wahrheit für mich sein kann, die Idee zu finden, für die ich leben und sterben will."[3]

---

[1] Gross, Peter, Die Multioptionsgesellschaft, Frankfurt 2016[11]

[2] Holzinger, Hans, Widerstand gegen Atomrüstung, inhumane Technik und die Kraft neuer sozialer Bewegungen – 6 Thesen in Robert Jungk Bibliothek für Zukunftsfragen, Zentrale Thesen, aufgerufen am 30.05.2019, https://jungk-bibliothek.org/zentrale-thesen/

[3] Søren Aabye Kierkegaard (1813 - 1855), dänischer Philosoph, Theologe und Schriftsteller

Søren Aabye Kierkegaard, Philosoph, Essayist, Theologe und religiöser Schriftsteller, 1813-1855

Erkenn endlich an, was Du bist: Ein sterbliches Wesen! **Denn nur wenn Du den Tod angenommen hast, kannst Du auch das Leben ehren und sinnhaft bewältigen!** Diese Maxime gilt für alle Menschen, ob Theisten oder Atheisten, Esoteriker oder Anhänger ethnischer Religionen. Insofern ist dieses Kapitel allen Menschen gewidmet.

Auch wenn Du argumentieren könntest, dass gläubige Menschen in der Regel für sich ja doch ein transzendentes Überleben, ein Leben nach dem Tode, postulierten... So ist dies leider – bei allen Glaubensbemühungen – de facto nicht beweisbar oder aber dieses Leben nach dem Tode ist vielleicht nicht das, was das Individuum sich erwünschen würde. Gott beweist sich selber nicht, er beweist das Leben nach dem Tode nicht und noch weniger verrät er im Detail von welchem Wesen es sein könnte. Wie wir zuvor schon feststellten: Wir würden erlahmen, wenn wir Sicherheit hätten, was nach unserem Tode mit uns geschieht.

Da treffen wir uns mit allen Menschen an diesem Ort – vor und nach dem Tod: Die Gläubigen müssen einen »Plan B« haben und die Atheisten haben diesbezüglich gar keinen Plan außer: ,**Abschied vom Ich'.** Der Naturalismus bleibt ohne Gott und die Anderen betreiben Prophylaxe zur totalen Endlichkeit. Wir benötigen starke, gesunde und autonome Menschen, die diese existentielle Frustration ertragen können.

"Niemand weiß, ob der Tod für den Menschen nicht das Größte aller Güter ist. Man fürchtet ihn aber, als ob man gewiss wüsste, dass er das Größte aller Übel sei."
Sokrates

Ob mit oder ohne Gott: Der Tod ist für uns der tiefste Ursprung eines Gefühls der Sinnlosigkeit. Viktor Frankl sagt, dass das Sinnlosigkeitsgefühl heute dem Minderwertigkeitsgefühl den Rang ablaufe, was „die Ätiologie neurotischer Erkrankungen" anlange.[1]

---

[1] Frankl, Viktor E., Das Leiden am sinnlosen Leben, Freiburg 2004[15], S. 75

„Der Mensch von heute leidet nicht so sehr an dem Gefühl, dass er weniger Wert hat als irgendwer anderer, wie vielmehr unter dem Gefühl, dass sein **Sein keinen Sinn** hat. Eben diese existentielle Frustration ist mindestens so oft pathogen, das heißt mögliche Ursache seelischer Krankheiten, wie die diesbezüglich soviel inkriminierte sexuelle Frustration"[1]

Der Tod stellt alles in Frage, was Du bist, was Du tust und wofür Du lebst, wenn…

…ja wenn Du nur Nabelschau betreibst und auf dich selber schaust!

Exkurs: Gib als Leser mal die Überschrift »Spiritualität des Todes« zu diesem Kapitel bei Google ein! Du wirst zahllose Seiten finden, die zwielichtige und fragwürdige Weisheiten zum Thema Tod und Leben verbreiten. Esoterik, Paranormalität und Hirngespinste geben sich ein munteres Stell-Dich-Ein, die eine unbändige Angst vor dem Tod kaschieren. Überall wird im Trüben gefischt und Vermutungen angestellt, die nur mit dünnen Wurzeln in den Raum des Transzendenten hineinreichen. Nichts davon kann uns weiterführen!

Sich selber als seriös betrachtende Beiträge zur Diskussion beschwören andererseits: „Der Tod kehrt ins Leben zurück".[2] Aber was dann mit solchen vollmundigen Versprechungen in den Vordergrund geschoben wird sind: Palliativmedizin, Hospize, menschenwürdiges Sterben, eine Medizin die ‚los lässt', höhere Lebensqualität im Sterben als „Resultat einer erhöhten Sensibilität gegenüber der Selbstbestimmung und der Autonomie des Einzelnen."[3] Es wird ein bewusster Umgang mit dem Sterben gefordert. „Will heißen: Sich rechtzeitig in die eigene Endlichkeit einzuüben fördert die Einsicht, dass die Autonomie am Ende doch begrenzt und die Abhängigkeit von anderen groß sein könnte."[4]

---

[1] Ebenda: S. 75
[2] Schüle, Christian, Der Tod kehrt ins Leben zurück, Zeit-Online, 8.12.2012, zuletzt aufgerufen 31.06.2019,
https://www.zeit.de/2012/46/Essay-Tod-Leben
[3] Ebenda
[4] Ebenda

Ist das der große Paradigmenwechsel, der das **»Tabu Tod«** *aufhebt?*

Oder ist nicht auch dies nur eine neue Kultur des Aufbäumens gegen den Kontrollverlust im letzten Moment eines mehr oder weniger sinnvollen Lebens? Schön verpackte **Ideologie des Sterbens**, *mit dem auch wieder Profit erzielt werden kann? Mach doch den Menschen nur ein wenig Angst vor dem nicht hedonistisch vereinnahmten Tod und predige das absolute Pseudorecht auf einen individualistischen und selbstbestimmten Tod.*

Bloß keinen Kontrollverlust zulassen! Nein, ich glaube nicht, dass dies alles einen veränderten Umgang mit dem **„Skandal der Sterblichkeit"**[1] *und ein verändertes Menschenbild andeutet. Schriftsteller und Essayis Christian Schüle ist im Irrtum: Es spiegelt kein neues Menschenbild wieder, wenn er sagt: „Der Mensch von heute lässt sich seinen Tod nicht mehr aus der Hand nehmen. Kulturhistorisch betrachtet, ist in Deutschland eine kleine Revolution im Gange."[2] Denn eigentlich passt dies in die pathologischen Befunde der gesellschaftlichen Leiden: Optimierung, Individualisierung, sogar des eigenen Todes.*

Eher ist es eine Profanisierung eines religiösen Geschäftes, die der gesellschaftlichen Gottesphobie näher steht als einer Individualisierung des Todes in die Hände des Menschen selber. Es ist keine gesellschaftliche Befreiung, wenn man auch noch den Tod individualisieren will und dadurch den Menschen bei seinem letzten Akt einsam macht und alleine stehen lässt. Im Gegenteil: Betäubt soll er dann besser zu ertragen sein, denn Palliativmediziner und „Ethiker erklären Schmerzminderung zum Nukleus des Begriffs der Würde, Rechtsphilosophen denken über die Legitimation einer Beihilfe zum Suizid in Ausnahmesituationen nach."[3]

Da waren und sind Gesellschaften, in deren Mitte der Tod allgegenwärtig zugegen und zu akzeptieren ist und war, schon viel weiter. Sind die ‚modernen' Hospize vielleicht doch die Verstecke für den letzten gefürchteten und geächteten Akt des Auslöschens unserer egozentrisch verstandenen Individualität, damit die optimierte Gesellschaft nicht von dieser deprimierenden Tatsache behelligt wird?

---

[1] Ebenda
[2] Ebenda
[3] Ebenda

„(…)
Mama take this badge from me
I can't use it anymore
It's getting dark too dark to see
Feels like I'm knockin' on heaven's door
(…)
Mama put my guns in the ground
I can't shoot them anymore
That cold black cloud is comin' down
Feels like I'm knockin' on heaven's door"[1]

Bob Dylan, Musiker und Lyriker, *1941

…als morgens gegen sechs mein Handy auf dem Nacht-tisch schellte, rechnete ich schon damit. Mein Vater rief an und teilte mir mit, dass Mutter in der Nacht gestorben sei.
Wir hatten damit gerechnet, denn sie hatte Krebs im End-stadium. Alles war versucht und alle letzte Hoffnung auf Leben zerstoben. Sie hatten keine Hilfe ausgelassen. Die letzten Wochen war mein Weg abends nach unten – wir leben in einem Haus, meine Eltern unten, wir mit den Kin-dern in den oberen 2 Etagen und mein Bruder und seine Frau nebenan – und ich brachte sie ins Bett. Wenn der Pflegedienst kam, war es ihr noch zu früh. Auch das große Geschäft mutete sie mir lieber zu – wartete das ein oder andere Mal, bis ich des Abends Hause war.
Auch an dem Abend vor diesem ersten Advent – wir waren noch bei Nachbarn einen Glühwein trinken – ging ich zwi-schendurch kurz nach Hause, brachte sie ins Bett. Sie schaute mich an und nestelte noch, wie Tage schon – an ihrer Tube mit der Lippencreme und schaute mich nur an. Ich kniete mich vor sie nieder und sagte: „Mach dir keine Sorgen um uns, Mama. Wir werden schon klar kommen. Ich habe dich lieb…" Sie drückte meine Hand und ich küsste ihre Stirn. Dann brachte ich sie ins Bett.
Mein Vater stand neben ihrem Bett und sagte gefasst: „Sie ist diese Nacht gegangen – sie ist schon kalt. Ich bin in der Früh eingeschlafen…" Er weinte.

---

[1] Bob Dylan, Songtext von Knockin' On Heaven's Door, Sony/ATV Music Publishing LLC, Audiam, Inc

Sie sah friedlich aus und hatte den Mund leicht geöffnet.

Ich strich ihr über das kalte Gesicht. Ich suchte mit Vater einen ihrer Schals aus dem Schrank und band ihn ihr um das Gesicht über dem Kopf zusammen, damit der Mund sich schließt. Die Augen musste ich nicht zudrücken, da sie ja im Schlaf gestorben war. Ich bemerkte, dass sie im Nacken noch warm war. Ich faltete zärtlich ihre kalten Hände über dem Brustkorb.

Der Hausarzt hatte meinem Vater die Handynummer gegeben, damit er ihn anrufen könne. Alle rechneten damit. Wir planten ihn dann erst um Neun Uhr anzurufen.

Auch dem Beerdigungsinstitut wollten wir dann Bescheid geben, aber beschlossen Mutter noch bis zum Abend im Hause zu behalten. Wir wollten sie nicht so schnell abholen lassen…

Auch die Kinder bemerkten was vorgeht. Die Mittlere (damals 11) stand in der oberen Wohnungstür. Die Große (damals 14) fragt, als ich sie weckte, warum ich weine.

„Ja, Oma ist tot…" sagte ich.

So versammelte sich die Familie im Schlafzimmer meiner Eltern – mein Vater, die 3 Enkel, etc. und wir beteten ein Vaterunser.

Mein Vater, mein Bruder und ich saßen am Wohnzimmertisch und erledigten die notwendigen Anrufe. Oben tranken wir noch einen Kaffee, zum Frühstück war uns nicht so wirklich zu Mute. Zwischendurch kam die Mitarbeiterin des Beerdigungsinstituts und besprach sehr einfühlsam das weitere Vorgehen. Der Arzt war auch bald gekommen.

Es war erster Advent und in unserer Gemeinde war Adventsfest mit Kaffee, Aktivitäten und Bastelrunde für Kinder. Wir beschlossen in den Gottesdienst und zum Fest zu gehen. Die Kinder wollten dort etwas zu basteln, was sie Oma mitgeben könnten. Als wir im Nachmittag wieder ins Haus kamen, drückten wir meiner Mutter noch selbstgebastelten Weihnachtsschmuck in die Hände.

Am späten Nachmittag kamen die Männer vom Beerdigungsinstitut. Sehr ruhig machten sie sich an die Arbeit. Den Sarg stellten die im Flur ab, weil in der Wohnung zu wenig Platz war. Sie kleideten meine Mutter ein und legten sie im Flur in den Sarg.

Sie sah ganz ruhig aus, als ob sie friedlich schlafen würde.

Es wurden noch einige gebastelten Sachen in den Sarg gelegt. Unser Sohn (damals 7) stand auf der Treppe und schaute noch interessiert. Als die Männer den Sarg schlossen und meine Mutter nach draußen ins Auto trugen, realisierte er, dass die Oma für immer das Haus verlassen würde. Er lief weinend nach oben in sein Zimmer. So verabschiedeten alle die Großmutter, meine Mama…

Mutter hatte mir und meiner Frau noch zwei Wochen zuvor im Krankenhaus Instruktionen gegeben, die sie keinem – außer uns – mitgeteilt hatte: Vater solle noch die Grabstelle neben dem Doppelgrab seiner Eltern, wo auch sie bestattet würde, hinzukaufen, damit langfristig die gesamte Familie genügend Platz haben würde. Zudem sollten wir auf Vater aufpassen, denn er sei ein Guter…"

Meine Mutter hatte ein sehr großes Herz und ging mit Angst diesen letzten Schritt. Ich hoffe, dass sie es nun irgendwo gut hat und auf ihre Familie sehen kann. Was hier bleibt ist ihre Liebe und einmal an einem windstillen Tag eine leichte Brise, die an ihrem Grab über mein Gesicht streichelte…

Es geht jedoch nicht alleine darum, ob Du den letzten Weg ins »individuelle Nichts« würdig beschreiten kannst – das wäre nur eine beiläufige, humanistische Forderung. Aber die eigentliche Aufgabe ist doch die Frage, ob Du den Tod zuvor schon in dein sinnhaftes Leben organisch implementieren kannst! Es geht um den schweren Abschied von deinem angelernten Narzissmus!

Und da stellst Du noch einmal die Frage, was dich als Mensch letztendlich ausmacht? Denn wenn Du dich mit dem Tod beschäftigst, so musst Du dich auch damit beschäftigen, was und wer denn da im letzten Akt ausgelöscht wird – oder ggf. seine Vollendung findet. Erich Fromm bedenkt vieles, als was wir Menschen beschrieben werden können: **»homo faber«,** der Werkzeugmacher; **»homo sapiens«,** der Denkende; **»homo ludens«,** der Spielende; **»homo negans«,** der Negierende.…

Das wirklich besondere aber ist – und das ist auch für mich eine endscheidende Eigenschaft des Menschen – , dass wir der **»homo esperans«,** der hoffende Mensch, sind. Und ich meine, dass wir Hoffende sind – sein müssen – , weil wir auch der **»homo mori«** sind*.* Also einer, der stirbt. Und als Hoffender werden wir bei allem was die technische Zukunft birgt auch nicht zum – wie Anders Indset sagt – **»homo** *obsoletus*«, dem überflüssigen, angesichts der Digitalisierung vollkommen nutzlosen und von Algorithmen ersetzten Menschen.

„Der Preis, den der Mensch für das Bewusstsein seiner selbst zahlt ist Unsicherheit. Er kann diese Unsicherheit ertragen, wenn er seine menschliche Situation akzeptiert und darauf hofft, dass er nicht scheitern wird, auch wenn ihm der Erfolg nicht garantiert ist. Er hat keine Gewissheit; die einzige Voraussage, die er mit Gewissheit machen kann, lautet: ‚Ich werde Sterben.'"[1]

Du bist eben ein *»homo esperans et mori«*!

So musst Du Prinzipen für dein Handeln und deine Entschlüsse finden. Und Du erhoffst dir einen sinnvollen Rahmen für dein Leben. Fromm führt in diesem Zusammenhang eindringlich aus:

„Mensch und Gesellschaft erfahren ihre Auferstehung in jedem Augenblick im Akt der Hoffnung und des Glaubens im Hier und Jetzt. Jeder Akt der Liebe und des Gewahrwerdens, des Mitleids ist Auferstehung; Jeder Akt der Trägheit , der Gier, der Selbstsucht ist Tod. Jeden Augenblick konfrontiert uns unsere Existenz mit der Alternative von Auferstehung oder Tod; *jeden Augenblick geben wir eine Antwort*. Diese Antwort liegt nicht in dem was wir sagen oder denken, sondern in dem, was wir sind, wie wir handeln, wohin wir uns bewegen."[2] Und Viktor Frankl sagte, dass jeder Tag, jede Stunde also mit einem neuen Sinn aufwarte. Und auf jeden Menschen warte ein anderer Sinn. So gebe es einen Sinn für einen jeden, und für einen jeden gebe es einen besonderen Sinn.[3]

Keine Lebenssituation sei wirklich sinnlos. „Dies ist darauf zurückzuführen, dass die scheinbar negativen Seiten der menschlichen Existenz, insbesondere jene tragische Trias, zu der sich Leid, Schuld und Tod zusammenfügen, auch in etwas Positives, in eine Leistung gestaltet werden können, wenn ihnen nur mit der rechten Haltung und Einstellung begegnet wird."[4]

---

[1] Fromm, Erich, Die Revolution der Hoffnung, München 1987, S. 78
[2] Ebenda: S. 32
[3] Frankl, Viktor E., Das Leiden am sinnlosen Leben, Freiburg 2004[15], S. 30
[4] Ebenda: S. 32

Was aber nicht tragfähig für deinen Lebenssinn zu sein scheint, ist dein verabsolutierter Individualismus. Ein Zustand, in dem Du dich nur deines Selbst versichern willst, indem Du dauernd in dein eigenes Spiegelbild schaust ... Ein solcher Individualismus ist in Wirklichkeit Narzissmus und Hedonismus! „Die Verabschiedung des Jenseits und der Abschied von der individuellen Geschichte zwingt zur Schaffung des Jenseits im Diesseits, des Paradieses auf Erden."[1] So etwas Unerreichbares umsetzen zu wollen macht dich krank!

„Was wäre mein Leben, wenn es Selbstzweck wäre? Sinnlos. Ich behaupte ja nicht, dass ich frei von weiß Gott welchen unbewussten Motiven bin. Ich behaupte nur, dass ich erst dann und nur dort als reifer Mensch handle, wo solche Motive nicht zum Zug kommen. Wollte ich etwas um des bloßen Vergnügens willen tun, dann würde ich sogar Schiffbruch erleiden."[2]

Und um nicht ins Leere zu laufen, benötigt der Mensch ein „System des Denkens und Handelns, das dem einzelnen einen Rahmen der Orientierung und ein Objekt der Hingabe bietet."[3] Und diesem Objekt der Hingabe muss der Mensch mit »Spiritualität« begegnen, Ideale, Entwürfe und Ideen einer Haltung, „die darauf zielen, den schmerzvollen strukturellen Widerspruch, der der menschlichen Situation innewohnt, aufzulösen."[4]

So verfüge die menschliche Natur über eine Dynamik, die primär in diesem Bedürfnis des Menschen wurzele, „seine Fähigkeiten, sich auf die Welt zu beziehen, auszudrücken, und nicht in einem Bedürfnis, die Welt als Mittel zur Befriedigung seiner physiologischen Notwendigkeiten zu benutzen."[5] Daher ist der Mensch daran interessiert, sich für etwas größeres, etwas gemeinsames, einzusetzen. Er muss über seine eigene Identität hinaus transzendieren. Und das

---

[1] Gross, Peter, Die Multioptionsgesellschaft, Frankfurt 2016[11] S. 98
[2] Frankl, Viktor E., Der Wille zum Sinn: ausgewählte Vorträge über Logotherapie. Bern 1972 S. 210
[3] Fromm, Erich, Haben oder Sein. Die seelischen Grundlagen einer neuen Gesellschaft. In: Funk, Rainer (Hrsg.), Erich Fromm: Gesamtausgabe in zwölf Bänden. Band 8: Psychoanalyse. Stuttgart 1999 S. 269-414 / S.365
[4] Fromm, Erich, Die dialektische Revision der Psychoanalyse. In: Funk, Rainer (Hrsg.), Erich Fromm: Gesamtausgabe in zwölf Bänden. Band 8: Psychoanalyse. Stuttgart 1999 S. 19-71 / S.19
[5] Fromm, Erich, Die Revolution der Hoffnung, München 1987, S. 88

„Gespür für das Notwendige setzt eines voraus: wir müssen den Blick von uns selber lösen. [...] Wir erfüllen den Sinn des Augenblicks nie lediglich zu unserer eigenen Selbstverwirklichung, sondern um eine menschenwürdige Zukunft für alle zu verwirklichen."[1] Der Mensch muss eine Verantwortung für das nächst Höhere, die Welt übernehmen. Und Frankl geht einen universalen Schritt weiter und deutet auf den erweiterten Horizont eines selbstlosen Einsatzes des Menschen hin: „Sofern es kollektive Verantwortung gibt, kann sie nur eine planetarische sein"[2] Ich möchte hier noch einmal auf Antoine de Saint-Exupéry hinweisen, den ich schon oben zitiert hatte:

„Mensch sein heißt: Verantwortung zu fühlen, sich schämen beim Anblick einer Not auch dann, wenn man spürbar keine Mitschuld an ihr hat; stolz sein über den Erfolg der Kameraden; seinen Stein beitragen im Bewusstsein, mitzuwirken am Bau der Welt."[3]

Der ausschließliche Weg des Menschen in sein Individuum hinein ist also ein gefährlicher Irrweg.

Alleine wegen deiner Sterblichkeit wirst Du mit deinem Tod immer an deinem Ende ankommen, wenn Du keine anderen Ziele gelernt hast zu assimilieren. *In dem Verständnis, dass Du ein Teil dieser natürlichen Welt und der Weltgemeinschaft bist und an deren Überleben und Fortentwicklung Du mitwirkst, trittst Du auch aus dem Schatten deines Todes heraus, transzendierst über dich selbst hinaus und gliederst dich ein in das soziale System einer auch zeitlich universalen Welt- und Schicksalsgemeinschaft der Menschheit.* Diese Spiritualität, die auch den Tod weniger bedrohlich für dich erscheinen lässt – zumindest dir einen tiefen Sinn geben kann –, ist sowohl akzeptabel und anwendbar für Theisten als auch Atheisten.

„Der Mensch muss nach Unterstützung für einen Traum streben, eine metaphysische Hoffnung, die ihn aufrecht erhält und sein Leben lohnenswert macht. Über Hoffnung

---

[1] Lukas, Elisabeth, Geist und Sinn: Logotherapie, die dritte Wiener Schule der Psychotherapie, München 1990
[2] Frankl, Viktor E., Der Wille zum Sinn: ausgewählte Vorträge über Logotherapie. Bern 1972 S. 100
[3] Antoine de Saint-Exupéry, Wind, Sand und Sterne, Düsseldorf, 1966, S. 169

sprechen heißt, das Problem aus der richtigen Perspektive zu betrachten."[1]

Das was ich hier **»Spiritualität des Todes«** nenne, ist weder ein Abschiedszauber an Altar und offenem Grab, noch vertuschender Medikamenten-Woodoo um den Sterbenden. Die wirkliche ***»Spiritualität des Todes« muss in unserem Herzen stattfinden***, im Einsatz für eine bessere Welt, die uns überdauert und auch für viele zukünftige Genrationen lebenswert erhalten wird. ***Mein Tod ist die Vollendung meines persönlichen und sinnvollen Auftrags in dieser Welt – da, wo ich gerade war mit den Möglichkeiten die mir gegeben waren! ...ein Fortleben im Fluss der Generationen...***

„Ich will nicht wie die meisten anderen Menschen für nichts gelebt haben."
Anne Frank, 1929-1945

3.1.2 Altruismus vs. Individualismus

„... sondern in Demut einer den anderen höher achtend als sich selbst; ein jeder nicht auf das Seine sehend, sondern ein jeder auch auf das der anderen."
Philipper 2,3-4

Fast jeder ethischen Grundorientierung menschlicher Gesellschaften scheint eine **»reziproke Moralität«** inne zu wohnen. Fast jede Kultur kennt scheinbar die **»Goldene Regel«**: ‚Was du nicht willst, was man dir tut, das füg' auch keinem anderen zu.'[2] Dabei haben sich Philosophen und Psychologen lange darüber Gedanken gemacht, wo das scheinbar tiefe und innere Bedürfnis des Menschen wurzelt, sich gut und sozial anerkannt zu fühlen.

Wenn wir heute dahinter eine angeborene Verhaltensdisposition vermuten, haben wir wahrscheinlich sogar recht!

---

[1] Becker, Ernest, The Denial of Death, New York 1973, S. 275 (meine Übersetzung)
[2] Vgl. Pfaff, Donald W., Das altruistische Hirn - Sind wir von Natur aus gut?, Bern 2016

Donald W. Pfaff, Professor und Leiter des Labors für Neurowissenschaften an der Rockefeller University in New York City, hat daher die »*Theorie vom altruistischen Gehirn*« (TAG) aufgestellt und in weiten Teilen nachgewiesen: "Tatsächlich gibt es eine überwältigende Zahl an Forschungsbelegen, die zeigen, dass Altruismus nicht einfach nur ein »freundliches Merkmal« menschlichen Verhaltens ist, sondern eine angeborene Fähigkeit unseres Gehirns, die den Erfordernissen der menschlichen Gesellschaft gerecht wird und ihrer Aufrechterhaltung dient."[1] Wir sind offenbar neurowissenschaftlich erklärbar "auf prosoziales Verhalten programmiert"[2], haben einen »*altruistischen Instinkt*«. Die Welt ist gut, weil die Menschen gut sind?

Nein! Das ist nur oberflächlich beruhigend, denn wir wissen ja genau, dass es in der Welt Gewalt, Korruption, Kriege und Psychopathen (s. 2.2.2.1) gibt.

So wird uns bald klar, dass wir unseren prosozialen Instinkt pflegen müssen, denn er kann in ungesunden Gruppenstrukturen und Peergruppen umschlagen und zu einer ungewünschten gegenseitigen Bestärkung führen.

Exkurs: "*Der Peerdruck kann unwiderstehlich sein. Gefährdete Jugendliche können leicht in die Fänge von sich bekriegenden Gangs geraten. Ein einzelner Nazi ist schon problematisch genug - eine ganze Gruppe von Nazis ist in der Lage, einen Weltkrieg loszutreten.*"[3]

Und wir kennen noch viele andere Beispiele, in denen Gruppen das prosoziale Verhalten nur im Innenverhältnis und als konstituierenden sozialen Anker im Peerbereich pflegen, wie z.B. die Pegida-Bewegung oder im ganz Kleinen der ‚Nationalsozialistische Untergrund‘, der radikale Feminismus etc. Auch im Islam gilt das Gebot des Altruismus in erster Linie innerhalb der Ummah, nicht jedoch für Ungläubige oder Mitglieder der Buchreligionen. So pflegen Muslimische Gemeinden die drei Grundprinzipien »Zugehörigkeit«, Verpflichtung gegenüber dem »Gemeinschaftsprinzip Gerechtigkeit« und »absolute Vertragstreue«. Das führt u.a. dazu, dass Gläubige von Moscheegemeinden sich gegenseitig wirtschaftlich fördern.

---

[1] Ebenda: S.167
[2] Ebenda: S.157
[3] Ebenda: S.249

Tatsache ist, dass hier ein enggeführter Altruismus zur Abspaltung und Segregation beiträgt und keinen universalen Charakter mehr hat.

Das ethisch-moralische Grundmotiv der Nächstenliebe ist vielen Kulturen und Religionen gemeinsam. Bei der Nächstenliebe im Neuen Testament geht es darum, anderen Menschen beizustehen und ihnen zu helfen – jedoch in besonderer Weise ohne – erst einmal – eine Gegenleistung zu erwarten. Genauer betrachtet geht es hier nicht um Liebe und die Nächstenliebe als solches. Sie ist ein hohes Ziel, welches nicht dringend einer altruistischen Einstellung zu Grunde liegen muss. Ich glaube, dass auch der geneigte Atheist nicht abstreiten wird, dass das christliche Beispiel des barmherzigen Samariters ein vorbildliches Handeln eines Menschen im notwendigen, altruistischen Sinne wiederspiegelt:

„30 Darauf antwortete ihm Jesus: Ein Mann ging von Jerusalem nach Jericho hinab und wurde von Räubern überfallen. Sie plünderten ihn aus und schlugen ihn nieder; dann gingen sie weg und ließen ihn halbtot liegen. 31 Zufällig kam ein Priester denselben Weg herab; er sah ihn und ging vorüber. 32 Ebenso kam auch ein Levit zu der Stelle; er sah ihn und ging vorüber. 33 Ein Samariter aber, der auf der Reise war, kam zu ihm; er sah ihn und hatte Mitleid, 34 ging zu ihm hin, goss Öl und Wein auf seine Wunden und verband sie. Dann hob er ihn auf sein eigenes Reittier, brachte ihn zu einer Herberge und sorgte für ihn. 35 Und am nächsten Tag holte er zwei Denare hervor, gab sie dem Wirt und sagte: Sorge für ihn, und wenn du mehr für ihn brauchst, werde ich es dir bezahlen, wenn ich wiederkomme."
Lukas 10,30–35

Es geht mir nicht alleine um gewisse Personengruppen, die hier vorbei gehen und einen ausgeprägten egoistischen Individualismus gepflegt haben. Der hier anzuprangernde Egoismus ist im Grunde nichts anders als das Individualrecht eines jeden Einzelnen, nicht anzuhalten und zu helfen, um sich selber nicht der Gefahr auszusetzen, schließlich auch noch von lauernden Räubern überfallen zu werden. Ebenso erscheint es auch ein Individualrecht zu sein, einer unterprivilegierten und nicht anerkannten Person – also schlechter Gesellschaft – aus dem Wege zu gehen.

Sicher, der Samariter zeigt schließlich Empathie und hilft erst einmal selbstlos, ohne dass er danach fragt, ob er dadurch Zeit verliert und seinen individuellen Vorhaben nicht so zielstrebig nachgehen kann wie geplant. Er stellt vorübergehend seine eigenen Interessen zurück und schließlich organisiert er – auch für Geld – eine Hilfe, die er von einem Profi in Sachen Bewirtung und Beherbergung erledigen lässt. Im Grunde das Vorbild für sozialstaatliches Vorgehen! Aber nicht nur dafür. ***Nächstenliebe in Form des säkularen Altruismus ist im Eigentlichen der Dreh- und Angelpunkt allen sozialen Austauschs und Zusammenlebens!*** Dabei umfasst der Altruismus demnach als Denk- und Handlungsweise ein absichtliches Verhalten, das einem handelnden Individuum zugunsten eines anderen Individuums mehr Kosten als Nutzen einbringt.

Isidore Marie Auguste François Xavier Comte (1798-1857), Mathematiker, Philosoph und Religionskritiker, Begründer des Positivismus und Mitbegründer der Soziologie, ist der Vater des Begriffs »Altruismus« als ein entscheidender Gegenbegriff und wichtiges Regulativ zum Egoismus.

„La loi que je viens d'assigner à l'évolution affective comporte indirectement une confirmation décisive, d'après l'intime corrélation qui doit toujours exister entre l'extension de l'altruisme et la restriction de l'égoïsme."[1],[2]

Leider sind seine Ausführungen u.a. im ***»Système de politique positive«*** nie ins Deutsche übersetzt worden.

So seien Habgier und Egoismus nationale Gefühle und Bürger empfänden sie auch in kollektiver Art und Weise. Gier würde zum beherrschenden Gefühl der Bürger. Comte empfindet es als ‚moralischen Wundbrand' und Krankheit.

---

[1] Comte, Auguste, Système de politique positive, Paris 1851-1854, aufgearbeitet von Jean-Marie Tremblay,
http://anthropomada.com/bibliotheque/COMTE-auguste-Systeme-de-politique-positive.pdf, S. 74

[2] *„Der Grundsatz, auf den ich eben bei der affektiven Entwicklung Bezug genommen habe, beschreibt indirekt den genauen Beweis des engen Zusammenhangs, der eigentlich heute zwischen den Ausmaß des Altruismus und der Beschränkung des Egoismus bestehen muss."*

Und er propagiert daher die notwendige und zwangsläufige Vorherrschaft des Altruismus über den Egoismus.

Altruismus und Uneigennützigkeit sind aber letztendlich die Eckpfeiler allen sozialen Handelns.

Aber unser Egoismus ermöglicht es uns zudem, weiter entferntes Leid irgendwie auszublenden, unwichtiger einzuschätzen und auf Abstand zu halten. Gegen diesen Trick des Gehirns kann man als Einzelnes Individuum nur schwer angehen. Dadurch ist auch die Wahrnehmung des alltäglichen Leids ebenso abgeblendet. Auch hier wird eine Distanz hergestellt.

Comte möchte eine Alternative zur Weltsicht der Ökonomie Europas im 18. und 19.Jahrhundert entwickeln. Und das ist immer noch aktueller denn je…

In unserem Kontext wird auch immer wieder der Begriff des **»prosozialen Verhaltens«** eingebracht. Anders als beim Altruismus, wird beim »prosozialen Verhalten« nicht auf die fehlende Antizipation eines eigenen äußeren Nutzens bestanden. Ich muss nicht nur einen inneren Nutzen – die Beruhigung des Gewissens – von meinem Handeln haben. Bei der Theorie des »prosoziales Verhaltens« benötigt man die Differenzierung zwischen der subjektiven, intrinsischer Motivation und dem äußerem Verhalten nicht.

Natürlich kann man als Motivationsforscher mit Erklärungen an Hand von Kosten-Nutzen-Modellen besser arbeiten. Das kommt dem nahe, was Donald W. Pfaff in seinem Buch mit »reziproker Moralität« bezeichnet.

Wie auch immer: Ob wir es Altruismus, Nächstenliebe oder prosoziales Verhalten nennen, so ist nicht erst durch Comte ein wichtiger Augenmerk auf den gesellschaftlichen Stellenwert eines Verhaltens gerichtet worden, das mehr oder weniger uneigennützig Verantwortung für Menschen in Not und förderungswürdige Umstände übernimmt.

Ich würde in diesem Zusammenhang neben der zielsicheren und zeitnotwendigen PRIORITÄTENsetzung unbedingt auch ein **»Altruismusgebot«** fordern: Es ist die wirklich selbstlose Perspektive die wir Dingen oder Menschen gegenüber einnehmen um bewerten zu können, was denn hier auch wirklich prioritär zu tun und zu lassen ist. Falsch verstandener, egoistischer Individualismus wird uns lähmen. Und ist eine Entscheidung notwendig und tangiert wiederum die Individualrechte anderer, dritter Menschen oder Dingen, so ist auch abzuwägen, wie deren Folgen gemildert werden können.

Die Gesellschaft könnte jedoch auch von den tangierten Dritten umgekehrt eine gewisse altruistische oder prosoziale Akzeptanz der notwendigen eigenen Einbußen zugunsten Anderer – vielleicht folgender Generationen – verlangen. Die altruistische Haltung ist also eine gegenseitige, eine ambivalente. Angriffs- und Fluchtbereitschaft fallen u.U. in eins zusammen. Es besteht ein Konflikt zwischen Individualrechten und Verhaltensweisen, die sich in einem Individuum treffen. Ich mache ein Beispiel:

Exkurs: Die Mitarbeiter der Braunkohleindustrie sind natürlich existentiell von ihren Arbeitsplätzen abhängig, da sie ihren Lebensunterhalt damit bestreiten. Sie haben Angst und protestieren gegen einen zu raschen Ausstieg aus dem Braunkohletagebau. Bei einem sofortigen Ausstieg, wäre schlagartig ihr Arbeitsplatz und Lebensunterhalt bedroht. Das wiederspricht natürlich ihrem Individualrecht auf sinnerfüllte Arbeit und auskömmlichen Lohn. Auf der anderen Seite jedoch gefährdet jeder unnötige Tag des Weiterbestehens auf Braunkohleförderung und Verwertung dieser fossilen Energieform die Lebensgrundlage zukünftiger Generationen u.a. auch der Nachfahren dieser selber protestierenden Kohlearbeiter! Wie geht man mit diesem fast unlösbaren ambivalenten Konflikt um?

Zahlreiche neoliberale Wirtschaftspolitiker benutzen diesen Konflikt regelmäßig als ‚Totschlagargument' gegen zeitnahes Handeln für das Ende der Nutzung fossiler Energieträger. Sie bedienen daher auch das nächste ‚Totschlagargument': ‚Dann könnte bei uns das Licht ausgehen!' – was zudem natürlich Quatsch ist, da Japan nach Fokushima schlagartig alle Atommeiler abgestellt hatte, ohne dramatische Folgen. Aber diese Politiker spielen hier auf das Individualrecht der Bürger auf sichere Energieversorgung an.

Zurück aber zu den Kohlearbeitern:

Wenn sie auf Ihren Arbeitsplatz pochen, so zerstören sie die Zukunft ihrer Nachfahren und wenn sie ihre Nachfahren schützen, zerstören sie ihre Arbeitsplätze.

Eine Zwickmühle, die viel weniger den Arbeitern Unrecht tut, als vielmehr in ihnen selber gelöst werden muss. Frage sich der Leser hier selber, welche Lösung – PRIORITÄT – naheliegt?

Uns schwant auch, was es bedeutet, dass der Altruismus regulierend auf den Egoismus wirken muss.
Wie würde der geneigte Leser nun das Problem von Anwohnern geplanter Stromtrassen einschätzen?

Altruismus wirkt also nicht nur ambivalent im Individuum, sondern bedeutet auch prosoziales Verhalten in alle Richtungen, auch wenn es für das Individuum tatsächlich den Verzicht auf Individualrechte zu Gunsten der unabweislichen Rechte Anderer bedeutet. Auch dafür kennen wir ein Beispiel, welches Jesus von Nazareth – nehmen wir ihn hier einfach mal als Sozialphilosophen – zugeschrieben wird:

„38 Ihr habt gehört, dass gesagt worden ist: Auge für Auge und Zahn für Zahn. 39 Ich aber sage euch: Leistet dem, der euch etwas Böses antut, keinen Widerstand, sondern wenn dich einer auf die rechte Wange schlägt, dann halt ihm auch die andere hin! 40 Und wenn dich einer vor Gericht bringen will, um dir das Hemd wegzunehmen, dann lass ihm auch den Mantel! 41 Und wenn dich einer zwingen will, eine Meile mit ihm zu gehen, dann geh zwei mit ihm!"
Matthäus 5, 38-40

Wenn wir genau lesen, so passt dieses Beispiel nicht ganz auf den Kohlearbeiter, denn wenn dieser die Individualrechte seiner Nachfahren antizipieren würde, dann geschähe ihm nicht einmal Unrecht, sondern er akzeptiert auf wirklich altruistische Art und Weise absolut prioritäre Handlungsnotwendigkeiten! Sein Bestehen auf dem kurzfristigen Arbeitsplatz wäre zutiefst dissozial und egoistisch.
Aber wie geht der Rest der Gesellschaft dann mit den derart gebeutelten Arbeitern um?
Sie hat wiederum die altruistische Pflicht, sich deren Not anzunehmen. Das bedeutet nicht, diese Menschen halbherzig in irgendwelche Beschäftigungsgesellschaften mit ‚Placeboarbeitsplätzen' zu verlagern. Da sollte man schon ehrlich sein und diese Menschen gleichwertig und unbürokratisch solange finanziell abzusichern, bis sie eine neue, adäquate Beschäftigung gefunden haben. Wer altruistisch auf ein Individualrecht zu Gunsten anderer verzichtet, hat das Recht auf die <u>volle</u> Solidarität der Anderen!

„Anthropologists have recognized the importance of reciprocity in human behavior, but when they have ascribed functions to such behavior they have done so in terms of group benefits, reciprocity cementing group relations and encouraging group survival. (…) The individual sacrifices so that the group may benefit."[1]

Wenn sie zu Almosenempfängern werden, dann stimmt etwas nicht.

Gefragt ist also eine Art *„reziproker Altruismus"*[2] zwischen sich nicht bekannten Menschen auf Zukunft hin…

Ich halte fest: **Altruismus, prosoziales Verhalten und Solidarität sind als Regulative für Egoismus und narzisstisch überhöhten Individualismus Grundlage für die Erarbeitung einer zielsicheren PRIORITÄTENliste zur Lösung der zahlreich anstehenden globalen Probleme.**

Ebenso sind sie auch Grundlage für eine wirklich egalitäre Gesellschaft. Der Christ könnte es vielleicht auch Nächstenliebe nennen.

3.1.3 Aussöhnung mit Gott

"Wir wurden in metaphysische , in moralische Angst, in politische Unruhe hineingeboren. Trunken von äußerlichen Formeln, von den bloßen Verfahren der Vernunft und Wissenschaft, hatten die uns vorangegangenen Generationen alle Fundamente des christlichen Glaubens unterhöhlt, weil ihre Bibelkritik, die von der Kritik an den Texten zur Kritik an der Mythologie des Christentums übergegangen war, die Evangelien und die vorangegangene Hierographie der Juden auf eine ungewisse Anzahl von Mythen, Legenden und bloßer Literatur reduziert hatte..."[3]

Fernando António Nogueira de Seabra Pessoa, portugiesischer Dichter, Schriftsteller, 1888-1935

---

[1] Trivers, Robert, The evolution of reciprocal altruism. In: Quarterly Review of Biology. Band 46, Chicago 1971, S. 47.

[2] Ebenda: S. 35–57.

[3] Pessoa, Fernando, Das Buch der Unruhe, Frankfurt 1987, S. 13

Mal ganz ehrlich: In Anbetracht der irgendwie auch sinnlosen Endlichkeit einer Welt ohne Gott, kann es doch ebenso einerlei sein, ob man diesen Jesus Christus als Religionsstifter, Helden, Propheten und einen Sozialphilosophen betrachtet oder ihn für den Sohn Gottes hält. Das, was er lehrt und sagt, taugt alle mal dazu unserem Leben eine Richtung und einen Rahmen geben zu können. Dieser Jesus erdet unser Dasein – in einem größeren Ganzen oder Gott – und endpflichtet uns bzw. befreit uns von dem Zwang selber ein kleiner Gott (Göttchen) („...who shits"[1]) sein zu wollen und sich selber genügen zu müssen. Die Tatsache, nicht das »non plus ultra« sein zu müssen, macht gläubige Menschen frei, zum autonomen und wirklichen Individuum. Individualisierung ist dann kein Selbstzweck mehr, sondern begreift sich als ein Eingliedern in die Welt und in den Zusammenhang eines »Größeren Ganzen« in die Hand eines Gottes und seine Schöpfung hinein.

Und es ist auch nicht der schlechteste Weg mit der Endlichkeit klar zu kommen!

„Wenn wir erkennen, was die religiöse Lösung bewirkt hat, können wir sehen, wie der moderne Mensch sich in eine unmögliche Situation manövriert hat. Er musste sich immer noch heldenhaft fühlen, damit er wusste, dass sein Leben von Bedeutung war. Er musste immer noch besonders ‚gut' für etwas wirklich Besonderes sein."[2]

Und: der dauernde Versuch den religiösen Glauben zu wiederlegen und die Alternative, das vermeintlich ‚Unreglementierte', zu glorifizieren, adelt, angesichts der Gewissheit des Todes, das sinnleere Durchhalten am Ende nicht. Im Gegenteil, denn die Menschen suchen nun ihr Heil in Dingen, Ideologien, Menschen oder gar ihren Partnern! Diese sind aber mit der Rolle der Heilsbringer überfordert und die ‚falsche Adresse'!

Argumente, dass Glaube unaufgeklärt und irgendwie rückständig sei, machen das Endergebnis auch nicht wirklich besser = **_Nichts_**! Oder vielleicht doch etwas? Immerhin, was wir eben sagten: **_der gläubige Mensch kann wenigstens hoffen_**!

Insofern macht es auch Sinn, dass Atheisten und Theisten sich achten und nicht gegenseitig klein und schlecht reden.

---

[1] Becker, Ernest, The Denial of Death, New York 1973, S. 58
[2] Ebenda: S. 160 (meine Übersetzung)

Ein solches Verhalten entspricht nur engstirniger Rechtha-berei.

Was aber könnte von Vorteil daran sein, diesen Jesus als den **»Sohn Gottes«** - real oder interpretativ – anzuerken-nen?

In einer Zeit, in der alles auf patriarchale Abstammung und Genealogie anzukommen schien, bricht jemand wie Jesus konsequent mit familialen und sozialen Strukturen, die in der Regel auch Macht begründeten. Sicher: Seine Stoßrichtung war in erster Linie ein pharisäisches und sadduzäisches Patriarchat, jedoch löst er sich von den Strukturen genealo-gischer Abstammungsmacht und „von der physischen Fort-pflanzung und von der klassischen Reihung legitimer Vater-Sohn-Transmissionen ab und wandelt sich zu einer rein geistigen Nachfolge-Ordnung, in welcher Söhne auf Söhne folgen, ohne dass ein realer Vater intervenieren könnte oder dürfte."[1]

Natürlich zielte er zu Beginn auch gegen eine männliche Sukzessionslogik weil diese täglich Realität war! So wurde dieser Jesus in eine Familie hineingeboren, deren Ahnen-reihe bis auf den Jüdischen König David[2] zurückgehen

---

[1] Sloterdijk, Peter, Nach Gott, Berlin 2018, S. 188ff
[2] Matthäus 1,1–17

„1 Buch des Ursprungs Jesu Christi, des Sohnes Davids, des Sohnes Abrahams: 2 Abraham zeugte den Isaak, Isaak zeugte den Jakob, Jakob zeugte den Juda und seine Brüder. 3 Juda zeugte den Perez und den Serach mit der Tamar. Perez zeugte den Hezron, Hezron zeugte den Aram, 4 Aram zeugte den Amminadab, Amminadab zeugte den Nachschon, Nachschon zeugte den Salmon. 5 Salmon zeugte den Boas mit der Rahab. Boas zeugte den Obed mit der Rut. Obed zeugte den Isai, 6 Isai zeugte David, den König. David zeugte den Salomo mit der Frau des Urija. 7 Salomo zeugte den Rehabeam, Rehabeam zeugte den Abija, Abija zeugte den Asa, 8 Asa zeugte den Joschafat, Joschafat zeugte den Joram, Joram zeugte den Usija. 9 Usija zeugte den Jotam, Jotam zeugte den Ahas, Ahas zeugte den Hiskija, 10 Hiskija zeugte den Manasse, Manasse zeugte den Amos, Amos zeugte den Joschija. 11 Joschija zeugte den Jojachin und seine Brüder; das war zur Zeit der Babylonischen Gefangenschaft. 12 Nach der Babylonischen Gefangenschaft zeugte Jojachin den Schealtiël, Schealtiël zeugte den Serubbabel, 13 Serubbabel zeugte den Abihud, Abihud zeugte den Eljakim, Eljakim zeugte den Azor. 14 Azor zeugte den Zadok, Zadok zeugte den Achim, Achim zeugte den Eliud, 15 Eliud zeugte den Eleasar, Eleasar zeugte den Mattan, Mattan zeugte den Jakob. 16 Jakob zeugte den Josef, den Mann Marias; von ihr wurde Jesus geboren, der der Christus

sollte, die jedoch jäh unterbrochen wird durch diesen Jesus selber, der letztendlich eine ‚Geistzeugung' durch Gott selber ist. „Die Engelsverkündigung an Maria macht die langwierige Herleitung Jesu von Abraham und David gegenstandslos, da sie die patriarchalische Zeugungskette suspendiert und einen vertikal hereinbrechenden supranaturalen Faktor ins Geschehen einbringt."[1]

Du bemerkst: Ganz gleich ob Du nun Jesus Christus real oder im übertragenen Sinne als **»Sohn Gottes«** betrachtest, so manifestiert sich hier der eigentliche Befreiungsakt des Menschen in diesem Jesus in jeder Hinsicht selber.

So demonstriert er den hohen Stellenwert und die besondere Verpflichtung des transzendenten Individuums vor Gott – oder für Atheisten: vor einer höheren Logik oder dem Großen und Ganzen der Welt - . *Das Menschsein vor Gott und/oder der Welt qualifiziert und befreit den Menschen, nicht jedoch zu einer ungehemmt einforderbaren Selbstverwirklichung, sondern zur Verantwortung, Kritik und Protest in Richtung auf bestehende säkulare Prozesse und Strukturen in Partnerschaft, Familien, Gruppen, Stämmen, Völkern und Nationen.* Die Normen, die Gott setzt, transzendieren jede Beziehung. Und wir können unseren eigenen Bedarf nach Heldentum und Vorbild auf diesen Jesus übertragen, der selbst den Tod durch sein »Gut- und Zuverlässigsein« bezwungen hat.[2] Gleichzeitig garantiert er auch die Sicherheit unseres **»Personseins** – der Wertigkeit unseres Individuums – *vor Gott«*. Das hat Folgen und es wird Jesus vom Evangelisten Matthäus sehr authentisch in den Mund gelegt:

„29 Verkauft man nicht zwei Spatzen für einen Pfennig? Und doch fällt keiner von ihnen zur Erde ohne den Willen eures Vaters. 30 Bei euch aber sind sogar die Haare auf dem Kopf alle gezählt. 31 Fürchtet euch also nicht! Ihr seid mehr wert als viele Spatzen. 32 Jeder, der sich vor den

---

genannt wird. 17 Im Ganzen sind es also von Abraham bis David vierzehn Generationen, von David bis zur Babylonischen Gefangenschaft vierzehn Generationen und von der Babylonischen Gefangenschaft bis zu Christus vierzehn Generationen. "

[1] Sloterdijk, Peter, Nach Gott, Berlin 2018, S. 198

[2] Becker, Ernest, The Denial of Death, New York 1973, S. 155ff

Menschen zu mir bekennt, zu dem werde auch ich mich vor meinem Vater im Himmel bekennen. ₃₃ Wer mich aber vor den Menschen verleugnet, den werde auch ich vor meinem Vater im Himmel verleugnen. ₃₄ Denkt nicht, ich sei gekommen, um Frieden auf die Erde zu bringen! Ich bin nicht gekommen, um Frieden zu bringen, sondern das Schwert. ₃₅ Denn ich bin gekommen, um den Sohn mit seinem Vater zu entzweien und die Tochter mit ihrer Mutter und die Schwiegertochter mit ihrer Schwiegermutter; ₃₆ und die Hausgenossen eines Menschen werden seine Feinde sein. ₃₇ Wer Vater oder Mutter mehr liebt als mich, ist meiner nicht wert, und wer Sohn oder Tochter mehr liebt als mich, ist meiner nicht wert. ₃₈ Und wer nicht sein Kreuz auf sich nimmt und mir nachfolgt, ist meiner nicht wert. ₃₉ Wer das Leben findet, wird es verlieren; wer aber das Leben um meinetwillen verliert, wird es finden."
Matthäus 10,29-39

Natürlich geht es hier nicht um „Schwert" im Sinne von Krieg. Es geht um Auseinandersetzung mit dem Traditionellen und alt Hergebrachten – letztendlich um Erneuerung durch Kritik und *»Whistleblowing«* in einem altruistisch verstandenen Sinn, nicht im Namen eines selbstbezogenen, narzisstischen Individualismus. Immerhin vertritt das Christentum Menschenrechte, die emanzipieren von Zugehörigkeiten und Traditionen.

Durch diese Möglichkeit erhältst Du als Mensch eine entscheidende Option zu deiner individuellen Freiheit.

Exkurs: Ich möchte nur darauf hinweisen, das andere monotheistische Religionen anders mit Genealogie, Familie und Patriarchat umgehen und ggf. nicht – auch nicht vor Gott – zu einer freien Entscheidung zu oder Kritik an traditionellen Verhältnissen oder Fehlentwicklungen finden können. So ist der Islam hier schon weitestgehend festgelegt, was seine sozialen Strukturen angeht. Insgesamt ist hier ja ein schwieriges Verhältnis zu zeitgemäßer Koran-Kritik oder Auslegung zu beobachten. Dieses findet sich u.a. auch in den patriarchalen Familienstrukturen wieder.
"…Besitztum und Kinder sind Schmuck des irdischen Lebens…" Koran 18,46
Am Beispiel des Umgangs mit Familie wird man feststellen, dass sie eine dogmatische Größe im muslimischen Zusam-

menleben – *zumindest was die auch noch aktuell vertretene Lehre angeht, darstellt. Für den Verderb der Gesellschaft bis zum Untergang von Staaten wird immer wieder der Verfall der Familie verantwortlich gemacht.*

So steht Familie in einem kritikresistenten Raum, weil deren innere Struktur allein von Allah vorgegeben sei und Missachtung oder Kritik postwendend zum ahndungswürdigen Verstoß gegen die Familienehre stilisiert werden könne.

„Der Respekt vor den Eltern ist im Islam die oberste und heilige Pflicht der Kinder. Wer seinen Eltern keinen Respekt entgegenbringt, verweigert automatisch auch Gott den Gehorsam. (…) Kinder sollten sich der Tatsache bewusst sein, dass ihnen eine angemessene Wertschätzung ihrer Eltern den Weg zur Barmherzigkeit Gottes ebnet. Dafür werden sie nicht nur im Diesseits, sondern auch im Jenseits belohnt. Wer hingegen die Existenz seiner Eltern als eine Last für das eigene Leben betrachtet und ihrer überdrüssig wird, wird es gewiss bereuen."[1]

Hier wird direkt göttliche Macht auf die Eltern – eher direkt auf den Vater, Patriachen – übertragen und somit wird Vater und Familie für Kinder unantastbar. Eine Person wie Jesus als Sohn Gottes, der die Gläubigen sogar auffordert mit den hergebrachten Strukturen (kritisch) zu brechen und sich selber zu orientieren und Verantwortung zu übernehmen, gibt es bei Mohammed nicht. Ihm ist es selber an der Stabilität traditioneller Strukturen gelegen, denn er Beurteilt vieles aus dem Koran heraus aus der Sicht eines Politikers und Heerführers. So schreiben auch vermeintlich moderne islamische Internetseiten:

„Kinder sollten ihren Eltern so weit wie möglich Gehorsam leisten und ihren Rat beherzigen. Eltern haben ihrerseits die Aufgabe, die moralische und spirituelle Erziehung ihrer Kinder ebenso zu fördern wie ihre körperliche Entwicklung und Gesundheit. Außerdem ist es ihre Aufgabe, geeignete Lehrer und Schulen zu finden. (…) Während der Ehemann und Familienvater primär für das materielle Wohlergehen der Familie zu sorgen hat, sollte sich die Ehefrau in erster

---

[1] Islam-Aktuell, Wertvorstellungen in der muslimischen Familie, 11.11.2014, zuletzt aufgerufen 08.06.2019, https://www.islam-aktuell.de/index.php/themen/islam-in-der-gesellschaft/islamische-moral/familie-im-islam/item/118-wertvorstellungen-in-der-muslimischen-familie.html

Linie um den Haushalt und die Erziehung der Kinder küm-
mern. Dies heißt aber nicht, dass es ihr nicht gestattet wäre,
außer Hauses zu arbeiten. In der öffentlichen Sphäre sollte
jedoch nicht an erster Stelle ihre Weiblichkeit betont werden
(wie z.B. in der modernen westlichen Konsumgesellschaft
üblich), sondern ihre Persönlichkeit als Individuum."[1]

Selbst wenn man biologistisch Frauen eine natürliche Nähe
zum Gebärakt und Kindesaufzucht unterstellen würde, ist
dies eine merkwürdige Auslegung des Begriffs „Individuum"... Ja, dies ist jedem öffentlich im Netz zugänglich...

So ist der Zusammenhalt innerhalb muslimischer Familien
im Regelfall sehr ausgeprägt. Man beobachtet als Außen-
stehender sehr eindringlich, wie jedes Familienglied einer
muslimischen Familie bemüht ist, einen engen und unmiss-
verständlich respektvollen Kontakt zu allen nahen und fer-
nen Verwandten zu pflegen.

Auch mit Volljährigkeit – teils lange danach – verlassen die
Kinder das Elternhaus in der Regel nur dann, wenn wichtige
berufliche bzw. Studiengründe, die Gründung einer Familie
und natürlich die mehr oder weniger – manchmal auch nur
erhoffte – Zustimmung der Eltern vorliegen. Familienbezie-
hungen werden auch dann noch unter hohem Aufwand
weiter gepflegt und oft als Pflichtübung empfunden. Naja,
wer möchte schon der ewigen Verdammnis preisgegeben
werden.[2]

Jesus und die frühen Christen bleiben tatsächlich nicht in
der Erneuerung des gesellschaftlichen Gefüges stehen.
Sicher: Gesellschaftliche Strukturen – auch Familie – sind
hier achtenswerte Institutionen und das Ehren von Mutter
und Vater gebietet schon das Alte Testament. Aber diese
Strukturen sind irgendwo auch Mittel zum Zweck, während
der Kern Christlichen Lebens die Nächstenliebe zu und die
Solidarität unter den Menschen – Gläubigen und Ungläubi-
gen („So gebt dem Kaiser, was dem Kaiser gehört, und
Gott, was Gott gehört!" Markus 12,17) – ist. Jesus reißt die
altbekannte, traditionelle Ordnung auseinander und stellt sie
auf neue Säulen.

---

[1] Ebenda
[2] Vgl. Mertek, Muhammet, Der Islam: Glaube, Leben, Geschichte, Hamm 2012

Wir sehen sogar zahlreiche gesellschaftliche Dogmen aufgebrochen, wenn wir alleine folgendes lesen:

*„27 Denn ihr alle, die ihr auf Christus getauft seid, habt Christus angezogen. 28 **Es gibt nicht mehr Juden und Griechen, nicht Sklaven und Freie, nicht männlich und weiblich; denn ihr alle seid einer in Christus Jesus.** 29 Wenn ihr aber Christus gehört, dann seid ihr Abrahams Nachkommen, Erben gemäß der Verheißung."*
Galater 3,27-29

Es handelt sich um eine durch Gott – oder das Transzendente – aufgegebene Solidarität, nicht nur im Hier und Jetzt, sondern auch mit den Menschen als Nachfahren Abrahams – ob sie es wissen wollen oder nicht – in alle Zukunft.

Auch wenn die Kirche(n) versuchte(n) dieser inneren Logik der Lehre Jesu Einhalt zu gebieten, indem sie sich noch so sehr bemühte(n) durch das Erbliniendogma der Sukzessionslehre eine Art patriarchales System zu erhalten – Peter Sloterdijk sagt: „Man könnte es die Konterrevolution der Bischöfe nennen – oder die klerikokratische Restauration"[1] –, so ist es ihr nie mehr gelungen „die anarchische Energie der christlichen Söhne-und-Töchter-Welt" auch im Inneren unter „der Bleidecke der politischen Patristik"[2] zu verschließen.

Man kann auch der heute existierenden Kirche nicht absprechen, dass in Ihr immer noch der Gründungsgedanke Jesu aufleuchten kann.

Das Ringen der fortschreitenden Individualisierung mit dem katholischen, weniger selbstreflexiven, Personenverständnis wurde auch durch Luthers Rechtfertigungslehre verstärkt. Er verknüpfte die Rechtfertigung durch den Glauben mit dem Individuum, nicht mit der Gemeinschaft in der universalen Kirche. Christus starb für jeden einzelnen Menschen, der auch gleichzeitig individuell Sünder ist. Und jeder Einzelne wiederum kann auch den Kontakt zu Gott suchen, ohne dass Mittler oder Kirche dazu notwendig wären. Das Heil ist nicht mehr mit der Zugehörigkeit zur Kirche verbunden und das Individuum erfuhr eine entscheidende Aufwer-

---

[1] Sloterdijk, Peter, Nach Gott, Berlin 2018, S. 201
[2] Ebenda: S. 206

tung. So spielte der Protestantismus eine gewichtige Rolle bei der weiteren Entwicklung der Individualisierung. Und durch den Bruch mit dem Machtanspruch Roms und des Papsttums machte er den Menschen auch in Glaubensfragen und vor Gott selbstverantwortlich.

Trotzdem: Ein egozentrischer und unsolidarischer Individualismus – wie wir ihn aktuell oft beobachten – wurde auch hier nicht begründet, denn der gläubige Mensch war auch im reformatorischen Verständnis kein Einzelgänger. Im Protestantismus war er ebenso eingebettet in ein Größeres Ganzes, als Teil der verbindlichen Gemeinschaft der Gläubigen, der »ecclesia«, dem »Leib Christi«. Diese war Regulativ für diesen einseitig verstandenen Individualismus.

Es deutet also nichts darauf hin, dass der Mensch in Christentum und Kirche letztendlich alleine gelassen wird, wie eine "Ich-AG"[1], die für sich selber Rechnung tragen müsste.

Trotzdem gab es natürlich immer Formen von Spiritualität, die aus Einsamkeit oder aus dem Ausbrechen aus der Gemeinschaft entstanden sind. Sie wirkten oft in die Gemeinschaft zurück und bereicherten sie.

Auch wenn in den sogenannten modernen Gesellschaften oft belächelt, haben Christen die anerkennungswürdigen Argumente in der Hand und müssen sich dafür auch nicht schämen. Angesichts des sicheren Todes und eines Gottes, dessen Existenz wir weder endgültig beweisen noch wiederlegen können, werden wir sehen, wer zuletzt lacht. Gläubige Menschen haben *»das Rezept Hoffnung«*! Welches haben die anderen?

---

[1] http://www.unwortdesjahres.net/index.php?id=113

Unwort des Jahres 2002:
„Ich-AG: Reduzierung von Individuen - als Aktiengesellschaft? - auf sprachliches Börsenniveau.
Diese Wortbildung aus dem »Hartz-Papier« leidet bereits sachlich unter lächerlicher Unlogik, da ein Individuum keine Aktiengesellschaft sein kann. Selbst als ironisches Bild ist das Wort nicht hinzunehmen, da sich die aktuelle Arbeitslosigkeit mit solcher Art von Humor kaum noch verträgt.
Ausschlaggebend für die Wahl war aber die Herabstufung von menschlichen Schicksalen auf ein sprachliches Börsenniveau. Ich-AG ist damit einer der zunehmenden Belege, schwierige soziale und sozialpolitische Sachverhalte mit sprachlicher Kosmetik schönzureden."

Das Christentum kann so unauslöschliche Impulse zur „Frei-lassung aus Erbgefangenschaften" geben[1]. „Die modernen Menschenrechte gründen vor allem in der vom Christentum behaupteten – durch die Taufe bekräftigten – Freiheit des Einzelnen vom Zwang des ersten Herkommens – gewiss auch im Bekenntnis der früheren Philosophie zur kosmopoli-tischen Freibeweglichkeit des Geistes und dessen Abstandnahme von Polis und Mutter Erde. (…) Niemand muss den Sitten, Meinungen und Lügen des Herkunftsvol-kes zustimmen, nur weil die Vorfahren nichts anderes kann-ten. *Wer überdies die Grundoperation des christlichen Personseins ausführt, die man »Glauben« nennt, ver-wandelt sich auf der Stelle in ein uneheliches Kind des Höchsten.*"[2]

Das ist die Sicherheit und das Selbstvertrauen, welches die Hoffnung einer christlichen Existenz ausmacht. Diese Hoff-nung begegnet dem modernen „Erlebnis der Getrenntheit, der Abgesondertheit und der Ohnmacht. Dieses Erlebnis der Abgesondertheit und Ohnmacht ruft das Erlebnis der Angst hervor, (...) der Angst im Sinne der existentiellen, der dem Menschen eigentümlichen Angst."[3]

Es ist kein zwingendes Schicksal des Individuums in dieser metaphysischen und moralischen Angst zu verharren, die Fernando Pessoa zu am Anfang beschrieben hat. Aber da sitzt unsere kleine Seele pfeifend im Wald und traut sich nicht den Weg, den sie gekommen war wieder zurück zu gehen.

Vielleicht wird es Zeit sich wieder mit Gott auszusöh-nen.

3.1.4 Aussöhnung mit der Umwelt

„Jeder Teil dieses Landes ist für mein Volk geheiligt.
Jeder Hügel, jedes Tal, jede Ebene und jeder Hain ist wei-hevoll erfüllt von einigen lieblichen Erinnerungen oder eini-gen traurigen Erfahrungen meines Stammes. Sogar die

---

[1] Vgl. Sloterdijk, Peter, Nach Gott, Berlin 2018, S. 208
[2] Ebenda: S. 208
[3] Fromm, Erich, Die Grundpositionen der Psychoanalyse. In: Funk, Rainer (Hrsg.), Erich Fromm: Gesamtausgabe in zwölf Bänden. Band 8: Psycho-analyse. Stuttgart 1999 S. 35-45 / S. 40

Felsen, welche entlang der stillen Küste in feierlicher Größe dumpf in der Sonne zu brüten scheinen, erschauern voller Erinnerung vergangener Ereignisse, die mit dem Leben meines Volkes verbunden sind.

Derselbe Staub unter euren Füßen gibt unsere Fußstapfen zärtlicher wieder als die euren, denn es ist die Asche unserer Vorfahren, und unsere nackten Füße fühlen die freundliche Berührung, denn die Erde ist angereichert mit dem Leben unserer Geschlechter.

Die tapferen Krieger, zärtlichen Mütter, fröhliche, von Herzen glückliche Mädchen und sogar die kleinen Kinder, die hier kurze Zeit lebten und sich freuten, und deren Namen nun vergessen sind, lieben immer noch diese dämmrigen Einsamkeiten und ihre tiefe Abgeschiedenheit, welche zur Abendzeit mit dem Erscheinen der Schattengeister immer dunkler werden."

1855 hielt Noah Seattle (1786 – 1866) Häuptling der Duwamish seine berühmte Rede vor den versammelten Stammesmitgliedern und offenbar in Gegenwart des Gouverneurs Isaac Stevens, der im Auftrag des amerikanischen Präsidenten Pierce das Land kaufen sollte. Die Authentizität der Rede war oft umstritten. Dieser Ausschnitt entstammt der ursprünglichsten Version, die vermutlich Dolmetscher Dr. Smith verfasst hat. Am 29. Oktober 1887 schrieb dieser in der Zeitung »Seattle Sunday Star«:

„Der alte Häuptling Seattle war der größte Indianer, den ich je sah, und bei weitem die edelste Erscheinung. Er brachte es in seinen Mokassins auf beinahe sechs Fuß und war breitschultrig, vollbrüstig und bestens proportioniert. Seine Augen waren groß, klug, ausdrucksvoll und freundlich, wenn sie ruhten, und sie spiegelten getreulich die wechselnden Gemütszustände der großen Seele, die durch sie hindurch leuchtete."[1]

Nun, die Rede des Seattle wurde zu einer Art motivationellem Grundgesetz der Umweltbewegung in den 1980ern. Sie wurde erweitert und verfälscht, um allerlei romantischen Naturvorstellungen zu genügen. Seattle wur-

---

[1] Vgl. Gruhl, Herbert, Häuptling Seattle hat gesprochen: Der authentische Text seiner Rede mit Klarstellung: Nachdichtung und Wahrheit, Düsseldorf 1988

de zum Gegenbild des umweltfressenden und – zerstörerischen Kapitalismus. Als ökologische Kuschelecke drohten hier aber die Umweltbewegten betäubt zurück zu bleiben, ohne wirklich die Ökonomie mit der Ökologie modern zu verbinden!

Professor Hubert Markl (†2015) 1996 bis 2002 Präsident der Max-Planck-Gesellschaft, sagte schon 1987 zu diesem Thema: „In unserem Alltag kann ein Schritt dazu sein, weniger nach 'Natürlichkeit' zu fragen als vielmehr – beispielsweise – nach ökologischer Vertretbarkeit."[1]

Die Versöhnung mit der Natur ist auch eine *»Versöhnung von Ökonomie und Ökologie«*.

Markl sagt weiter, dass das Haus des homo oeconomicus seine Umwelt ist, denn er habe sich ganz in der Natur entwickelt und sei ihr Bestandteil. Wenn der Mensch also Bestandteil der Natur ist – denn wir können ja nicht wirklich behaupten, dass er hier nur ein Fremdkörper sei – „ist dann nicht jede Ökonomie schon aus naturgesetzlich-evolutionären Gründen zugleich ökologisch?"[2]

Das könne aber doch nur bedeuten, dass das ganze Handeln und Wirtschaften derart angepasst werden müsste, dass die global intensiv wirtschaftende Menschheit versucht die Öko- und Biosphäre in einem lebenswerten und – freundlichen Zustand zu erhalten? Dieser Zustand wird aber immer wieder vom Menschen abhängen, denn der Mensch mit seinem Einfluss ist auch dann Teil dieser Veränderungen. Er ist auch Teil des natürlichen Mechanismus der Selbstregulierung der Natur.

Es wird eine neue Balance in der Welt herzustellen sein, die nur mit all unseren Erkenntnissen und Fähigkeiten aufrecht erhalten werden kann. „Der Mensch hat sich die Erde Untertan gemacht, und es ist unabdingbar notwendig, dass er nun in Obhut nimmt, was er bisher nur überwältigte. Das wird gewiss nicht leicht sein, aber es sieht so aus, als gäbe es – außer in zornigen Träumen – kaum Alternativen."[3]

Wir sind jetzt verantwortlich mindestens für zehntausende von Jahren die sinnhafte und lebenswürdige Existenz zu sichern. Daher müssen wir all unsere Fähigkeiten und Er-

---

[1] Markt, Hubert, Die Natur schlägt zurück, Zeit Online, 04.12.1987, aufgerufen 13.06.2019, https://www.zeit.de/1987/50/die-natur-schlaegt-zurueck
[2] Ebenda
[3] Ebenda

kenntnisse einsetzen, damit Umwelt und Natur der Menschheit eine würdige Zukunft bieten können, sodass „sich im Zusammenwirken mit uns Menschen eine dynamische und dennoch dauerhafte Lebensgemeinschaft bildet, die wir dann, wenn auch in neuem Sinne, ökologisch nennen mögen."[1]

Diese Erkenntnisse werden dann auch zu neuen PRIORITÄTEN zur Steuerung der Welt führen müssen. Bei der Aussöhnung mit der Umwelt kann es eben nicht um irgendwelche romantischen Vorstellung von einer Natur im Urzustand gehen. Das würde tatsächlich bedeuten, den Mensch und seine Auswirkungen im Ökosystem ausblenden zu wollen.

„28 Gott segnete sie und Gott sprach zu ihnen: Seid fruchtbar und mehrt euch, füllt die Erde und unterwerft sie und waltet über die Fische des Meeres, über die Vögel des Himmels und über alle Tiere, die auf der Erde kriechen! 29 Dann sprach Gott: Siehe, ich gebe euch alles Gewächs, das Samen bildet auf der ganzen Erde, und alle Bäume, die Früchte tragen mit Samen darin. Euch sollen sie zur Nahrung dienen. 30 Allen Tieren der Erde, allen Vögeln des Himmels und allem, was auf der Erde kriecht, das Lebensatem in sich hat, gebe ich alles grüne Gewächs zur Nahrung. Und so geschah es."
Genesis 1,28-30

Man muss damit aufräumen, dass man den Eindruck vermitteln will, dass selbst Gott die Ausbeutung der Welt empfohlen habe! Hat selbst der jüdisch-christliche Gott einen Freibrief, die Erde auszubeuten, ausgestellt? Ist der Mensch der Herrscher alles Geschaffenen?

Aber der Mensch ist gar nicht als etwas Besonderes geschaffen, sondern er ist auch und gleichzeitig mit dieser Welt durch Gott erschaffen – worin er sich also nicht vom Rest der Welt unterscheidet: *„27 Gott erschuf den Menschen als sein Bild, als Bild Gottes erschuf er ihn. Männlich und weiblich erschuf er sie." Genesis 1,27.* Und um noch einen drauf zu setzen, ist der Mensch sogar noch Ebenbild des Schöpfers selber! Der Mensch teilt also mit dem Schöpfer

---

[1] Ebenda

die Verantwortung für das Wohl der Welt, denn er hat als sein Hoheitszeichen auch dessen Willen in der Welt umzusetzen. Wenn der Mensch also die Welt und Natur für sich nutzen darf, dann tut er dies natürlich im Rahmen der Herrschaft und Möglichkeiten, die ihm Gott verliehen hat, aber auch mit dessen Verantwortung. Der Mensch ist nur ein Verwalter, dem die Welt anvertraut ist und deren Teil der Mensch ist.

Als Verwalter der Schöpfung ist der Mensch sicher auch nachhaltiger Gestalter, der auch verändert. Er ist nicht nur Erhalter eines Status Quo und er ist ganz bestimmt nicht Zerstörer, denn das passt gar weder zur Intention eines Gottes, aber auch nicht zur Vorstellung eines umsichtigen Atheisten.

Wir haben also die Welt von Gott und den zukünftigen Generationen nur geliehen. Wir müssen wieder das Bewusstsein erlagen, dass wir Teil einer globalen und dauerhaft existierenden Menschheit sind und hierin Sinn und Bestimmung finden. Das bedeutet auch, dass die Dinge, die der Mensch verantwortungsvoll und nachhaltig verändert, auch Teil dieser Natur sind. Aber: Teil der Natur zu sein muss Zerstörungshandlungen zwingend ausschließen!

3.2 Kultur einer nachhaltigen Wirtschaft

Wenn Du alles zuvor Dargelegte berücksichtigst, dann kommst Du rasch zu der Schlussfolgerung, dass unsere Weltgemeinschaft eine Vorstellung einer nachhaltigen, resilienten Zukunft benötigt. Ich dachte bis zu diesem Kapitel, dass ich sozialphilosophische Utopien des gesellschaftlichen Zusammenlebens und wirtschaftliches Handeln getrennt diskutieren könnte. Davon muss ich mich wohl verabschieden, da es in der Praxis offenbar kaum eine Trennlinie dieser Themen gibt. Wir sind eben *»Homo Oeconomicus«*, dessen soziales Zusammenleben immer auch geprägt von seinem wirtschaftlichen Umgang mit Gesellschaft und Umwelt ist.

Wenn wir daher eine Vision von einer *»postkapitalistischen, digitalisierten und nachhaltigen Gesellschaft«* an dieser Stelle entwickeln wollen, dann vermischen sich plötzlich Gesellschaftsmodell, Ökologie, Ökonomie und

Technologie in einem untrennbaren Modell. Gleichzeitig bemerken wir auch, dass dies genau das ist, was in der Vergangenheit fehlte und schief gegangen ist.

Kapitalismus alleine interessiert sich nicht für die Art des gesellschaftlichen Modells, in dessen Strukturen er sich um- und durchsetzen will. Er parasitiert lediglich an ihnen, um seine maximale, extensive Entfaltung zu erreichen. China und Russland sind derzeit beste Beispiele dafür.

Eben diese Teilung von Sozialphilosophie, Wirtschaft und Naturwissenschaften war es, die die Welt an den aktuellen Abgrund geführt hat. Auch wir in Europa und im Westen haben doch glatt geglaubt, dass wir mit unserer Philosophie und unserem Demokratieverständnis eine Leitkultur kreiert hätten, die in irgendeiner Weise optimale Voraussetzungen für Individuum und Welt bereiten könnte…

…es muss wohl an unserer Hybris liegen, dass wir nicht bemerkt haben, dass wir damit gar nichts ‚bereiten‘ und entscheiden! Wer wirklich entscheidet und die Welt regiert ist die Wirtschaft: Das, was Anders Indset den „materialistischen Turbokapitalismus" nennt, der zu massenhafter Konsumsucht geführt habe.[1] Und hier entscheiden nur noch im geringen Maße die Menschen oder Unternehmer im alten Stil, sondern Manager, die über sehr viel weniger als ihre Lebenszeit hinaus entscheiden, wirtschaften in erster Linie kurzfristig in die eigene und die Taschen der Shareholder hinein. Das *»Shareholder Value«* befiehlt dem Management seine totale Ausrichtung auf das Wohl der Aktionäre und deren befriedigenden Rendite. So konzentrieren sich die Manager auf steigende Börsenkurse und Cashflow, gleichgültig, ob man dafür ggf. tausende Mitarbeiter entlassen muss. Hinter allem stehen also schnelle, kurzfristige Entscheidungen, die eine höchstmögliche Gewinnmaximierung garantieren. Dies birgt natürlich viele Möglichkeiten für Irrtümer und Fehlentscheidungen.

Und die Manager müssen nicht einmal dafür gerade stehen, wenn sie ein Unternehmen zu Grunde richten oder irreparablen Raubbau an der Umwelt betreiben! Aber sie üben endlose Macht aus, auch über Politiker! Was somit auch zurück bleibt ist, wie Indset es nennt, eine *„dysfunktionale*

---

[1] Anders Indset, Quantenwirtschaft - Was kommt nach der Digitalisierung?, Berlin 2019, S. 56

Pseudodemokratie"[1]. Das führt zu einem grundlegenden Problem: „Freie Märkte, unternehmerischer Wettbewerb und soziale Marktwirtschaft verlieren ebenso wie demokratische Wahlen ihren Sinn, wenn die Entscheidungen der Individuen nicht mehr auf subjektiven Meinungen und Gefühlen, sondern auf Manipulation beruhen."[2]

Wo ich mir bei Indsets Thesen nicht sicher bin: Ob wir hier als Ziel haben können, den „unvollendeten Kapitalismus" weiterzuentwickeln und dass die neue Leitidee die „maximale Freiheit für die Menschen"[3] sein kann.

Es scheint unmöglich, dass Milliarden von Menschen in der Welt den raumgreifenden Lebensstil kapitalistisch-moderner Gesellschaften umsetzen können. Hierzu wären mehrere Erden notwendig. So bemerken wir, dass der Umgang mit unseren Ressourcen ganz entscheidend auch mit den Gesellschaftmodellen, in denen wir leben, korrespondiert. Die ganze Welt kann nicht so leben, wie derzeit auch nur Europa lebt. Das würde weiterhin gravierende soziale und ökonomische Ungleichheit und Ungerechtigkeit schaffen.

Ich hatte ja eben auch schon auf die Agenda 2030 der Vereinten Nationen hingewiesen, die die *globalen Trends Richtung Nachhaltigkeit umdrehen* will. Es geht eben nicht so weiter!

Die Agenda der UN will einen Paradigmen-Wechsel. Die UN möchte nachhaltige Gesellschaften, denn es geht nicht mehr um kapitalistisches Wirtschaften. Um dies erreichen zu können, benötigt man auch neue längerfristige Rezepte des Regierens. Nicht mehr dieses kurzfristig angelegte politische Denken.

Exkurs: Die Hälfte des Weltvermögens ist im Besitz von 1% der Weltbevölkerung und wenn
alle lebten wie die Deutschen, bräuchten wir drei Erden.
Unser ökologischer Fußabdruck ist einfach zu groß und müsste reduziert werden. Unser CO_2-Ausstoß ist seit 2009 nicht mehr gesunken! Der »Overshot«, die Überlastung, ist riesig. So kann man den Weltüberlastungstag mit Hilfe des sogenannten ökologischen Fußabdrucks berechnen und erwartet ihn schon im August eines jeden Jahres. Es ist die

---

[1] Ebenda: S. 159
[2] Ebenda: S. 49
[3] Vgl. Ebenda: S. 292 u. 253

einfache Aufrechnung von Produktion von Ressourcen gegen deren Verbrauch.

Anders sähe die Sache aus, wenn man den durchschnittlichen Lebensstandard zum unteren Mittelstand verschieben würde. Dieser lebt ja nicht schlecht und wenn alle ihren Standard dahin senkten…

Wenn man den Standard nach unten anpasst, so wären die Veränderungen in der breiten Masse erheblich moderater! Im Gegenteil: es gäbe sogar einige Erleichterungen, wie kostenloser ÖPNV. Einige andere müssen den Lebensstandard einschränken: Ist denn Fliegen zu jeder Gelegenheit notwendig? Leben wird aber nicht weniger lebenswert. Es wird jedoch mehr geteilt werden müssen…

Wenn wir nicht den größten Teil der Menschheit in unverantwortbarer Armut zurücklassen wollen, wird – trotz des Ausstiegs aus kapitalistischen Denkweisen – eine irgendwie geartete Form von Wachstum notwendig sein. Die OECD kalkuliert, dass die Menschheit bis 2050 auf ca. 9 Milliarden ansteigen wird.[1] Im Szenario, welches Anders Indset „Quantenwirtschaft"[2] nennt, steht eine **»Zirkulärwirtschaft«** und u.a. **»Share-Economy«**…

"Ökonomie und Ökologie schließen sich nicht aus, im Gegenteil. Dem entspricht auf dem Gebiet der Produktion, dass die gesamte Verantwortlichkeit auf den Hersteller verlagert wird. In der Quantenwirtschaft wird nichts mehr gekauft, sondern alles ausgeliehen. Dadurch entsteht beim Konsumenten ein höheres Bewusstsein, und die Hersteller bekommen einen ökonomischen Anreiz bessere Produkte zu bauen. (...) Mehr und mehr Produkte werden zu Dienstleistungen. (...) Unternehmen, die nach dem Motto »nach mir die Sintflut« wirtschaften, können wir uns schlichtweg nicht mehr leisten."

Alles muss auf erneuerbare Energien und dem Verbleib von Rohstoffen innerhalb des Produktionszyklus beruhen. Diese neue Art von nachhaltigem Wirtschaftswachstum wird sich im engen Rahmen unseres Planeten und einer gerech-

---

[1] Vgl. OECD, OECD-Umweltausblick bis 2050 - DIE KONSEQUENZEN DES NICHTHANDELNS, Zusammenfassung, OECD 2012, https://www.oecd.org/berlin/49907296.pdf
[2] Anders Indset, Quantenwirtschaft - Was kommt nach der Digitalisierung?, Berlin 2019, S. 247f

ten Verteilung unter allen Menschen abspielen müssen. Alleine so bleibt auch genug für die kommenden Generationen übrig.

Gleichzeitig werden Erlöse aus den Ressourcen unseres Planeten, sowie Pflichten zu dessen Erhalt in gleicher Weise globalisiert und sozialisiert werden müssen.

Der Spalt zwischen Arm und Reich in der Welt darf nicht größer werden, damit sich Hunger, Durst und Armut in den zurückgelassenen Ländern nicht durch Perspektivlosigkeit potenzieren und dadurch zum Dauerzustand werden.

Dies würde alles kulturell Erreichte, Humanismus und Demokratie, ernsthaft gefährden.

Wenn dies durch das rücksichtslose Verhalten der westlichen Gesellschaften nicht sowieso schon der Fall sein sollte. Solche postkapitalistischen Gesellschaften werden in besonderer Art also auch **weltweite Solidarität** üben müssen. Ein Wirtschaften ganz ohne Wachstum, im Sinne einer wirklichen **»Postwachstumsgesellschaft«**, werden wir mit Rücksicht auf die wachsende Erdbevölkerung nur langfristig umsetzen können.

Trotzdem sind die herkömmlichen Strukturen in der postkapitalistischen, digitalisierten Gesellschaft auch nachhaltig in Frage gestellt. Die deutsche Unternehmerin Sina Marie Trinkwalder beschreibt sie folgerichtig als „dezentral, demokratisch, vielfältig und egalitär. All jene Attribute, die der Spätkapitalismus infrage stellt und erodiert, können nicht durch denselben wiederhergestellt werden."[1]

3.3 Egalitäre, nachhaltige Gesellschaften der Weltgemeinschaft

Trotz der engen Verwobenheit von Gesellschaftssystem, Kultur und Wirtschaft möchte ich hier doch noch einen kurzen Abschnitt der Frage widmen, wie denn in Zukunft eine nachhaltige Wirtschaft umgesetzt werden müsste. Man wird zu der Erkenntnis kommen müssen, dass die gesamte Menschheit an einem Strang ziehen und etwaige ‚Opfer' in

---

[1] Trinkwalder, Sina, Zukunft ist ein guter Ort: Utopien für eine ungewisse Zeit, München 2019

Kauf genommen werden müssen, *da wir schlichtweg keine Alternative zu einem radikalen Wandel haben.* Wandel aber mit welchen Schwerpunkten?

Nehmen wir als Beispiel die weltweite Plastikverschmutzung: Zahlreiche Akteure weisen auf das Problem hin, aber weite Teile der Gesellschaft schlafen noch. Es ist deprimierend, dass wir hier dieselben Fehler zu machen scheinen, wie bei den Treibhausgasen. Es fehlt die Transparenz, ehrgeizige Ziele der Unternehmen und Institutionen, das systemische, zirkuläre Denken und insbesondere die öffentliche Aufmerksamkeit für den Ernst der Situation. Deswegen müssen wir umso mehr etwas gegen den fehlenden politischen und unternehmerischen Willen unternehmen.

Unzweifelhaft ist es eine Aufgabe für die gesamte Menschheit und ganze Gesellschaften.

Wenn die Politik etwas bewegen will muss sie auf die Forderungen der Öffentlichkeit reagieren, auf „Fridays for Future" und aufbegehrende Youtuber…

Auch die Menschen selber können durch eigenes, beispielhaftes Handeln viel bewirken.

Das bedeutet nicht allein, dass alle versuchen ihr Leben in Richtung Klimaneutralität zu trimmen. Es bedeutet auch, dass jeder bereit ist, Einschnitte in sein Leben hinzunehmen.

Und es verlangt der Politik ab, ohne an Wahlen zu denken, mutige Entscheidungen zu treffen und dem Druck des Kapitals und seiner Manager stand zu halten!

Alles, was wir für unveräußerliche Individualrechte halten, muss auf den Prüfstand gestellt werden. Ich hatte ja eben über die Kohlearbeiter geschrieben, die auf ihr Recht auf einen Arbeitsplatz verzichten müssten, um etwas Neues zu beginnen und der Zukunft von Generationen eine reelle Chance zu geben. Menschen müssen z.B. auch ihre Lebensweise ändern und den autobasierten Individualverkehr reduzieren.

Unterstützt werden könnte letzteres auch durch *kostenlosen ÖPNV*, was wiederum Folgen auf andere Individualrechte haben könnte. Manche tückische Falle der Individualrechte lauert immerhin da, wo wir sie nicht wahrhaben wollen – wie ich schon erwähnte: Wir haben kein Recht auf Verbote von Stromtrassen über unser Privateigentum; wir haben kein Recht, nicht behelligt zu werden von Feinstaub und Stickoxiden und unter Umständen sogar kein Recht auf vorübergehende Freiheit vom Risiko der Atomenergie etc. Die Bedrohung durch den Klimakollaps ist so existentiell für die Menschheit, dass wir zeitweise andere Risiken und Verstöße gegen vermeintliche Individualrechte eingehen müssen. *Alles, was vorübergehend eine zügige und nachhaltige Reduktion des CO_2-Ausstoßes gewährleistet, muss ggf. akzeptiert werden.* Naja: Klare Luft zum Atmen nützt auch nichts, wenn der Planet in 200 Jahren nicht mehr bewohnbar ist... Diesen Gedankengang kann man mit vielen Beispielen durchexerzieren. Es ist eine klare Sicht der Dinge, wenn die Kids von *„Fridays for Future"* sagen, was denn Schulbildung nütze, wenn man den Planeten nicht mehr bewohnen könne. Ihnen gegenüber reiten die Politiker immer noch den Gaul des individuellen Rechtes auf Bildung zu Tode und möchten am liebsten die unliebsamen Aktivitäten auf die Schulbank verbannen. *Die Politiker haben die der Argumentation innewohnende und berechtigte Radikalität noch nicht verstanden!*

Aber wie sähe nun unser Wirtschaftssystem aus, wenn die Reduktion des CO_2-Ausstoßes und nicht mehr Wirtschaftswachstum die oberste Maxime für wirtschaftliches Handeln wäre? Wenn wir uns von der Vorstellung verabschiedeten, Wachstum sei linear und unendlich? Wenn wir uns schlagartig entscheiden würden, dass nachhaltige Wirtschaft zirkulär verlaufen müsste?

Welche Auswirkungen hätte das auf die Politik, auf die Gesellschaft, auf die Wirtschaft?

Was wären die Folgen, wenn wir langfristig auf ein *wachstumsunabhängiges Wirtschaftssystem* hinarbeiten würden?

Wenn wir Energie- und Ressourcenverbrauch inkl. Verbrauch von Fläche

und Biodiversität entsprechend den Nachhaltigkeitszielen massiv zurückgefahren würden?

Ich kann das alles nicht im Detail beschreiben, denn auch mir fehlt dafür die Bildung und die Vorstellungskraft. Aber jeder hat die Intuition dafür...

DER KLARE BLICK

Eins ist sicher: Wir müssen augenblicklich damit aufhören unter dem Verweis auf unsere aktuellen und manchmal sehr persönlichen Individualrechte (auf garantierte Gesundheit, absolute Selbstverwirklichung, sicheren Arbeitsplatz, Unversehrtheit unseres Eigentums, grenzenlose Reisefreiheit etc), die nachhaltige Sicherung von Lebensqualität der zukünftigen Generationen im Rahmen der ökologischen Grenzen unseres Planeten zu gefährden.

Wir müssen unseren engstirnigen Egoismus und Narzissmus in den Griff bekommen, denn sonst werden wir unseren Planeten unbewohnbar machen und die Menschen werden zu einer Fußnote der Natur – als suizidale Spezies, die ihre eigene Lebensgrundlage zerstörte.

Das wäre auch das Handeln einer wirklich solidarischen und humanen Gesellschaft, in der das Individuum in der Gegenwart ebenso viel zählt, wie die Generationen und deren Lebensqualität in der Zukunft! Leben auf Kosten zukünftiger Generationen muss uns zu Opfern bereit machen! Helden sind gefragt!

Die MOTIVATION

Ein zweites ist auch sicher: Wir müssen augenblicklich damit aufhören auf Kosten unserer aktuellen, subjektiven Lebensqualität (durch Lebensfreude an Technik und Technologie, Nutzung von Digitalisierung und Biotechnologie zum Wohl des Menschen, erfüllende Aufgaben im Leben, unser Recht auf eigene Meinung und nicht gegängelt zu werden, Genuss unserer Körperlichkeit, die Freiheit unseren Tod ins Kalkül ziehen zu dürfen etc), unsere aktuellen, fragilen Grundlagen zur Selbstmotivation durch aufreibende »Scheingefechte«, die nichts mit den absolut existentiellen PRIORITÄTEN (Klimaerwärmung, Plastikverseuchung, Insektensterben etc.) zu schaffen haben, zu zerstören.

Vieles was aktuell in manischer und paranoider Art und Weise hochgekocht wird, bremst den Klimawandel nicht, aber überzieht die Menschen mit ausgesprochenen und unausgesprochenen Versagungen und Verboten. Ohne den Antrieb durch positive Motivation gibt es auch keine Rettung des Planeten für zukünftige Generationen…

Diese beiden Sachverhalte sind die Ecksäulen der Veränderungen, die eine Kehrtwende möglich machen könnten: Der **klare Blick** auf die notwendigen Dinge und der Erhalt der **Motivation** dazu!

Letztere – die Motivation – ist ganz entscheidend wichtig, denn die Klimawende und deren Bekämpfung verlangt der Gesellschaft und dem Gemeinwesen vieles ab. Aber da gibt es auch einiges, das wir zwar fleißig geißeln, was wir aber akzeptieren müssten. Denn es ist nicht relevant für die globale Erwärmung. Zwar mögen manche Dinge dabei nicht der Gesundheit zuträglich sein, aber sie machen uns Freude und spornen uns an. Wenn wir einmal bewusst akzeptiert haben, dass wir sterblich sind, dann können wir auch sehr froh mit unserer eigenen, kleinen eingeschränkten Zukunft umgehen. Aber wir können dann auch getrost und heldenhaft die Verantwortung für das Wohl der Welt zukünftiger Generationen übernehmen.

Exkurs: Meine Vater ist in einer Welt mit Feinstaub und Stickoxiden, in medizinisch unterversorgter Kindheit, einem Weltkrieg, mit Motorrad etc. über 90 Jahre alt geworden! Eine Welt die überhitzt ist, werden weder Alte noch junge Menschen langfristig überleben!

Also machen wir mit Anders Indset hier den Schlusspunkt unter diesen Abschnitt: „Unser Urteilsvermögen, unsere Sinneserfahrungen und unsere fehltastischen Fortschritte sind Teil unserer Menschlichen Reise. (...) Lass uns zukünften!"[1]

---

[1] Anders Indset, Quantenwirtschaft - Was kommt nach der Digitalisierung?, Berlin 2019, S. 214f

4. Die Therapie

Die Therapie für die Welt ist zuerst dein genauer Blick auf dich selber. Und wenn Du aufmerksam gelesen hast, dann hast Du in Kapitel 2 die Dinge kennengelernt, auf die wir achten sollten. Aber eigentlich ist der Begriff „Rettung der Welt" hier auch schon wieder vollkommen überzogen. Warum wir alle davon in diesem Zusammenhang reden, hat wahrscheinlich dann wieder mit der menschlichen Überheblichkeit zu tun.

Die Welt wird mit vielen, wenigen und auch ohne Menschen weiterleben. Sie wird über uns hinweg gleiten und sich weiterentwickeln. Sicher: Vorübergehend beeinflusst durch die Spezies Mensch, die irgendwann aus dem Miteinander mit der Welt – oder Schöpfung – ausgeschert und wie ein Parasit über die Welt hergefallen ist. Nur leider, dass Parasiten im Normalfall ihren Wirt nicht ausrotten. Das allein ist schon ein Zeichen, dass da etwas vollkommen aus dem Ruder läuft.

Gerettet werden soll jedoch hier eine Welt, in der die Menschheit weiterhin erträglich leben kann. Die Vorstellung auszuwandern und einen neuen Planeten zu suchen, ist utopisch. Wir haben die Verantwortung für

- **unsere Spezies** mit all ihren ethisch-moralischen und philosophischen Errungenschaften und
- die Menschen, die zu einem bestimmten Zeitpunkt die **Weltbevölkerung** ausmachen und die auf diesem Planeten eine lebenswerte Heimat benötigen.

Hierfür müssen wir die PRIORITÄTEN setzen.

Wir beginnen mit den langfristigen PRIORITÄTEN und werden uns schließlich auf die wichtigsten und kurzfristigen hinbewegen.

Was meine Person angeht, so muss ich nicht extra betonen, dass ich natürlich kein Biologe, Physiker, Chemiker, Geologe, Meteorologe oder ein sonstiger Wissenschaftler bin. Insofern bitte ich daher nachsichtig zu sein und nicht seitenweise genaue Abhandlungen zum Thema erwarten. Ich bin nur Pädagoge und Sozialarbeiter und muss die ganz genauen Zusammenhänge nicht genau erklären oder gar beweisen können. Das wissen die Kids von »Fridays für Future« auch nicht und trotzdem gehen sie Woche für Woche auf die Straße und möchten die ihnen evidenten Veränderungen erzwingen. **Du, als aufgeschlossener Leser,**

bist sowieso über alles genügend im Bilde. Der Plan ist ja eigentlich im Groben allen klar.

Ich habe im Untertitel nur die die Frage gestellt **»Warum die Welt so schwer zu retten ist!?«**

Das habe ich dann auch versucht in Kapitel 2 zu erklären. Die Menschen, das Wirtschaftssystem und die Staaten sind so sehr krankhaft mit sich selber beschäftigt, das jede schnelle Lösung und Handlung unmöglich erscheint. Das frustriert die erwachten Individuen sehr.

Dabei ist es gar nicht nötig, dass alle vermeintlich notwenigen Veränderungen gleichzeitig in die Wege geleitet werden müssen. Es gibt einige wichtige Entscheidungen, die jedoch radikal umgesetzt werden müssten.

4.1 Die nachhaltige globale Wirtschaft

Jetzt bin ich ja auch kein Ökonom und auch nicht Spezialist in Sachen Wirtschaft. Umso schlimmer, wenn Du dann schon selber an den Punkt geraten bist, dass Du bei gesundem Menschenverstand an der Tauglichkeit unserer neokapitalistischen Wirtschaftsordnung zweifeln musst. Scheinbar musst Du dafür gar kein Spezialist sein, denn einige systemimmanenten Fragwürdigkeiten liegen auch für einen Laien, wie Dir, greifbar auf der Hand:

- Angesichts begrenzter Ressourcen erscheint ein **unendliches Wachstum**, auf dem das System beruht, vollkommen unmöglich.
- Aus demselben Grund scheint ein lediglich **lineares oder spiralförmiges Wachstum** ebenso unrealistisch.
- Die **Orientierung am Individuum** mit seinen z.T. suggerierten Bedürfnissen wird weder das eine noch das andere sicherstellen können. Ganz zu schweigen von den ökologischen Notwendigkeiten, die nicht immer kompatibel mit der individuellen Bedürfnisbefriedigung sein können.
- Ebenso ist das Individuum nicht nur Mittel zum Zweck um den **Konsumkreislauf** in Gang halten zu können. Das würde die sozialen Aspekte des individuellen Menschseins vernachlässigen, denn das Individuum mehr als ‚souveräner Konsument' und Arbeitskraft.

Bei den Problemen, die wir prioritär zu lösen haben, wird die neoklassische traditionelle Ökonomie von den Positionen einer nachhaltigen Ökonomie nicht nur in Frage gestellt, sondern auch abgelöst werden müssen! Denn die neoklassische traditionelle Ökonomie versagt mit ihren volkswirtschaftlichen Theorien bei der Lösung der akuten globalen Probleme. Die Frage ist doch, wie denn die Wirtschaft unserer Industriegesellschaften während der 4. industriellen Revolution nachhaltig Umgebaut werden muss.

Hierzu denkt die neokapitalistische Wirtschaft jedoch viel zu kurzfristig und engstirnig. Es muss ökonomisch viel langfristiger geplant werden. So muss man sich darüber im Klaren sein, dass es unter Umständen dazu kommen kann, dass die aktuellen Wirtschaftssysteme kapitalistischen Stils keine Grundlage für ein nachhaltiges Wirtschaftssystem bilden können.

Sicher: Wir Menschen werden immer Handel betreiben müssen, weil wir nicht in der Lage sind alle notwendigen Produkte für den Eigenbedarf selber herzustellen. Wir werden immer »**homo oeconomicus**« bleiben. Wirtschaft – wie auch immer – wird es also weiterhin geben. Aber kann sie auf die alten Systeme aufbauen und wie tickt diese neue Wirtschaft?

Ich selber bin eher davon überzeugt, dass sich am Ende des Weges zur nachhaltigen Ökonomie, das neokapitalistische System langsam auflösen wird. In ganz entscheidendem Maße werden psychologische, sozio-kulturelle, ökologische, politische und historische Interessenfaktoren die Entwicklung einer nachhaltigen Wirtschaft beeinflussen müssen. Bei deren Umsetzung wird *staatliche Lenkung*, die durch marktradikale Ökonomen massiv abgelehnt wird, eine entscheidende Rolle spielen müssen. Dies ist insbesondere Notwendig, da der Mensch als Individuum – wie wir schon erklärten und aus welchem Grunde auch immer – falsche PRIORITÄTEN setzt und nicht zu seinem und dem Besten der zukünftigen Generationen handelt. Gegensätzliche Interessensphären und zahlreiche andere Konfliktfelder müssen von dritter Seite her ausgeglichen werden. Der Focus liegt nicht mehr darauf, die eigenen – oft egoistischen – Bedürfnisse zu befriedigen, sondern auch, dass die Lebens- und ggf. Konsummöglichkeiten der zukünftigen Generationen erhalten bleiben.

Das Leitbild der Gerechtigkeit gegenüber den Mitmenschen und der Mitwelt heute ebenso wie die Gerechtigkeit den Nachfahren gegenüber – die »*intra- und intergenerative*

Gerechtigkeit« – wird in den Mittelpunkt gerückt werden müssen. Das bedeutet auch, dass nachhaltiges Wirtschaften in erster Linie dem Menschen und der Gesellschaft dient. Gerade deswegen müssen ökonomische, ökologische, sozialkulturelle und globale Leitlinien entwickelt werden, die regeln,

- wie Natur nachhaltig genutzt werden darf,
- wie ein nachhaltiges Finanzsystem geregelt werden kann,
- wie sozial-ökologische Marktwirtschaft oder kreislaufwirtschaft umgesetzt werden,
- wie sozial-ökologische Wirtschafts- und Finanzpolitik aussieht,
- wie in Zukunft das bisher systemimmanente Versagen und die Fehlentwicklungen des Marktes ausgeschlossen werden können,
- wie Verteilungsgerechtigkeit erreicht und Armut vermieden werden kann,
- wie eine einseitige Verteilung von Wirtschaftsmacht vermieden wird,
- wie bestimmte Produkte in internationaler Arbeitsteilung hergestellt werden können (z.B. bestimmte energieintensive Produktionsprozesse zu den Energiequellen bringen und Transportwege vermeiden).

Aber was ordnet diesen Rahmen? Dies kann am besten durch eine ursprüngliche, direkte Demokratie geschehen, die nicht durch rein kapitalistische Interessen und Kräfte auf die regelmäßige Wahl von irgendwelchen Volksvertretern beschränkt wird. Das wäre eine Placebo-Demokratie, wie sie sich in unseren Staaten leider eingeschlichen hat. Der Neokapitalismus liebt eben keine Reglementierungen – auch demokratischer Art – und möchte so sein Reservat des Wirtschaftsdarwinismus erhalten. Der Effizienteste, Stärkste und Fetteste soll überleben. Wie ich schon sagte: Der Kapitalismus braucht die Demokratie und soziale Gerechtigkeit nicht, denn er wird sich überall festsetzen und einnisten, wo er seine grenzenlose Profitmaximierung möglichst ohne Hemmnisse umsetzen kann – ob in China, Europa, Brasilien oder sonst wo. Daher muss man beim aktuellen Stand anzweifeln, dass der vorherrschende Turbokapitalismus die Wende zur nachhaltigen, *»sozial-ökologischen Wirtschaft«* ohne Widerstand zulassen wird.

Ich will jetzt nicht den Eindruck erwecken, als würde ich naiv davon Ausgehen, dass der Kapitalismus wie ein zentral gesteuertes Wesen agiert. Er handelt jedoch relativ einheitlich durch unzählige skrupellose Köpfe einer Medusa, die die relativ primitive Grundregel der größtmöglichen Profitmaximierung bei maximalem Eigennutz gnadenlos verfolgen.

So erleben wir immer wieder, wie die Protagonisten der kapitalistischen Marktwirtschaft demokratische Prozesse und Entscheidungen unterlaufen, ausnutzen und umgehen (oder besser betrügen?), weil die Schwächung der sozialen und ordnenden Strukturen den eigenen Handlungsspielraum erhöht. Hierfür sind uns allen zahlreiche Beispiele bekannt: Vom Dieselskandal über Immobilienblasen bis zur Korruption.

Auch die effiziente Ausbeutung aller natürlichen Ressourcen bis zum vollkommenen Verbrauch - die Übernutzung – erscheint dem kapitalistischen System selbstverständlich und ungebremst legitim. Das ist quasi das Absägen des Astes, auf dem man gerade sitzt.

Da wir dies im Sinne einer intra- und intergenerativen Gerechtigkeit verhindern müssen und der Mensch nur _eine_ Welt zur Verfügung hat, müssen bei den wirtschaftlichen EntscheidungsPRIORITÄTEN ökologische und soziale Bewertungsmaßstäbe in den Vordergrund gerückt werden. Diesen muss sich die Ökonomie unterordnen!

Es geht also um einen entscheidenden Paradigmenwechsel: Vom ‚marktgeregelten' Wachstum zum nachhaltigen zirkulären Wirtschaften.

Wir ahnen schon, dass die herkömmliche Art der kapitalistischen Marktwirtschaft für diesen Paradigmenwechsel wahrscheinlich nicht geeignet ist.

Die *OECD* sieht das wie folgt:

„Voraussetzung für die Einrichtung eines wirkungsvollen Policy Mix für ein umweltverträgliches Wachstum ist, dass die Politik Führungsinitiative zeigt und sich in der Öffentlichkeit die Erkenntnis durchsetzt, dass die damit verbundenen Umstellungen sowohl erforderlich als auch bezahlbar sind."[1]

Nicht zielführend ist jedoch die OECD-Empfehlung der „kosteneffizientesten" Maßnahmen – denn es gilt, die wirklich wichtigsten Maßnahmen zu ergreifen.

---

[1] OECD, OECD-Umweltausblick bis 2050 - DIE KONSEQUENZEN DES NICHTHANDELNS, Zusammenfassung, OECD 2012,
https://www.oecd.org/berlin/49907296.pdf

Auch das Individuum muss vom eigennützigen Konsum loslassen. Al Gore, US-amerikanischer Politiker, Unternehmer und Umweltschützer, sagt, dass entscheidend sei, „dass die normalen Bürger willens sind, weitsichtige Politik zu unterstützen."[1]

Insgesamt erscheint es hier ziemlich aussichtslos, den Versuch zu starten, das gesamte Wirtschaftssystem der Welt zu ändern. Aber vielleicht bedarf es ja des Anfangs und des guten Beispiels. Gerade Europa scheint hier wieder die beste Grundlage bieten zu können.

Aber man kann auch nicht erwarten, dass alle Staaten der Welt basisdemokratisch werden oder sich unter einer demokratischen Weltherrschaft vereinigen. Im Grunde sind alle Kulturen, Religionen und Staatsformen als Verbündete zu suchen, wenn sie die wirkliche Dringlichkeit einsehen und Maßnahmen ergreifen und sich vom ungezügelten Kapitalismus verabschieden. Wir müssen es nur alle wagen und mittragen.

4.2 Die solidarische und altruistische Gesellschaft

Mit dem Zusammenhang von Altruismus und Individualismus hatten wir uns ja schon beschäftigt (3.1.2). Und im vorherigen Abschnitt (4.1) haben wir eine **»sozialökologische Wirtschaft«** gefordert. In diesem Abschnitt geht es nun um die soziale Komponente in dieser Hinsicht. Dies betrifft nun alles, was ein Individuum, zum Beispiel Dich, mit einem oder einer Gruppe von Individuen beschäftigt. Eine sozial geprägte Wirtschaft kann vielleicht am besten in einer (basis-)demokratischen Gesellschaft umgesetzt werden. Aber ein Bestandteil erscheint in jeder Hinsicht zwingend notwendig: Wir benötigen Gesellschaften, die auch bereit sind – in Hinsicht auf **»intra- und intergenerative Gerechtigkeit«** – **»solidarisch und altruistisch«** zu handeln. Der Definition nach ist Solidarität die Bereitschaft des Einzelnen, sich für das Wohlergehen eines anderen –

---

[1] Al Gore im Interview mit Heuser, Uwe Jean, "Schneller, als man denkt", Zeit Online, 04.07.2018, (DIE ZEIT Nr. 28/2018) zuletzt aufgerufen 02.07.2019, https://www.zeit.de/2018/28/al-gore-umwelt-klima-technologie

ggf. Schwächeren – einzusetzen, auch, wenn er bewusst dafür ein persönliches Opfer eingehen müsste.

So bist, neben den gesellschaftlichen Funktionsträgern, zur Umsetzung eines solchen Gesellschaftsideals besonders Du als einzelnes Individuum gefragt, denn Solidarität und Altruismus müssen schon von Dir gelebt werden. Sie prägen eine Gesellschaft von unten – dem Einzelnen, Dir – nach oben – dem Kollektiv. Es erscheint schwierig Solidarität und Altruismus zu verordnen, auch wenn wir ein ‚altruistisches Gehirn' diskutierten. Als Tugenden müssen beide im **direkten Gegenüber von Individuen gepflegt** werden. Altruistische Solidarität ist also nicht nur ein Verfahren sozialen Teilens und der Kooperation, wie z.B. eine Sozialversicherung, die zur gegenseitigen Leistung verpflichtet. Altruistische Solidarität bedeutet, dass die Wohlhabenden wohlwissend und bewusst für die weniger Wohlhabenden mitzahlen und -leisten. Dies bezieht sich nicht nur auf finanzielle Leistungen und Hilfen, sondern auch auf Fähig- und Fertigkeiten im praktischen und ideellen Sinne.

Im Mittelpunkt steht der Nutzen für das Kollektiv, nachrangig zum Nutzen für das Individuum, denn wenn es dem Kollektiv gut geht, geht es auch dem Individuen gut.

Insofern geht es hier nicht nur um gelebte Hilfe und Beistand, sondern auch die **Stabilisierung von gesellschaftlichem Zusammenhalt und Strukturen**. Die Erwartung von Solidarität sichert auch die Anpassung des einzelnen Individuums an die ethisch-moralischen Regeln einer Gesellschaft. So sind Solidarität und Altruismus auch ein Instrument der sozialen Kontrolle, der soziale Raum gegenseitiger Anerkennung als Individuen.

An diesem Punkt wird dir auch klar, dass die beschriebene »narzisstische Individualisierung« in unseren postmodernen Gesellschaften wegen ihrer Tendenzen zur Endsolidarisierung keine Grundlage für eine »solidarische und altruistische« Gesellschaft ist.

Altruistische Solidarität ist Grundlage für eine intra- , intergenerative und ökologische Gerechtigkeit. Konsequentes ökologisches Handeln birgt daher immer die soziale Frage nach Altruismus und Solidarität. „Mutet man Bürgern Ungerechtigkeiten zu oder versagt darin, ihnen hinreichend zu vermitteln, dass dieses oder jenes neue Gesetz durchaus sozial gerecht ausgestaltet ist, so erodieren Akzeptanz und Kooperation in der Bevölkerung für zukünftig notwendige

Umweltschutzmaßnahmen."[1] Da nützt dann auch das altruistische Gehirn nichts, denn es werden von jedem Individuum hohe altruistische und solidarische Opfer für die Zukunft des Planeten und der Menschheit gefordert sein.

Exkurs: Nun mal ganz ehrlich: Ich frage Dich, wie oft Du deine Zeit – Freizeit – vertändelst und Dir ‚die Zeit vertreibst' – im wahrsten Sinne des Wortes? Und ich meine nicht die Zeit, die Du auch wirklich benötigst, um Dich dann mal nach getaner Arbeit oder anderen Anstrengungen zu erholen! Das braucht der Mensch, um wieder fit zu sein für seine Aufgaben. Du sollst ja auch ‚Spaß an der Freud haben'....Du merkst aber auch, dass es nicht leicht ist deine sinnerfüllende Zeitplanung in Balance zu bringen.

Aber es wird heute so viel Zeit mit vollkommen unnützem Zeug verbracht und das meist auch nur, weil die kapitalistische Freizeitindustrie uns zur Zeitverschwendung verführt. Und Du weißt es genau und lässt es auch zu. Hier beginnt Deine ureigene Verantwortung für einen sinnvollen Einsatz unserer Lebenszeit!

Es ist nicht meine Aufgabe hier unser aller Zeitverschleiß anzuprangern oder uns ein schlechtes Gewissen zu machen. Ich denke, Du weißt und spürst selber, wenn Du Zeit sinnlos verloren hast. Und wenn wir eben über den Tod gesprochen haben, so ist uns klar, dass wir nichts an finanziellen Möglichkeiten mit ins Grab nehmen und dass wir alles mit ins Grab nehmen, was wir an Fähigkeiten nicht der Allgemeinheit zur Verfügung gestellt haben.

Und schließlich wird bei uns gesellschaftlich das meiste an **Zeit und Know-how nach der Pensionierung bzw. im Ruhestand preisgegeben und verschwendet.** *Da werden Jahrzehnte an Wissenspotential ins Abseits gestellt, viel schlimmer: Wir gehen dann freiwillig in die Sinn- und Nutzlosigkeit! Und wir freuen uns auch noch darauf!? Bedenkt man, dass wir nur das eine Leben haben und wir nur kurze*

---

[1] Zahrnt, Angelika u. Schultz, Julia, Generationengerechtigkeit und Umweltgerechtigkeit gehören zusammen, in Hrsg. Zentrum Gesellschaftliche Verantwortung der Evangelischen Kirche in Hessen und Nassau, perspektiefe: »Umwelt- und Generationengerechtigkeit«, Mainz April 2012 / 28, https://www.zgv.info/fileadmin/Daten/ZGV-Perspektiefe/Perspektiefe_ab_1_als_PDF/Perspektiefe_28.pdf S.3

Zeit in dieser Welt verbringen, dann ist es kaum zu verstehen, warum der Mensch bei uns mit ca. 65 Jahren gesellschaftlich in einen hedonistischen Tiefschlaf verfällt, anstatt sehr intensiv sein Hier-Sein noch effizent für den Fortbestand der Menschheit und seine Mitmenschen einsetzt. Hängt es damit zusammen, dass er immer nur gewöhnt war, seine Fertig- und Fähigkeiten im kapitalistischen Sinne für Geld rauszurücken? Du muss Altruismus wieder lernen…

Es ist sicher eine sehr kapitalistisch geprägte Einstellung, wenn man sich ausrechnet, dass man ab der Pensionierung schließlich in den, vom Kollektiv finanzierten, ‚wohlverdienten‘ Ruhestand geht, weil man es sich ja durch Einzahlung in die Rentenkasse verdient habe.

*So beobachte ich immer wieder, wie Pensionäre **‚sich selbst genug‘** sind und ihre **‚Restlebenszeit‘** möglichst abwechslungsreich und angenehm für sich selber planen und gestalten. Zum Teil endlose Reisetätigkeiten, die bewusste Selbstenthaltung aus der generativen Arbeit als Großeltern bis zum Rumgammeln am Fenster im Feinripunterhemd sind nur einige Schicksale für das dissoziale Warten bis zum Ableben. Heil dir Hedonismus!*

Dabei gibt es so vieles anzupacken, sich einzubringen in soziale Fragen, in Vereinen und Umwelt.

Wir sagten, dass Solidarität gelebt werden müsste <u>von</u> Individuen <u>für</u> Individuen; <u>von</u> Dir <u>für</u> andere!

Vielleicht spielt uns aber eine andere Entwicklung in die Hände: Wir stehen mit der Digitalisierung vor einem weiteren riesigen Paradigmenwechsel, was die sinnvolle Betätigung von Millionen von Menschen angeht. Wir stehen vor einer Zukunft, in der Massen – vielleicht 60-70% der Bevölkerung - keiner ‚sinnvollen‘ Arbeit im herkömmlichen Verständnis mehr nachgehen können, weil ihnen die Digitalisierung schlichtweg jede mehr oder weniger erfüllende Betätigungsmöglichkeit im alten kapitalistisch-industriellen Sinne abnimmt! Soll der größte Teil der Bevölkerung von Almosen des Staates leben? ***Dabei hat doch jeder Menschen in dieser Gesellschaft ein Recht auf eine sinnvolle Betätigung und Tagesstruktur.*** Der Mensch möchte – wenn auch manchmal unbewusst – in seinem Sosein und Dasein gewinnbringend <u>für</u> ein größeres Ganzes leben – und nicht nur <u>von</u> einem größeren Ganzen.

Die notwendige altruistische Solidarität kann sinnvolle Betätigung und Erfüllung schaffen, auch in einer Welt, in der dem Menschen durch Maschinen und Rechner viele Tätigkeiten abgenommen werden können.

So könnte die digitale Revolution u.a. genutzt werden, um nachzuvollziehen, was in unserer Gesellschaft bis jetzt versäumt worden ist: Kindererziehung und Altenpflege, überhaupt gesellschaftlich bedingte Arbeiten, also Fürsorgearbeit, ihren angemessenen Stellenwert zu geben. Die Reproduktionsarbeit umfasst die wichtigsten, gesellschaftlichen Aufgaben, deren gute Erfüllung durch das Gemeinwesen auch auskömmlich entlohnt werden müsste![1]

Altruismus und Solidarität sind Kerntugenden einer neuen intra- , intergenerativen, ökologischen und digitalen Gesellschaftsordnung, sowie der »sozialökologischen Wirtschaft«. Es wären die Grundpfeiler dieser neuen Gesellschaft..

4.3 Die nachrangigen ökologischen PRIORITÄTEN

Ich muss hier anknüpfen an den Satz aus dem Kapitel 4.2:
„Mutet man Bürgern Ungerechtigkeiten zu oder versagt darin, ihnen hinreichend zu vermitteln, dass dieses oder jenes neue Gesetz durchaus sozial gerecht ausgestaltet ist, so erodieren Akzeptanz und Kooperation in der Bevölkerung für zukünftig notwendige Umweltschutzmaßnahmen."[2]

Und in 3.3 sagten wir auch, dass wir „unsere aktuellen, fragilen Grundlagen zur Selbstmotivation durch aufreibende »Scheingefechte«, die nichts mit den absolut existentiellen PRIORITÄTEN (...) zu schaffen haben," nicht zerstören dürfen!

Und das ist der Punkt, an dem der ein oder andere ‚hyperaktive Retter' von Umwelt und gesundheitlichen Individualrechten dicke Kröten schlucken muss. Denn nicht alles, was

[1] Vgl. Becker, Bert, eMANNzipation, Berlin 2019 S. 170-173

[2] Zahrnt, Angelika u. Schultz, Julia, Generationengerechtigkeit und Umweltgerechtigkeit gehören zusammen, in Hrsg. Zentrum Gesellschaftliche Verantwortung der Evangelischen Kirche in Hessen und Nassau, perspektiefe: »Umwelt- und Generationengerechtigkeit«, Mainz April 2012 / 28, https://www.zgv.info/fileadmin/Daten/ZGV-Perspektiefe/Perspektiefe_ab_1_als_PDF/Perspektiefe_28.pdf S.3

man sich wünschen könnte, muss auch umgehend umgesetzt werden, sondern umgehend umgesetzt werden muss,
was vor unseren Wünschen zwingend Notwendig ist.
Diese Prämisse beendet manch verbissene Wunschvorstel-
lung.

4.3.1 Stickoxide, Feinstaub und der Diesel

Stickoxide und Feinstaub tangieren lediglich Individualrechte auf gesundheitliche Unversehrtheit des Einzelnen. Insofern ist diesbezüglich blinder Aktionismus nicht nur nicht
notwendig, sondern auch frustrierend für die Betroffenen,
die hier die Fehler und Betrügereien der Industrie ausbaden
müssen. Angesichts schlimmer Gesundheitsgefährdungen
in der Vergangenheit, in vielen anderen Regionen der Welt
und für zukünftige Generationen, hätten wir eine Modellge-
neration von Dieselmodellen abwarten können. Im Grunde
ist es die Angst vor dem Tode, die so viele um ihre Gesundheit bangend laut aufschreien lässt und den nächstgreifba-
ren Schuldigen zur Rechenschaft ziehen will.

*Exkurs: Ich will mal am Beispiel Feinstaub- und Stickoxid-
Emission bei Dieselfahrzeugen eine These aufstellen: Es ist
langfristig wichtiger die Kohlenstoffdioxid (CO_2)-, Methan-,
Distickstoffmonoxid-, und Fluorkohlenwasserstoff-
Emissionen zu senken, als kurzfristig die Feinstaubbelastung und Stickoxid-Emission durch rigide Fahrverbote zu
reduzieren. Feinstaub und Stickoxide haben eine vollkommen unbedeutende auslösende Wirkung für die Erderwärmung[1] – umgekehrt gibt es die These, „dass der Klimawan-*

---

[1] Europäische Umweltagentur, Klimawandel und Luft, 23.05.2013,
https://www.eea.europa.eu/de/signale/signale-2013/artikel/klimawandel-
und-luft, zuletzt aufgerufen 12.12.2018

*"Kohlendioxid mag die wichtigste Ursache der globalen Erwärmung und
des Klimawandels sein, aber es ist nicht die einzige. Viele andere
gasförmige oder partikelförmige Verbindungen, die als „Klimatreiber"
bekannt sind, haben Einfluss auf die Menge der Sonnenenergie
(einschließlich der Wärme), die die Erde zurückhält und die Menge, die sie
zurück in den Weltraum reflektiert. Zu diesen Klimatreibern gehören
wichtige Luftschadstoffe wie Ozon, Methan, Feinstaub und
Distickstoffoxid.*

del dazu beiträgt, dass sich bestimmte Wetterlagen länger halten,"[1] die die Feinstaubbelastung u.a. erhöhen. Steigen die von Fahrverboten betroffenen Dieselfahrer, die sich kein subventioniertes Neufahrzeug leisten können, auf alte Benziner um, so ist dem vorrangig zu bekämpfenden Klimawandel nicht vorgebeugt! Im Gegenteil! Klimaerwärmung wird nur durch die radikale Reduzierung von fossilen Brennstoffen verringert!

Bei Feinstaub und Stickoxid geht es eher um die Schädlichkeit für die Gesundheit des Einzelnen, also um unsere persönliche Krankheitsfurcht und Todesangst, die unbedingt aus der Welt müssen! Leben endet nun mal in der Regel mit dem Tod. Das kann keine Sicherheitsmaßnahme verhindern. Und die Möglichkeit dieses Ende hinauszuzögern ist relativ und multifaktoriell. Wahrscheinlich hätte man auch die alten Dieselmodelle noch 10 Jahre kaputt fahren können, dann könnten alle Besitzer anschließend, wenn sich die Automobilindustrie anstrengen würde, sogar auf Hybrid-Fahrzeuge oder Elektrofahrzeuge umsteigen. Die CO_2-Emissionen wären akut nicht berührt – wahrscheinlich sogar geringer. Aber die Menschen würden innerlich mitkommen können. Ich will hier nicht auch noch diskutieren, welche Verantwortung eigentlich die Automobilindustrie hätte übernehmen müssen…

Nun ja, das müssten wir dann aushalten, denn Menschen haben immer mit einer Feinstaub- und Stickoxidbelastung

---

Feinstaub ist ein komplexer Schadstoff. Abhängig von seiner Zusammensetzung kann er einen abkühlenden oder wärmenden Effekt auf das lokale und globale Klima haben. Zum Beispiel absorbiert schwarzer Kohlenstoff - einer der wesentlichen Bestandteile von feinem Feinstaub und das Ergebnis unvollständiger Verbrennung von Brennstoffen - Sonnen- und Infrarotstrahlung in der Atmosphäre und hat somit einen wärmenden Effekt.

Andere Arten von Feinstaub wie Schwefel- oder Stickstoffverbindungen haben einen gegenläufigen Effekt. Sie verhalten sich eher wie kleine Spiegel, die die Energie der Sonne reflektieren und somit zu einer Abkühlung führen. Einfach gesagt, hängt es von der Farbe des Partikels ab. „Weiße" Partikel reflektieren das Sonnenlicht eher, während „schwarze" und „braune" Partikel es eher absorbieren."

[1] Klimawandel, Umweltzonen und gesundheitliche Auswirkungen, in Süddeutsche Zeitung, 15. April 2014,
https://www.sueddeutsche.de/gesundheit/feinstaubbelastung-dicke-luft-1.1937950-2, zuletzt aufgerufen 12.12.2018

gelebt, ob sie vor 15.000 Jahren in ihren Höhlen ihre Beute am offenen Feuer gegrillt haben, in den Städten der ersten industriellen Revolution im Smog der Kohleöfen leben mussten oder heute in Agbogbloshie, einem Ort bei Ghanas Hauptstadt Accra, an einer der größten, brennenden Elektroschrott-Müllkippen Afrikas leben müssen![1] Letzteres ist die eigentliche Katastrophe der Entstehung irrwitziger Mengen verschiedenster Giftstoffe, denen die dortige Bevölkerung direkt ausgesetzt ist! …und nicht irgendein lächerlicher Feinstaub- und Stickoxidgrenzwert in irgendwelchen europäischen Großstädten, den man durchaus noch ein paar Jahre hätte aushalten können und der an vielen geschlossenen Arbeitsplätzen weit überschritten wird. Das nenne ich Klagen auf hohem Niveau. Und die Weltverbesserer der rücksichtslosen Sorte sollten sich schämen, wenn sie durch aggressive Bevormundungsorgien den Umweltkampf auf dem Rücken des kleinen Mannes austragen und diesem am Ende die Lust und Muße nehmen, sich für Visionen einzusetzen, die u.a. verhindern, dass es in der Welt ein Agbogbloshie überhaupt gibt.

Das was hier der Chef der Deutschen Umwelthilfe, Jürgen Resch, erreicht, ist – global betrachtet – etwa so wertvoll wie gelb markierte Raucherzonen auf unseren Bahnhöfen. Schlimmer noch, er nimmt vielen auch die Lust, sich für den dringend notwendigen Umweltschutz einzusetzen!

Alles ist eine kommunizierende Röhre: Jeder der sich von seinem letzten Ersparten nun ein anderes Auto kaufen müsste, wird woanders sparen. So wird er ggf. preiswertes Fleisch aus Massenproduktion oder Übersee, weniger Frischware, mehr Plastikverpacktes, kaufen; Vielleicht eher ein Billig-Flug-Angebot für den Urlaub nutzen. Und er wird sicher keine ÖPNV-Tickets für die Fahrt in die Stadt kaufen, die teurer sind, als die Kosten für's Parkhaus (was in Köln ab 2 Personen der Fall ist!). Und zunehmend richten sich Bürger Einzelfeuerungsanlagen – also Kaminöfen – ein, weil sie Glauben so teure Brennstoffe sparen zu können. Jedoch emittieren in Deutschland diese mittlerweile zusammengenommen mehr Feinstaub und Stickoxid als alle Dieselfahrzeuge zusammen etc. etc.

---

[1] Zeitler, Annika, Giftiger Elektromüll in planetwissen, 17.10.2018, https://www.planet-wissen.de/kultur/afrika/ghana/pwie-giftigerelektromuell100.html, zuletzt aufgerufen 12.12.2018

Apropos **preiswertes Fleisch**: *Nutztiere und Rinder furzen und rülpsen* **Methan (CH₄)**!

Von der Mitte des 18. Jahrhunderts bis heute hat sich die CH_4 Konzentration in der Erdatmosphäre um das 2,5fache – auf 1,87 ppm (parts per million) – erhöht. Das ist höher als in den letzten 800.000 Jahren.

0,17 % der weltweiten CH_4Emissionen entstehen in Deutschland (830.000 t/a).

Mittlerweile sind Menschen für ca. 70% dieser weltweiten Emissionen sind auf den Menschen zurückzuführen. Fasst 40% auf die Tier- und Rinderhaltung und bis zu 20% auf den Nassreisanbau. Sogar alle Pflanzen emittieren ständig CH_4. Aber es scheinen auch gewaltige Mengen von CH_4Emissionen aus dem Kohleabbau zu entstehen. Sind Fleischesser daher besonders Schuldige am Klimawandel? Vegetarier und Veganer sehen sie als archaische Barbaren an, die die Welt zerstören…

Aber wie langlebig ist dieses CH_4 in der Atmosphäre überhaupt? Durchschnittlich verbleibt es 9-15 Jahre in der Atmosphäre. Wenn man andere Treibhausgase betrachtet, so ist dies sogar sehr kurz!

Im Vergleich ging man bis dato davon aus, dass das bei der Verbrennung fossiler Energieträger entstehende CO_2 nahezu 200 Jahre in der Atmosphäre verbleibe. Wir müssen jedoch nach neueren Erkenntnissen damit rechnen, dass ein erheblicher Teil unserer CO_2 Emissionen (20%) für Jahrtausendende in der Atmosphäre verbleiben.

Wir sehen, dass das CO_2 im Vergleich zum CH_4 ein ganz anderes Kaliber ist. Denn: „Bei CO_2 ist es komplizierter, da es durch vielfache physikalische und biogeochemische Prozesse im Ozean und an Land aus der Atmosphäre entfernt wird, die alle auf unterschiedlichen Zeitskalen ablaufen. (…) Nach 1 000 Jahren befinden sich immer noch 15 bis 40 % des (…) emittierten CO_2 in der Atmosphäre."[1]

---

[1] Deutsches Klima-Konsortium e. V. (DKK), Was würde mit dem zukünftigen Klima geschehen, wenn wir heute die Emissionen stoppen würden?, Berlin 2019, https://www.deutsches-klima-konsortium.de/de/klimafaq-12-3.html
= IPCC 2014: Klimaänderung 2013: Naturwissenschaftliche Grundlagen. Häufig gestellte Fragen und Antworten – Teil des Beitrags der Arbeitsgruppe I zum Fünften Sachstandsbericht des Zwischenstaatlichen Aus-

Hier werden Probleme miteinander vermengt, die sich am Ende nicht vergleichen lassen. Das kurzlebigere CH_4 war immer ein natürliches Produkt, dessen Gehalt in der Atmosphäre schwankte. Was war mit den riesigen Herden pflanzenfressender Dinosaurier im Jura und in der Kreidezeit? Einer richtigen Warmzeit dieser Erde! Wissenschaftler berechneten, dass diese ähnliche Mengen an CH_4 emittierten wie gegenwärtig unsere industrielle Welt.

Selbst die derzeit lebenden Wiederkäuer (Rinder, Giraffen, Büffel oder Ziegen) erzeugen erhebliche Mengen CH_4 weltweit. Man muss bedenken, dass diese Herden – von den Bisons in Nordamerika bis zu den Büffeln in Afrika – vor nicht allzu langer Zeit auch erheblich größer waren. Die Tiere könnten ein überschaubares Problem sein, auch wenn man es nicht durch Zwangsvegetarismus und -veganismus aller Menschen regelt! Besonders weil der Versuch die gesamte Menschheit alleine durch Pflanzen zu ernähren auch wiederum CH_4 in nicht unerheblichen Mengen produzieren würde. Bedrängender ist eher die CH_4Emissionen durch das auftauen der Permafrostböden durch die Erderwärmung.

4.3.2 Von Wölfen, Bären und Luchsen

Da kommen Tiere wie Bär, Wolf und Luchs nach Deutschland zurück. Daraus wird in breiten Kreisen eine Religion gemacht. Als hätten wir nichts anderes zu erledigen, während Insekten und Vögel sterben!

Der Mensch ist ja auch Teil der Natur und hier im Kern Europas hat er seit 2000 Jahren eine Kulturlandschaft erschaf-

---

schusses für Klimaänderungen (IPCC) [T.F. Stocker, D. Qin, G.-K. Plattner, M. Tignor, S.K. Allen, J. Boschung, A. Nauels, Y. Xia, V. Bex und P.M. Midgley (Hrsg.)]. Deutsche Übersetzung durch die deutsche IPCC-Koordinierungsstelle und Klimabüro für Polargebiete und Meeresspiegelanstieg, Bonn, 2017.

fen, die vielleicht gar keinen Platz mehr für diese Großjäger hat.

Landwirtschaft, Tierzucht und Nutzwälder haben sich vielleicht so verändert, dass selbst das robusteste Wildtier neurotisch wird. Aber es wird so getan, als sei es entscheidend für die Natur, wenn hier diese großen Raubtiere wieder Fuß fassen.

Diese Raubtiere sind ja zudem schwierige Zeitgenossen und es ist zu erwarten, dass sie mit unserer Zivilisation zusammenstoßen, denn Deutschland zählt immerhin zu den dichtest besiedelten Regionen der Welt. In 2015 wurden in Sachsen über 100 Nutztiere von Wölfen gerissen und verletzt. Das tun diese Räuber nicht etwa um die gerissenen Tiere zu fressen – sie werden in der Regel einfach auf den Weiden liegen gelassen. Wenn das mal nicht auf ein neurotisches Verhalten hindeutet.

Durch das hiesige Jagdverbot steigt die Zahl der Wölfe zum Beispiel in Deutschland rapide an. In Schweden z.B. sieht man das realistischer: Wegen der Rentierzucht werden Wölfe in Nordschweden nicht geduldet und ebenso ist es wegen der Weidetiere im Süden des Landes! So werden sie nur in Mittelschweden geduldet, aber auch bejagt. Natürlich werden sie auch in Polen bejagt.

Was soll also diese melancholische Gefühlsduselei? Haben wir in Deutschland wegen der Brüder Grimm ein Rotkäppchen- und 7GeisleinSyndrom aufzuarbeiten?

Wenn die, die da so viel Zeit damit verbringen, sich für Großräuber einzusetzen, sich eher mit der gleichen Intensität massiv gegen die Klimaerwärmung einsetzten, dann wären wir weiter. Unter uns: Meine Meinung ist, dass unsre Kulturlandschaft keine Wölfe, Bären etc. braucht. Genauso wie wir akzeptieren müssen, dass der Eisbär seinen Lebensraum verlieren wird! Wer es also verbieten möchte, dass diese weißen Tiere in Zoos gehalten werden dürfen, wird dieser Art erst recht den Todesstoß versetzen. Davon sind aber Bär, Wolf und Luchs noch Lichtjahre entfernt, so dass die ganze Diskussion wie ein teures Hobby anmutet.

4.3.3 Von Fledermäusen und Windrädern

Plötzlich werden in zahlreichen Darstellungen von Umweltschützern in der Öffentlichkeit und den Medien Windräder zu ‚Umweltkillern' stilisiert. Da werden doch tatsächlich Fledermäuse und Vögel getötet. Und wenn die Arten bedroht sind, dann ist jeder Vogel und jede Fledermaus ein Individuum zu viel. Kann man deswegen aber die Klimaerwärmung außer Acht lassen?
Nebenbei sterben im Jahr mehr Vögel an Glasscheiben und –fassaden, ohne dass jemand ein Wort darüber verliert. Gleiches gilt für den Vogelschlag im Straßenverkehr, bei der Bahn. Ganz zu schweigen von Hochspannungstrassen und anderen Agrargiften etc. Während die Klimaerwärmung mindestens 15-20% aller Arten bedroht, könnten Windräder einen riesigen Teil dazu beitragen, dass die Erderwärmung noch begrenzt werden kann.
Die Frage ist natürlich auch, wer denn dieses Thema so sehr aufbauscht? Ich will da nun nicht spekulieren.
Schauen wir uns mal die Fakten an:

Wie viele Vögel werden jährlich in den USA getötet und wodurch werden sie getötet:		
Anzahl Todesfälle in Mio.		
Windkraftanlagen		0,1–0,44
Gebäude		0,1–1000
Sendetürme		5–6,8
Freileitungen		0,1–175
Kraftfahrzeuge	60–80	
Pestizide in der Landwirtschaft	67–90	
Katzen (Haus- und Wildkatzen)	365–1000	

[1]

---

[1] Wikipedia, Vogelschlag, aufgerufen 09.07.2019

4.3.4 Von sonstigen Schein-PRIORITÄTEN

Ich will noch ein paar andere dogmatisch diskutierte Ablenkungsthemen aufzählen, die uns vom eigentlichen abbringen. Die Aufzählung ist sicher nicht endgültig, denn von diesen gibt es zahlreiche andere.

»Kükenschreddern« ist nicht nur ein grauenhafter Begriff, sondern soll von vorne herein Horror und Schuldzuweisungen in der Auseinandersetzung verstärken. Natürlich werden die männlichen Küken nicht lebendig in den Schredder geworfen. Sie werden zuvor durch Gas betäubt. Das soll nicht heißen, dass ich das gut finde. Trotzdem hat das Bundesverwaltungsgericht bestätigt, dass Küken weiterhin getötet werden dürfen. Zum Glück gibt es schon Methoden, die es ermöglichen das Geschlecht schon im Hühnerei zu bestimmen. Aber schon jetzt regt sich dann die nächste Kritik, dass die Vernichtung von Leben damit nur vorverlegt werde und dass dies trotzdem ethisch nicht vertretbar sei.[1]
Die Engführung der Diskussion auf den Tierschutz alleine verhindert da schon eine zielführende Diskussion. Die Kritik muss viel grundlegender sein.
Die Entscheidung, männliche Küken zu töten, weil sie weder Eier legen noch effizient zu mästen seien, ist eine Entscheidungskategorie aus dem Turbokapitalismus! Dies ist doch das eigentliche Problem, denn auch das Mästen von männlichen Küken ergibt Profit, jedoch nicht genug im Sinne der Profitmaximierung. *Der Kapitalismus mit seinen Protagonisten muss auf die Anklagebank.* Sicher, dann wird wieder versucht, dem Verbraucher das Problem in die Schuhe zu schieben. Er soll es richten, in dem er halt mehr Geld für Produkte aus der Bruderhahn-Initiative kaufen soll. Wie überhaupt ist der Verbraucher schuld, der ja alles preiswert haben möchte – wobei er das auch preiswert haben muss, solange auch die Löhne im Sinne der Profitmaximierung gering gehalten werden.

---

[1] Vgl. Iser, Jurik Casper u. Stockrahm, Sven, Warum Deutschland weiter Küken schreddert, Zeit Online, 16.05.2019, zuletzt aufgerufen 13.07.2019, https://www.zeit.de/wissen/2019-05/tierschutz-kueken-sterben-gefluegelwirtschaft-bundesverwaltungsgericht-alternativen#warum-werden-maennliche-kueken-getoetet

Trotzdem: Wir als Konsumenten sollten solche Kapitalis-mus-Spielchen nicht einfach akzeptieren. Auf unsere *„Unse-re fatale Lust auf Brust"*[1] gehe ich in Kapitel 4.4.1 noch ein.

»Invasive und gebietsfremde Organismen« stellen laut BMU „weltweit eine der Hauptbedrohungen für die Artenviel-falt, natürliche Lebensräume und Ökosysteme dar"[2]. Da sind neue Schädlinge und Unkräuter, die Schäden in der Land- und Forstwirtschaft verursachen.

Da treiben sich bei uns plötzlich chinesische Wollhandkrab-be, Waschbär, asiatische Hornissen, chinesische Muntjak-Hirsche und das großblütige Heusenkraut aus Süd- und Mittelamerika bei uns herum. Bei aller Sorge: Sie sind hier und die Natur wird sicher Probleme haben diese in die hie-sige Flora und Fauna auszubalancieren. Wir werden sie wohl nicht mehr los werden und die Welt wird sich durch die Globalisierung verändern, vielleicht auch vereinheitlichen. Das zeigt nur einmal mehr, dass der Mensch auch zum Ökosystem des Planeten gehört und er wird ihn – falls er aussterben solle – verändert zurück lassen. Damit soll nicht gesagt sein, dass wir auch der Klimaveränderung fatalis-tisch ihren Gang lassen sollten, denn das wäre zu viel des ‚Guten'. Die Klimaerwärmung verändert das Bild des Plane-ten vollkommen und macht aus ihm einen überhitzten Glo-bus, der die entscheidende Lebensqualität für die nächsten Generationen der Menschheit nicht mehr bieten kann.

Abschließend möchte ich nur noch einige Punkte stichwort-artig einwerfen:

Kaum waren *»E-Scooter«* auf den Straßen zugelassen, wurde schon nach einer *Helmpflicht* in Deutschland geru-fen. Nichts geht mehr ohne die totale Absicherung. Ein Blick

---

[1] Marí, Francisco, Unsere fatale Lust auf Brust, Meine Kirchenzeitung, 28.09.2017, zuletzt aufgerufen 03.07.2019, https://www.meine-kirchenzeitung.de/weimar/c-eine-welt/unsere-fatale-lust-auf-brust_a2106
[2] Bundesministerium für Umwelt, Naturschutz und nukleare Sicherheit (BMU), Invasive gebietsfremde Arten, 06.12.2013, zuletzt aufgerufen 13.07.2019, https://www.bmu.de/themen/natur-biologische-vielfalt-arten/artenschutz/nationaler-artenschutz/invasive-gebietsfremde-arten/

nach Holland macht entspannter: Ein ganzes Volk, das auch ohne Helmpflicht für´s Fahrrad nicht ausstirbt...

Als Kölner darf man sich jährlich auf die *»Kölner Lichter«* freuen. Prompt stand in der Tageszeitung die Kritik, dass es doch *umweltschädlich* sei und man solle es mit einer La-sershow versuchen. Nichts darf der Mensch mehr genießen und sich erfreuen, ohne dass zahlreiche Ökomoralisten den Zeigefinger erheben. Jedoch werden sich die Menschen nur nachhaltig und motiviert für wichtige Ziele einsetzen, wenn sie auch ein wenig hedonistisch leben dürfen. Das motiviert und man sollte immer die Konsequenzen von irgendwelchen übermotivierten Forderungen abwägen. Im Übrigen: auch beim Atmen stößt der Mensch CO_2
aus.

Und plötzlich ist *Digitalisierung* und alles was online ge-schieht vom Teufel. Wenn Du surfst, streamst und ‚googlest‘ verbrauchen die Server so viel Energie, dass Du immer, wenn Du das Internet nutzt, ein schlechtes Gewissen haben solltest!? Das ist genauso wie mit den Elektroautos, die plötzlich wegen der Batterieproduktion aus der Hölle kom-men und deren CO_2-Fußabdruck dann angeblich nicht bes-ser sein sollen, wie der eines Verbrenners...
So will man wieder den Endverbraucher in die Pflicht neh-men und Dir die Schuld in die Schuhe schieben. Du sollst auf alles achten, alle Konsequenzen tragen und Gegen-maßnahmen alleine ergreifen – am besten durch Verzicht!
Am besten setzt Du Dich mit Fell bekleidet in eine Höhle vor ein Feuer und trommelst Nachrichten, denn der Kapitalis-mus kann auf die meisten Menschen schon jetzt verzichten. Was könnte er in Profit schwelgen, wenn all das Geld, wel-ches in das Sozialleistungssystem gesteckt wird, der Profit-maximierung dienen könnte!
Keiner mahnt hier an, dass sich die Umweltbelastung durch diese neuen Techniken aber ändert und der CO_2-Fußabdruck erheblich bessert, wenn wir weiter massiv die erneuerbaren Energien hochfahren und fossile Energieträ-ger endgültig ächten würden – auch wenn hier konkret ein-zelne Menschen Opfer bringen müssten, aber ganz beson-ders die Wirtschaft und Industrie. Aber unser Kapitalismus meidet – so lange es nur eben geht – alle harten Verände-rungen...

Und plötzlich geht im September 2019 dieses Ablenkungsmanöver durch zahlreiche Sendungen.

4.3.5 Fazit aus Nebenkriegsschauplätzen

Wer die letzten Punkte unvoreingenommen gelesen hat, der
bemerkt, dass man einiges Loslassen muss, damit man die
wirklich wichtigen PRIORITÄTEN setzen kann. Es wird nicht
alles so zu erhalten oder restaurierbar sein, wie es vor 200
Jahren war. Der Mensch wird definitiv seine Spuren auf dem
Planeten Erde hinterlassen, weil der dazu gehört.
Eine andere Erkenntnis ist, dass man in vielen Angelegenheiten den ökomoralischen Zeigefinger zähmen muss, denn
wenn man die breite Masse an Menschen zu gravierenden
Maßnahmen veranlassen möchte, die auch tief in das individuelle Leben eingreifen, dann muss man den Menschen
auch noch (archaischen) Raum für Freude, Genuss und ein
wenig Hedonismus lassen. Wir wissen alle, dass diese
Anreize zur Motivation voraussichtlich nicht den Klimawandel Beeinflussen werden.
Im Zusammenhang von tierischer Landwirtschaft und
Veganismus äußerte sich zum Beispiel Al Gore:
„Ich spreche schon die Rolle von tierischer Landwirtschaft
an, die zwischen 15 und 20 Prozent der Emissionen erzeugt. Selbst bin ich seit sechseinhalb Jahren Veganer. Und
ich empfehle den Leuten, auf ihren Arzt zu hören, der ihnen
wahrscheinlich rät, weniger Fleisch zu essen. Aber ich stelle
das nicht ins Zentrum, weil ich das politische Gefühl habe:
Dies ist nicht die effektivste Art, um auf die 90 und mehr
Prozent zuzugehen, die sich noch nicht bereit fühlen dazu."[1]
Wenn ich diskutiere, Fleisch teurer zu machen, dann muss
ich für die breite – weniger betuchte – Masse einiges preiswerter machen. Ich frage mich hier, warum Windeln und
Babykost nicht vollkommen mehrwertsteuerfrei und ÖPNV
kostenlos sein könnten?
Die früher sozialen Parteien haben hier ihre
anwaltschaftliche Rolle vollkommen verpasst…

---

[1] Al Gore im Interview mit Heuser, Uwe Jean, "Schneller, als man denkt",
Zeit Online, 04.07.2018, (DIE ZEIT Nr. 28/2018) zuletzt aufgerufen
02.07.2019, https://www.zeit.de/2018/28/al-gore-umwelt-klima-
technologie

4.4 Die vorrangigen ökologischen PRIORITÄTEN

Warum absolute PRIORITÄTEN setzen? Wir müssen jetzt zielsicher und schnell handeln und es müssen die richtigen Weichen gestellt werden. Daher haben einige Entscheidungen absoluten Vorrang, damit
- die Menschen nicht überfordert werden,
- damit die drängensten PRIORITÄTEN auch zielstrebig mit Nachdruck verfolgt werden können und was nützt es, unwichtige PRIORITÄTEN voranzutreiben,
- wir die notwendigen Veränderung rechtzeitig hinbekommen, bevor die Welt unbewohnbar wird,
- sich einige Probleme der nachgeordneten PRIORITÄTEN massiv bessern können, wenn die Hauptprobleme endlich massiv bekämpft werden.
- die Welt technisch und digital sinnvoll weiterentwickelt werden kann.
- Menschen auch in Zukunft auf diesem Planeten noch zufrieden leben können.

Die OECD kommt zu dem Schluss, dass der Ernst der Lage heute noch besorgniserregender ist als je zuvor und „dass jetzt dringend – ganzheitliche – Maßnahmen ergriffen werden müssen, um die hohen Kosten und schwerwiegenden Konsequenzen zu vermeiden, mit denen bei Untätigkeit zu rechnen ist."[1]
- Die zunehmenden Treibhausgasemissionen werden zu wesentlich destabilisierenderen Klimaänderungen führen, da nach Schätzungen besonders die energiebedingten CO_2-Emissionen um 70% ansteigen.
- Die biologische Vielfalt wird sich in weiten Teilen der Welt verringern.
- In weiten Teilen der Welt wird das Süßwasserangebot verknappt werden, was im Besonderen bis zu 2,3 Milliarden Menschen schwer betreffen wird.
- Die zunehmende Luftverschmutzung wird zu vermehrten Gesundheitsschädigungen führen.
- Chemikalien werden besonders in „Nicht-OECD-Ländern, in denen noch keine überzeugenden Maßnahmen zur

---

[1] OECD, OECD-Umweltausblick bis 2050 - DIE KONSEQUENZEN DES NICHTHANDELNS, Zusammenfassung, OECD 2012, https://www.oecd.org/berlin/49907296.pdf

Gewährleistung der Chemikaliensicherheit umgesetzt wurden"[1], zu einer höheren Krankheitslast führen.

Wir müssten sofort damit beginnen die Treibhausgasemissionen durch die Festsetzung einer weltweiten CO_2-Abgabe massiv einzuschränken, damit das 2°C-Ziel noch erreicht werden kann. Die OECD kalkuliert, dass die notwendigen Maßnahmen hierzu lediglich zu einer Verringerung des weltweiten BIP um etwa 5,5% im Jahr 2050 führe. Die Kosten für die Folgen, wenn die Menschheit untätig bleibt, werden ungleich höher sein. Zudem habe der Klimaschutz ja auch nützliche Effekte.

4.4.1 CO_2-Ausstoß und Klimaerwärmung

Wieder mal ganz ehrlich: Wem soll ich hier noch irgendetwas erklären? Wir sind doch alle bestens informiert! ...oder könnten es zumindest sein! Soll ich alles im Detail nochmal wiederholen?

...dass 2015 mit durchschnittlich 0,9 Grad wärmer war als alle anderen Jahre des 20. Jahrhunderts?

...dass der Sommer 2018 der heißeste seit Beginn der Aufzeichnung der Temperaturmessungen 1881 war?

...dass die letzten 5 Jahre die wärmsten seit Beginn der Wetteraufzeichnung waren?

...dass die CO_2-Emissionen von China und Indien mittlerweile alle Einsparungen der anderen Industriestaaten einholen?

...dass die USA 2017 mit 16t CO_2 pro Kopf die höchsten Emissionen weltweit verursachte?

...dass sich die Wetterkatastrophen häufen und auf eben diese Klimaerwärmung zurückzuführen sind?

...dass es zu weiteren gravierenden destabilisierenden Klimaänderungen kommen wird, die massive Migrationsbewegungen aus klimatisch stark betroffenen Regionen auslösen werden?[2]

---

[1] Ebenda

[2] Vgl. Al Gore im Interview mit Heuser, Uwe Jean, "Schneller, als man denkt", Zeit Online, 04.07.2018, (DIE ZEIT Nr. 28/2018) zuletzt aufgerufen 02.07.2019, https://www.zeit.de/2018/28/al-gore-umwelt-klima-technologie

…dass die weltweite Energiewende bis 2050 möglich wäre[1], wenn man global auf 100% erneuerbare Energien umstellt?

…dass auch mit radikalem Klimaschutz Millionen Arbeitsplätze geschaffen werden könnten?

…dass Industrie und Wirtschaft (besonders Öl- und Kohleindustrie) immer noch Lobbyisten und Klimaskeptiker bezahlen um den Klimaschutz zu verzögern oder gar zu verhindern?

… dass diese es sogar schafften, dass die USA das Kyoto-Protokoll nicht ratifizierten?

…dass wirtschaftsnahe – oder besser kapitalismusnahe – Organe das Elektroauto schlecht reden?[2]

…dass auf diesem Hintergrund letztendlich auch die Klimakonferenz 2019 in Madrid eigentlich keine Chance hatte…

Exkurs: Das Fraunhofer-Institut sagt: „Bis zu 28 Prozent weniger Treibhausgasemissionen als ein Oberklasse-Diesel, bis zu 42 Prozent weniger als ein Kleinwagen-Benziner: Wer heute ein batteriebetriebenes Elektroauto kauft und in Deutschland nutzt, stößt bei einer Nutzungsdauer von durchschnittlich 13 Jahren deutlich weniger CO_2 und andere klimarelevante Gase aus als mit einem Auto mit konventionellem Verbrennungsmotor. Das ist das Ergebnis einer Studie des Fraunhofer ISI zur Klimabilanz von Elektroautos.

Grund für das hohe Einsparpotential bei Elektroautos ist laut der Studie »Die aktuelle Treibhausgasemissionsbilanz von Elektrofahrzeugen in Deutschland« vor allem die voranschreitende Energiewende. Der steigende Anteil erneuerba-

---

[1] Greenpeace, https://www.greenpeace.de/sites/www.greenpeace.de/files/publications/energy-revolution-2015-full.pdf

[2] Diethelm, Moritz, Ifo-Institut rechnet E-Autos schlecht – und macht dabei viele Fehler, Focus Online, 19.04.2019, zuletzt aufgerufen 01.07.2019, https://www.focus.de/auto/elektroauto/studie-zu-klima-folgen-ifo-institut-rechnet-e-autos-schlecht-und-macht-dabei-viele-fehler_id_10611851.html

„Denn schon heute sind es Elektro-Autos, die erneuerbare Energien nutzbar machen und die Energie-Wende vorantreiben – und nicht die Diesel."

rer Energie am Strommix wird dazu führen, dass der Ausstoß klimarelevanter Gase bei der Stromerzeugung in Deutschland immer weiter sinkt.[1]

Also? Wir sind uns einig? Es muss etwas geschehen! Nur wird durch die kapitalistische Wirtschaft nicht konsequent gehandelt, denn die schnelle Profitmaximierung mit herkömmlichen und schnell erreichbaren Rohstoffen ist ihr wichtiger als die langfristige Bewohnbarkeit des Planeten für zukünftige Generationen, die ja derzeit noch keine Konsumenten sind....

So beschäftigt diese Wirtschaft gerne die Bürger mit endlosen Eigeninitiativen zum Energiesparen, während verschwiegen wird, dass das Problem ein globaler Raubtierkapitalismus ist, dem man effektiv nur mit Maßnahmen auf nationaler, europaweiter und internationaler Ebene begegnen kann. Und so geht es hier nicht einmal um die altbekannten kapitalistischen Industrienationen, sondern besonders auch um die aufstrebenden Schwellenländer wie China, Indien, Brasilien, Südafrika, Indonesien, Mexiko oder Südkorea.

Wir dürfen uns also nicht mit unserem eigenen Aktionismus gegen den Klimaschutz beruhigen und befriedigt zurücklehnen. Die einzigen, die wirklich verstanden haben worum es geht und wem man – neben den privaten Bemühungen – Beine machen sollte ist die Bewegung *»Fridays for Future«!*

Exkurs: Natürlich können wir eine ganze Menge gegen den Klimawandel im privaten Bereich machen. Das sollte als Beispiel in die Welt gehen können. Aber wir müssen wissen, dass das nicht genug ist! Globale Politik und Wirtschaft muss vor uns her getrieben werden!

Nun, was können wir den tun um unseren ökologischen Fußabdruck möglichst klein zu halten? Kennst Du die Regeln »Vermeiden, reduzieren, kompensieren« ?

---

[1] Fraunhofer-Institut für System- und Innovationsforschung ISI, Presseinformation: Elektroautos, die heute gekauft und in Deutschland genutzt werden, haben eine deutlich bessere Klimabilanz als Diesel und Benziner, 14.3.2019, zuletzt aufgerufen 16.07.2019, https://www.isi.fraunhofer.de/de/presse/2019/presseinfo-07-elektroautos-klimabilanz.html

Also, so können wir auch persönlich das Klima schützen:

- **Umweltfreundliches Reisen:** *Viele öffentliche Verkehrsmittel nutzen; Fliegen soweit möglich vermeiden, weil Fliegen mit Abstand am meisten CO_2 emittiert (– muss es ein jährlicher Flugurlaub sein?); mehr Fahrgemeinschaften mit dem Auto bilden.*
- **Energiesparen im Haushalt:** *Energiesparlampen und LEDs verwenden; Licht aus, wo man es nicht braucht; mehr duschen als baden; Warmwasserbereitung heruntersetzen; Standby-Betrieb ausschalten; Kühlschränke und andere Geräte durch neuste mit höchster Energieeffizienz ersetzen; Waschtemperaturen senken; Wäsche zum trocknen aufhängen und den Trockner meiden; Stoßlüften und nicht immer das Fenster auf Kipp lassen; Raumtemperatur um 1-2 °C senken; etc.*
- **Konsum kontrollieren**: *Nicht immer durch die Werbung verführen lassen; Prüfen, ob es nicht auch durch Leihen und Sharing Möglichkeiten gibt; Bedenken, dass auch die Erzeugung von Produkten Emissionen verursacht – bei Kleidung und E-Geräten; regionale Produkte – ob Lebensmittel oder andere Produkte – kaufen, denn oft stecken endlose Transportwege dahinter (aber Vorsicht: im Winter bei uns produzierte Tomaten verbrauchen mehr Energie, als die Transportwege aus warmen Mittelmehrländern); tierische Produkte bewusst konsumieren, ggf. reduzieren und nachhaltig orientierte Produzenten bevorzugen.*

Wir werden schon gestehen müssen, dass vieles unseren Lebensstil betrifft und dass wir viel bewusster mit unseren Ressourcen umgehen müssen.

*__Exkurs:__ Während sich jedoch schon viele Menschen abmühen, müssten wir eigentlich maßlos empört sein, dass da im TV immer noch Werbungen laufen, wie dieser irrsinnige Schwachsinn mit dieser hirnlosen Familie von ‚**Check 24**‘, wobei es nur um billigsten Konsum, besonders um Flugreisen geht! Ehrlich: So ein ‚Scheiß‘ gehört angesichts der Klimasituation verboten!*

Dir schwant auch schnell, dass diese ganzen kleinen Aktivitäten, die hier gerne dem Bürger aufgebürdet werden, nicht alleine das Problem lösen können? Das einzige, warum wir das nicht bewusst wahrnehmen, hat wieder mit unserem endlos narzisstischen Individualismus zu tun. ‚Göttchen' glaubt tatsächlich, dass es irgendeine entscheidende Rolle spielen könnte.

Dabei müssen massive Maßnahmen, Lenkung und tiefe Eingriffe – auch in unsere Individualrechte zu Gunsten der Individualrechte kommender Generationen – her! Dieses Vorgehen kann aber nur von den Regierungen dieser Welt ausgehen – von der Weltgemeinschaft. Wahrscheinlich muss der Kapitalismus bezwungen werden! Und es werden rigide Maßnahmen sein müssen!

Einführung der CO_2-Abgabe:

Die OECD fordert eine massive Abgabe. Kraftwerke, Unternehmen, Luftfahrtunternehmen und Autobauer – die gesamte Wirtschaft – müssen für die Umwelt- und Gesundheitskosten ihrer Abgase massiv bezahlen. 80 bis 120 € pro Tonne CO_2 müssten es schon ab 2020 sein! Leider findet das bis heute nicht im Emissionshandel der EU statt. Und das Klimaprogramm der Bundesregierung vom September 2019 ist lächerlich halbherzig… 10 € pro Tonne CO_2 und nach Nachverhandlungen 25 €…

Natürlich sind dies alles Versuche auf die Verhältnisse in der Marktwirtschaft und im Kapitalismus auf das Klimaproblem zu reagieren und sie alleine werden uns nicht retten.

Da wir aber die kapitalistischen Systeme nicht so schnell ändern können, ist es schon richtig die Marktwirtschaften mit ihren eigenen Mitteln zu bewegen und zu schlagen – zumindest im Ansatz.

So setzen wir den Hebel beim Verursacher an, was unter den gegebenen Umständen unumgänglich erscheint! Durch eine »CO_2-Abgabe« muss man für Dienstleistungen und Produkte einen ehrlicheren Preis in Bezug auf die Eckpunkte Umwelt und Klima zahlen. So muss man versuchen, dass Energieeffizienz und klimafreundliche Technologien und Produkte zur ersten Wahl der Verbraucher werden. Eine ähnliche Steuerung versucht man ja schon durch den Emissionshandel mit Klimazertifikaten zu erzielen und gleichzeitig den Verbraucher zu schonen, weil die Unternehmer Betroffene sind. Trotzdem: Wer einen SUV fahren will, muss auch massiv zur Kasse gebeten werden. Bis jetzt ist das Besteuerungssystem von Energieträgern doch vollkommen ‚hirnrissig' und macht den Eindruck, als könnten wir noch 10 Welten verschleißen: Kerosin ist steuerfrei, Benzin nicht,

Diesel irgendwo dazwischen und Strom ist ebenso fett besteuert? Vollkommen falsche Anreize!

Wir tun so, als hätten wir irgendeine Wahl, besonders mit dem Hinweis auf unsere Individuellen Rechte und Interessen?!

Selbst der ‚kurzsichtige‘ EU-Flüchter Großbritannien hat einen CO_2-Mindestpreis eingeführt, will 2025 kohlefrei sein, während die Erneuerbaren boomen.

Und wenn wir uns schon auf die Spielregeln der kapitalistischen Marktwirtschaften einlassen, dann ist es ebenso folgerichtig, wenn im Juli 2019 die neue EU-Kommissionspräsidentin Ursula von der Leyen eine CO_2-Grenzsteuer, eine Art **»CO_2-Zoll«**, propagiert. Es muss sichergestellt werden, dass Unternehmen CO_2-intensive Wirtschafszweige nicht einfach in Drittländer auslagern und unsere Wirtschaft konkurrenzfähig bleibt. Es ist zwangsläufig einen Zoll auf Produkte aus Staaten zu erheben, deren Produktion besonders CO_2-intensiv ist. Und natürlich muss es auch einen Zoll auf Produkte aus Staaten geben, die sich internationalen Klima und Umweltabkommen verweigern. Man sollte ein Trump-Amerika nicht ungeschoren davonkommen lassen! Man darf dann aber auch nicht einknicken, wenn es ernst wird.

Eine Wirtschaftsregion wie Europa wird durch grüne Investitionen und Technologien nicht nur ein frei wählbares weltweites Vorbild für andere Teile der Welt, sondern könnte auch Druck ausüben. Das muss sein!

Diejenigen, die immer noch mit dem Totschlagargument kontern wollen, dass es doch nichts nützte, wenn sich Deutschland allein bemühe, muss ich fragen: ‚Haben wir eine Wahl?‘ Sollen wir untätig bleiben, unserem egoistisch-individualistischen Hedonismus nachgehen – Hauptsache mir geht's gut? Ehrlich: Ich habe keine Lust mehr, mich mit solch dummen Lemmingen weiter auseinander zu setzen! Die sollen die Klappe halten, sich in Ihren SUV setzen oder in den Flieger nach Übersee und sich verpi…..!

Zudem: Wir sind nicht allein, denn der Weg der Europäischen Union ist im Ansatz gut – nur noch nicht schnell genug.

Subventionen fossiler Energien beenden:
Generell: Subventionen für fossile Brennstoffe müssen
endlich auslaufen. Leider geschieht hier auch wenig. Mit
hunderten von Milliarden Dollar werden die Öl-, Gas- und
Kohleindustrien immer noch unterstützt. Der Schaden ist
immens groß. Das Dieselprivileg, Befreiung von der
Kerosinsteuer und die Schonung energieintensiver Wirt-
schaftszweige sind in Deutschland immer noch nicht hinter-
fragt. Da die Zeit eng wird, müsste dies dringend unterbun-
den werden.

**Energiegewinnung aus fossilen Rohstoffen sofort ein-
stellen:**
Hier dürfen wir nicht einseitig planen, denn dass aus einer
solchen Planung eine Einbahnstraße wird, erleben wir derzeit. Wir werden einen Mix aus den verschiedensten erneuerbaren Energiequellen herstellen müssen:

Die *Wasserkraft* spendet jetzt schon weltweit fast 20 %
des Stroms. Sie ist jetzt schon eine der wichtigsten erneuerbaren Energielieferanten. In Deutschland ist das Potential weitestgehend ausgeschöpft, weltweit aber erst zu ca.
30%. In vielen Entwicklungsländern gibt es noch wichtige
Reserven.
Natürlich hat der Bau von *Staudämmen* auch Folgen in
ökologischer und sozialer Hinsicht, durch Veränderungen
des regionalen Kleinklimas und durch Umsiedlung. Das
was über fast 150 Jahre dem Kapitalismus bei der Ausbeutung der fossilen Rohstoffe recht war, wird nun einer
sauberen Energie angelastet und untersagt. Leider kann
man sich jetzt solche Diskussionen um bestehende Individualrechte von Menschen, Lebewesen und Regionen
nicht mehr erlauben. Wichtig ist die Frage, wie wir Betroffene endschädigen und umsiedeln (der Rheinische Braun-
kohleabbau hat es doch schon vorgemacht) und dass die
Erhaltung einiger marginaler Arten und regionaler Ökosysteme nicht der globalen Klimarettung zum Hindernis werden. Wir werden akzeptieren müssen, dass der Mensch
den Planeten verändert und in Zukunft gestalten wird.
Das gilt auch für *Gezeitenkraftwerke,* denen ebenso vor-
geworfen wird, dass sie Ökosysteme wie den Übergangs-
bereich zwischen Fluss und Meer abschneiden.

Aber ebenso gibt es mittlerweile hochmoderne **Wellen- und Strömungskraftwerke**, die Meeresströmungen zur Energieerzeugung nutzen. Auch hier muss die Energie über weite Distanzen an das Stromnetz angebunden werden. Auch dabei kann man unter Umständen nicht auf individuelle Befindlichkeiten von Fischern, Schifffahrt und Tourismus Rücksicht nehmen.

Die Gewinnung von **Windenergie** durch Windkraftwerke ist auch in unserem Lande sehr prominent. In der Regel handelt es sich um Großturbinen, die die Energie in das Stromnetz einspeisen. Windenergie könnte unter Umständen den Weltenergiebedarf mehrfach sichern. Zu Land und Offshore ergeben sich unendliche Möglichkeiten. Auch hier treten zahlreiche Verfechter von irgendwelchen – wie auch immer gearteten - individuellen Rechten und Empfindungen als Kritiker und Gegner auf den Plan. Aber ehrlich: Subjektiv empfundene optische Beeinträchtigungen, vermeintliche Sicht- und Geräuschbelästigungen, beschworene ökologische Belastungen – weil das ein oder andere Fluggetier mit einem Rotor kollidieren kann – und die Kritik an Stromtrassen können doch wohl kein Grund sein, die weitere Klimaerwärmung zu riskieren? Gerade die uneingeschränkte Nutzung der Windenergie wird uns helfen können die Klimakatastrophe zu bekämpfen.

Exkurs: Trotzdem glauben immer noch Personen und radikal verirrte Umwelt- und Landschaftsschützer den Windenergieausbau wegen vermeintlicher Individualrechte von Menschen und bestimmter Spezies einschränken zu müssen! Ist denn damit die Freiheit und das Recht gemeint, mit der Welt gemeinsam im Klimakollaps zu Grunde zu gehen?

*Kurz: Die **vorrangige Ausweisung von Windvorrangzonen** muss Pflicht bleiben, **kein Mindestabstandsgebot für Windräder** darf den Bau von Windkraftanlagen einschränken und die Errichtung von **Windenergieanlagen in Wäldern** darf nicht eingeschränkt werden. Es ist zu spät, als dass man hier ein Wahlrecht hätte!*

Die **Sonnenenergie** ist auf der Erde im Grunde unerschöpflich. Sonnenkollektoren zur Erzeugung von Wärme zum Erhitzen von Wasser und Wohnungen, ebenso wie Solarzellen (photovoltaische Effekt) und andere Solarkraftwerke (solarthermisch) zur Stromerzeugung ermöglichen uns den Zugang zu einer unendlichen Energiequelle, die den Bedarf der Menschheit zehntausendfach decken könnte. Über Langzeitwärmespeicher und Großspeichermöglichkeiten für Strom wird die Energie immer verfügbar bleiben.

Derzeit wird auch die Produktion von Siliziumzellen immer preiswerter, effizienter und auch umweltfreundlicher möglich.

Interessant ist jedoch, dass die Meisten der ölexportierenden Länder in Gebieten liegen, die auch eine Menge Sonnenenergie einfangen könnten. Leider haben diese noch nicht eine eigene Wende vom Öl zur Solarenergie, die sie danach exportieren könnten, in Erwägung gezogen. Man muss in Betracht ziehen, dass viele dieser Länder leider auch technisch und ideologisch unterentwickelt sind.

Nebenbei möchte ich auch auf Passivhäuser, die Sonnenenergie durch ihre besondere Architektur nutzen, erwähnen.

Exkurs: In Tübingen hat das Stadtparlament 2018 entschieden, dass zukünftig bei Neubauten eine Photovoltaikanlage zu installieren ist. Das wird auch in Kaufverträgen und im Bebauungsplan festgehalten werden. Auch hier muss man tatsächlich diese Maßnahme mit der Dringlichkeit der Problematik verweisen. Es gibt so viele unsinnige Bauauflagen, die man stattdessen überprüfen und abspecken könnte, sodass sich die Kosten wieder reduzieren. Und der Staat könnte mit weiteren Förderungen den Bau erleichtern. Ein Weg führt nicht daran vorbei, denn das Platzpotenzial auf deutschen Dächern ist riesig! Ökodiktatur? Das Argument ist nur von denen zu erwarten, die auf Kosten aller kommenden Generationen so weiter machen wollen wie bisher. „Denn Tübingen ist bei weitem nicht die einzige Stadt, die den Vorstoß einer solchen Pflicht gewagt hat, aber bisher die erste größere Stadt in Deutschland, die es auch durchgezogen hat. In Kassel hat das nicht einmal die Zustimmung des Stadtparlaments gefunden und in Marburg, wo die Solarpflicht schon 2008 in die Satzung der Stadt geschrieben wurde, ist sie am Gericht gescheitert. Auch im schweizerischen Basel wurde im vergangenen Jahr ein Vorstoß zur Einführung einer Solarpflicht unternommen, fand aber in der

Stadtverordnetenversammlung keine Mehrheit. **Das ist in Kalifornien anders. Dort gilt die Solarpflicht sogar für den gesamten Bundesstaat – vielleicht auch eine Trotzreaktion auf den fossilen Diktator, der derzeit das Weiße Haus in Washington besetzt hält."[1]**

Geothermie nutzt die Wärme aus dem Erdinneren. Hierdurch kann Strom und Wärme produziert werden. Intensiv wird Erdwärme da genutzt, wo heiße Thermalquellen an die Erdoberfläche gelangen. Besonders weit sind da Island, Schweden und China.

Geothermischer Strom und Wärme sind in der Regel immer und verlässlich verfügbar und nicht wie Wind und Sonne Schwankungen unterworfen. In Deutschland sind die Möglichkeiten eingeschränkt. Damit man hier nicht so tief bohren muss, wird in Deutschland bodennahe Erdwärme mit Wärmepumpen gefördert. Die Wärmepumpe wird jedoch mit Strom betrieben, was ihre Effizienz mindert.

Wasserstoff wird durch Elektrolyse aus Wasser und elektrischer Energie hergestellt. Das sogenannte entstehende Knallgas kennt wohl jeder. Wasserstoff reagiert also heftig mit Sauerstoff und ‚verbrennt' dann wieder zu Wasser! Mit Vorsicht ließe sich Wasserstoff leicht über bewährte Erdgassysteme verteilen. Bei seiner Nutzung (Verbrennung) entsteht nur Wasser und man könnte hierdurch schwankende Energieangebote der erneuerbaren Energieträger ausgleichen. Über die Brennstoffzelle kann Wasserstoff unmittelbar und emissionsfrei Strom und Wärme erzeugen. Mit Brennstoffzellen - einer ausgereiften Technik - können eben auch effizient Fahrzeuge betrieben werden. Aber ebenso lässt sich Wasserstoff auch in Haushalten nutzen, von der Wärmeerzeugung bis zum Kochen. Sogar Hochöfen zur Stahlerzeugung können mit Wasserstoff befeuert werden. So plant es schon die deut-

---

[1] Ullrich, Sven, Solarpflicht in Tübingen – ein Kommentar, Erneuerbare Energien, zuletzt aufgerufen 21.07.2019,
https://www.erneuerbareenergien.de/archiv/solarpflicht-in-tuebingen-ein-kommentar-150-436-109153.html

sche Stahlindustrie – wenn man ihr Glauben schenken kann.

Atomenergie ist nun wirklich keine erneuerbare Energie. Trotzdem ist sie natürlich eine relativ kohlenstoffarme Technologie. Selbst wenn man den Energieaufwand für Urantransport und Abfalltransport mit berechnet, hat Atomenergie die bessere Ökobilanz als fossile Energien. Natürlich könnte man sie vorübergehend gegen den Klimawandel beibehalten. Die Fukushima-Katastrophe hat dann zum Ausstiegsbeschluss der Bundesregierung geführt. Sicher kann man heute nicht mehr die Kernkraft wiederbeleben, denn eigentlich ist ihre Fortführung in Deutschland nicht geplant, da sie ist sehr teuer ist. Und bei einem wirklichen Unfall stehen Gemeinwesen und Unternehmen vor enormen Kosten.
In Frankreich wurden 2016 noch über 70% des Stroms durch Atomenergie erzeugt. Frankreich hat weltweit den höchsten Anteil des nuklear erzeugten Stroms und kein Problem seine Klimaziele einzuhalten.

Antriebsarten für Mobilität werden sich bald revolutionär verändern. Leider wurde in den letzten Jahren des Öls immer noch wirrsinnige Moden gepflegt bis zum schweren SUV und hubraumstarken Motoren. Und das nicht in punktuellen Hobbybetätigungen und begrenztem Motorsporteinsatz, sondern im alltäglichen Gebrauch und zudem massiv beworben durch die KFZ-Industrie. Kaum zu glauben und wir wissen auch, dass so ein Blödsinn beendet werden muss!
Die Zukunft wird schließlich den Elektro- und Brennstoffzellenkraftfahrzeugen gehören. Zur Zeit versuchen Wirtschaftsinstitute und KFZ-Industrie die neuen Techniken durch falsche Informationen und Fake-Gutachten schlecht zu reden (s.o.). Man darf sich hier nicht beirren lassen. Diese Industrien waren zuvor ja schon im Irreführen und Betrügen ganz oben auf.
So sollte ab 2025 die Neuzulassung von KFZ mit Verbrennungsmotoren nicht mehr möglich sein!
Für Lastwagen, Flugzeuge und Schiffe kann vielleicht nicht auf Verbrennungstechniken verzichtet werden. Hier könnten Biokraftstoffe durchaus überbrücken helfen.

Wir müssen aber auch unsere kollektiven Lebensgewohnheiten verändern: *Carsharing, kostenloser ÖPNV, mehr Gütertransport von der Straße auf die Schiene, Fluganlässe und Urlaubsflüge reduzieren und mit Klimaabgaben versehen, etc.*

Unsere Wälder retten:

Das Abholzen und -fackeln der Regenwälder in Brasilien, Südostasien und Afrika bedroht nicht nur die Artenvielfalt sondern ebenfalls das Klima! Ca. ein Fünftel des CO_2-Ausstoßes entsteht hierdurch. Viele Wälder, die CO_2 speichern, werden vernichtet zu Gunsten von Flächen zur Lebensmittel- und Fleischproduktion. Hier müssen die einzelnen Staaten zum Handeln gezwungen werden und auch selber gewillt sein, diesem Raubbau ein Ende zu machen. Dabei könnten massive finanzielle Hilfen für die entsprechenden Länder ein hoher Anreiz sein. Das führt uns u.a. zum nächsten Punkt. Es gibt Experten, die sagen, dass die Klimaerwärmung alleine dadurch auf 1,5°C begrenzt werden könnte, wenn man den weltweiten Baumbestand um ein Drittel erhöht. „Wie Forscher der Eidgenössischen Technischen Hochschule Zürich herausfanden, könnten mehr Bäume auf der Erde den Klimawandel effektiver bekämpfen als bislang gedacht. Die Erde sei derzeit von 2,8 Milliarden Hektar Wald bedeckt, die Forscher halten die Neubepflanzung von zusätzlichen 900 Millionen Hektar für möglich." So könnten die Bäume als natürliche CO2-Speicher genutzt werden.[1]

Darüber kann man nur spekulieren, weil alleine schon die politische Zersplitterung und Uneinheitlichkeit der Welt solchen Plänen letztendlich entgegen steht. Da schreit jeder Staat nach seinen eigenen individuellen Interessen und PRIORITÄTEN.

Exkurs: Das was wir derzeit in Europa und Deutschland beobachten, die Zerstörung im Besonderen unserer Fichtenwälder durch den Borkenkäfer, ist für uns eine neue Situation. Nun sind natürlich die Fichten, da sie schnell wachsen, nach dem 2. Weltkrieg auch wieder aus kapitalistischem Interesse massiv zum Aufforsten benutzt worden.

---

[1] Rathcke, Julia, Experten warnen: Klimazonen verschieben sich, Kölner Stadtanzeiger, 29.07.2019, S. 2

Auf der einen Seite steht natürlich auch das Problem der Klimaerwärmung, auf der anderen Seite aber auch die Folgen einer kapitalistisch gedachten Monokultur, die plötzlich den Klimaeskapaden mit allen Konsequenzen zum Opfer fallen. Ein vernünftig gepflegter und gesunder Mischwald, wie er in Deutschland immer existierte, wäre vielleicht mit der Situation besser zu Recht gekommen. So rechnen jetzt schon Experten damit, dass die Fichte in Regionen unter 350 m ü. M. aussterben wird. So steht jetzt bei uns eine biologisch sinnvolle Aufforstung bevor, die auf heimische und wärmeresistente Baumarten zurückgreifen und dann große Waldflächen sich selbst und wild überlassen sollte. Hoffen wir auf die Einsicht aller Verantwortlichen.

Wirtschaft der Schwellenländer erhalten und stärken:
Die wachsende Bevölkerung und Wirtschaft der Schwellenländer müssen mit Energie versorgt werden. Wenn diese sich auch auf fossile Energie verlassen, dann ist der Kampf gegen den Klimawandel verloren! Sie benötigen finanzielle und technische Hilfen zur Erschließung erneuerbarer Energieformen. Einfacher Zugang zu ökologischen Techniken, finanzielle Unterstützung zum Aufbau regenerativer Energien, Kredite für nachhaltige Investitionen müssen ermöglicht werden. Wir müssen diesen Ländern die Wirtschaftskraft durch fairen Handel erhalten und deren Zerstörung durch subventionierte Billigprodukte verhindern. Dies würde auch die zu erwartende Armutsmigration und –flucht eindämmen.

Wir müssen also auch einiges selber anpacken, aber wir müssen insbesondere unsere Wirtschaft zwingen. Das geht auch hier – meines Erachtens – nicht allein durch unser Marktverhalten. Das scheint dem Kapitalismus auch egal zu sein und je mehr Menschen er knapp am Mindestlohn ausbeutet, desto weniger haben sie die Möglichkeit auch durch Inkaufnahme höherer Ausgaben im marktwirtschaftlichen Sinne zu steuern. Ein spezieller Grund, warum die kapitalistische Marktwirtschaft und die neoliberale Denke kein Interesse an zu hohen Löhnen und Gehältern haben kann!

Exkurs*: Ein Beispiel für perverse Auswüchse unfairen Verhaltens gegenüber Schwellen- und Entwicklungsländern ist*

*„**Das globale Huhn**"*[1]. *Auch wenn ich über den Ausdruck schmunzeln musste, ist er eigentlich dem Problem nicht angemessen.*

Unsere moderne Welt betrachtet es als Individualrecht nur das Beste möglichst preiswert aus tierischer Nahrungsproduktion essen zu müssen. Francisco Marí, Referent für Welternährung bei »Brot für die Welt«, nannte es in der Überschrift zu einem seiner Beiträge zum Thema: „Unsere fatale Lust auf Brust"[2]. *Diese Art von Egoismus wird zudem durch die Werbung der kapitalistischen Ernährungsindustrie gefördert. Wir empfinden nur noch das allerbeste für uns gut genug. Klar ist aber auch, dass alles verwertet werden muss. Dies ist nicht nur erzwungen durch die Discounterpreise, sondern auch – so denke ich – eine ethische Verpflichtung gegenüber dem Tier, denn eine ganze Verwertung ist natürlich effizienter.*

Da wir das, was wir für Müll halten jedoch selber nicht ‚fressen' wollen – uns sozusagen zu fein sind – exportiert der EU-Kapitalismus Hähnchenfüße und Hühnerherzen nach Afrika und zerstört dort die heimischen Märkte und die Lebensgrundlage der dortigen kleinen Mastbetriebe. Und dies geschieht auch mit anderen Schlachterzeugnissen, ob vom Rind, Schwein oder Lamm.

Es geht ja nicht darum, dass alle Menschen Veganer werden müssen, jedoch müssten die ‚Konsumenten' unserer Wohlstandsmärkte wieder bereit sein, auch Fleischprodukte zu essen, die sie vermeintlich für minderwertig halten: Innereien, Blutwurst, Formfleisch, Schweinskopfsülze, Sülzprodukte allgemein, Fleischwurst, in denen vieles verarbeitet wird, was unserem ästhetischen Empfinden nicht mehr gut genug erscheint.

Klar war es ein Skandal, dass 2013 Lasagne mit Pferdefleisch verkauft wurde, auf der jedoch Rindfleisch ausgewiesen wurde. Eigentlich, bei korrekter Deklaration, ein guter Ansatz der effizienten und schöpfungsgerechten Nutztierverwertung. Nur würden unsere peniblen Mitbürger das Produkt dann nicht kaufen!

---

[1] Marí, Francisco, Unsere fatale Lust auf Brust, Meine Kirchenzeitung, 28.09.2017, zuletzt aufgerufen 03.07.2019, https://www.meine-kirchenzeitung.de/weimar/c-eine-welt/unsere-fatale-lust-auf-brust_a2106
[2] Ebenda

Ich oute mich hier: Ich esse auch Blut- und Fleischwurst, Schweinskopfsülze und Formfleisch jeder Art…
Laut Verbraucherzentrale NRW belaufen sich die Ernteverluste in der deutschen Landwirtschaft und die Entsorgung im Lebensmittelhandwerk und der Lebensmittelindustrie zusammen auf jährlich bis zu 4 Millionen Tonnen Lebensmittel. Das sind Produkte die teilweise untergepflügt werden, weil sie wegen kleiner Macken oder weil sie krumm oder verwachsen sind und keinen ausreichenden Preis auf dem Markt mehr erzielen würden. Ferner führt die rigide Handhabung des Mindesthaltbarkeitsdatums (MHD) zu großen Verlusten![1] Hier müsste sofort auf Produktionsdatum umgestellt werden, denn das MHD ist die konsumfördernde Sollbruchstelle für Lebensmittel!

Abkommen zum Klimaschutz von Paris 2015 muss endlich umgesetzt werden:

Im Abkommen von Paris in 2015 verpflichten sich erstmals 195 Staaten durch einen Klimavertrag. „Die Weltgemeinschaft verpflichtet sich auf das Ziel, die menschengemachte Erderwärmung im Vergleich zur vorindustriellen Zeit auf deutlich unter 2°C und möglichst sogar auf maximal 1,5°C zu begrenzen. Die weltweiten Treibhausgasemissionen sollen in der zweiten Hälfte des Jahrhunderts auf „Netto-Null" sinken. Alle Länder müssen in regelmäßigen Abständen ihre Klimaschutz-Selbstverpflichtungen verschärfen und deren Einhaltung international offenlegen."[2] Selbst wenn alle Maßnahmen umgesetzt würden, wird sich das Klima immer noch um 2,7°C aufheizen.

So muss auch die EU ihr Engagement erheblich erhöhen. Viele ehemalige Zielsetzungen in Richtung Emissionsreduzierung sind nicht ausreichend. „Das Ziel von minus 40 Prozent bis 2030 genügt nicht, um bis 2050 eine Reduktion

---

[1] Verbraucherzentrale NRW, Beiträge von Politik, Landwirtschaft, Industrie und Handel gegen Lebensmittelverschwendung, 22.07.2015, zuletzt aufgerufen 04.07.2019,
https://www.verbraucherzentrale.nrw/wissen/lebensmittel/gesund-ernaehren/beitraege-von-politik-landwirtschaft-industrie-und-handel-gegen-lebensmittelverschwendung-11216
[2] Kreft, Sönke, PARIS UMSETZEN! Konsequenzen für die deutsche Klima-, Energie- und Entwicklungspolitik, Hrsg: Klima-Allianz Deutschland + VENRO – Verband Entwicklungspolitik und Humanitäre Hilfe deutscher Nichtregierungsorganisationen e. V., Berlin 2016, S. 1

von 80 bis 99 Prozent erreichen zu können, und muss vor dem Hintergrund des verschärften Temperaturziels nochmal deutlich angezogen werden.“[1]

Der Jubel um Paris hat nicht lange getragen: Die 24. Weltklimakonferenz (Conference of the Parties, COP) in 2018 fand in Kattowitz statt und entwickelte ein Regelbuch, welches die Umsetzung des Pariser Klimaschutzabkommens ermöglicht. Zudem wollen die Staaten bei den bisherigen Klimaschutzzusagen nicht stehen bleiben. Klimaschutzmaßnahmen sollen – wie in Paris vereinbart – verstärkt werden. Madrid 2019 war ebenso eine große Endtäuschung…

4.4.2 Plastikverseuchung

Wenn Du genau darüber nachdenkst, so muss es Dir eigentlich die Zornesröte ins Gesicht treiben. An den Menschen liegt es meines Erachtens wohl nicht allein. Seit Jahren trennst Du Müll und hattest dir auch seit Jahrzehnten das Mehrwegsystem <u>mit Glas</u> zu Eigen gemacht! Und was ist geschehen? Die Antwort weißt Du! Skrupellose kapitalistische Interessen haben dafür gesorgt,

- dass ein sehr viel weniger sinnvolles Mehrwegsystem mit PET-Flaschen (Polyethylenterephthalat) aufgezogen wurde, welches das Glasflaschensystem zurückdrängte,
- dass Du den Spruch „Jute statt Plastik“ seit Jahrzehnten kennst, aber der Plastiktragebehälter nicht wirklich tot zu kriegen ist,
- dass die Plastikstiele von Ohrensticks verboten werden, Du aber als Durchschnitts-Kunde gezwungen bist, aus einer endlosen Vielfalt an Seife, Shampoo und Kosmetika in endlosen Regalen mit Plastikbehältern auswählen zu müssen,
- dass Wurst und Käse, wenn Du aus finanziellen Gründen auf Lebensmittelramsch und –Discount angewiesen bist, nicht in Wachspapier verpackt wird,
- dass in den 80ern die Empörung über die Styropor-Boxen bei McDonalds (ich wollte jetzt keine Schleichwerbung machen) zur Umstellung auf Pappschachteln führte, heute

---

[1] Ebenda: S. 3

aber jede Fritten- und Lieferbude hemmungslos solche Styropor-Schachteln und Alu zur Verpackung benutzt,
- dass die kleine, neue Eisbude von nebenan Massen an Plastikschälchen benutzt, statt der bewährten Pappbecher... Aber es ist die einzige in deinem Dorf...
- etc.

Ich glaube, dass jeder zahllose Beispiele bringen könnte.

Und dann argumentieren ganz schlaue Protagonisten, von wo auch immer: Der Bürger muss sich wehren und solange er nach solchen Produkten verlangt, müsse man sie auch anbieten. Ich halte diese Argumente für – durch die Wirtschaft – gesteuert! Es reicht nicht, wenn man den Widerstand alleine zur Sache der Menschen machen will, deren Versorgung mit Verbrauchsgütern nicht sichergestellt werden kann, wenn die Industrie nicht endlich umsteuert! Es kann doch nicht die Aufgabe von Dir oder ‚Oma Schultz‘ sein, ihre kleinen Ressourcen aufzuwenden um die Plastikflut zu beeinflussen? Natürlich wird auch ‚Oma Schultz‘ erst einmal versuchen ihre eigene Versorgung sicher zu stellen. Und das zu erschwinglichen Preisen. Es kann nicht alleine die Aufgabe der Einzelnen sein, diese Probleme zu lösen! Und darauf zu warten ist auch illusorisch...

Auf Grund der Dringlichkeit der Lage sollen die **Unverpacktläden** plötzlich die Versorgung aller Bürger sicherstellen, weil diese mit den Füssen abstimmen? Das ist doch Mumpitz!

Und die kapitalistische Industrie und Wirtschaft wären nicht in der Pflicht die Notwendigkeiten einzusehen und sich diesen zu unterwerfen? Das ist marktwirtschaftlicher Quatsch!

Und ehrlich: Eine kapitalistische Marktwirtschaft, die das alles zulässt, ohne sich um die Zukunft der kommenden Generationen zu scheren, hat es nicht verdient auch noch »sozial« genannt zu werden. Die viel beschworene »Soziale Marktwirtschaft« verkommt hier zur Farce! Daran ist nichts sozial und sie kann es nicht...

Also nochmal zwei Schritte zurück: Du sammelst jahrelang brav Deinen Plastikmüll, der vom sogenannten Dualen (Mülltrennungs-)System zu Milliardengewinnen gemacht wird und Du erfährst dann, dass der ‚Mist‘ in Länder mit geringsten Entsorgungs- und Recyclingstandards exportiert wird!? Ich sage Dir: **Das ist echt betrügerische ‚Verarsche‘!**

Es wird nicht funktionieren, wenn Industrie und Hersteller nicht sofort die Verantwortung für ihre Produkte übernehmen. Das heißt: Weniger Plastik in ihren Produkten verwenden! Dabei ist das derzeitige kapitalistische Wirtschaftssystem das Problem. Produkte müssen so designt und produziert werden, dass sie gut recycelbar sind. Und recyceltes Plastik muss wirklich in neuen, innovativen Produkten verwendet werden! Kurz: Plastikverbrauch muss radikal reduziert werden und Plastikexport muss untersagt werden, damit unser Duales System endlich dafür einstehen muss, wofür es geschaffen wurde: Plastik angemessen und vernünftig zu recyceln und Plastikgebrauch letztendlich massiv zu reduzieren.

Das Versprechen der Selbstverpflichtung z.B. einiger Lebensmitteldiscounter einige Plastiktüten und –verpackungen abzuschaffen ist doch schließlich nur Placebo für die Empfindungen derer, die weiter von diesen existentiell abhängig sind!

Viel mehr **Zirkularwirtschaft und Mehrweg** wird notwendig sein! Auch als Laie kann ich mir ebenso vorstellen, dass in Discountern z.B. in der Kosmetika-Abteilung aus großen Behältern, Kanistern durch Kunden in genormte Mehrweggefäße abgezapft wird. Wieso nicht, und nicht einmal die Vielfalt der Produkte und auch der Labels müsste eingeschränkt werden.

Das Pfandsystem mit Einweg-PET muss eingestellt werden und auch das Mehrweg-PET muss wieder zurück zum Glas. Wenn die Wirtschaft es will, wird es geschehen. Und wir werden in den reichen Ländern beginnen müssen.

4.4.3 Insektensterben

„The widespread insect biomass decline is alarming"[1], sagt die Studie von Hallmann u.a.., die am 18.Oktober 2017 im Fachjournal PLoS ONE veröffentlicht wurde.

In den letzten 27 Jahren ist die die Biomasse fliegender Insekten um über 75 Prozent zurückgegangen! Wofür benö-

---

[1] Hallmann, Caspar A., More than 75 percent decline over 27 years in total flying insect biomass in protected areas, in PLOS ONE - Public Library of Science, Cambridge 2017, 18.12.2017, zuletzt aufgerufen 14.07.2019, https://journals.plos.org/plosone/article?id=10.1371/journal.pone.0185809

tigen wir eine solche Studie, wenn unsere Windschutz-
scheiben an Autos nach längeren sommerlichen Autobahn-
fahrten Bände sprechen! Für jeden ist es evident!

Noch nicht einmal der Klimawandel wird hier als Ursache
angeführt, weil eine allmähliche Erwärmung letztendlich zu
einer größeren Insektenpopulation führen müsste.

Die Vermutung liegt nahe, dass vor allem die Intensivierung
der Landwirtschaft einer der Hauptgründe ist! Monokulturen,
schrumpfende Lebensräume, massive Umweltverschmutzung, ganzjährige landwirtschaftliche Bodenbearbeitung,
das Verschwinden von Feldrändern, verstärkter Einsatz von
Düngemitteln und der hemmungslose Pestizid- und
Insektizideinsatz der *industriell-kapitalistischen Land-*
wirtschaft sind sehr wahrscheinlich die Auslöser und plausible Ursache für die schwindende Vielfalt und Biomasse.
Das hat Folgen für die gesamte Nahrungskette und auf die
Flora, die angewiesen ist auf die Bestäubung durch fliegen-
de Insekten! Dieser Tage kam auch die Nachricht in der
Presse, dass Wissenschaftler nachweisen könnten, dass
die Vogelpopulation in Nordamerika seit den Siebzigern um
ca. ¼ gesunken sei. Ein Loch in der Nahrungskette?

Exkurs: Bienen, die mit Insektiziden aus der Gruppe der
Neonicotinoide in Kontakt geraten, haben Probleme mit der
Orientierung, so dass oft nur etwa die Hälfte den Weg zu-
rück in den Bienenstock finden!

Insektizide machen den Insekten am meisten zu schaffen.
Und das, obwohl die PLoS ONE Untersuchung Ergebnisse
auch aus Schutzgebieten ausgewertet hat.

„Whatever the causal factors responsible for the decline,
they have a far more devastating effect on total insect
biomass than has been appreciated previously", so die
genannte Studie.[1]

Und es geht nicht um den Rückgang einiger Arten, wie
Schmetterlingen, sondern um die gesamte Menge an Insekten, die in der Luft leben! Und in der kapitalistischen Landwirtschaft hängt dann alles zusammen: Der Rückgang der

---

[1] Meine Übersetzung: „ Die für den Rückgang verantwortlichen Faktoren
wirken sich weitaus verheerender auf die gesamte Insektenbiomasse aus
als bisher angenommen."

Artenvielfalt bei Pflanzen, Insekten, Vögeln und anderen Arten!

Die Studie sagt, es sei dringend erforderlich, die Ursachen dieses Rückgangs und seine geografische Ausdehnung aufzudecken und die Folgen des Rückgangs für Ökosysteme und Ökosystemdienstleistungen zu verstehen.[1]

Wir müssen uns also etwas einfallen lassen! Selbst unser Ordnungssinn, der sogar in unseren Gärten Vielfalt verdrängt, muss einem Sinn für Unordnung Platz machen. Selbst die Pflänzlein zwischen unseren Gehwegplatten haben offenbar ihre Berechtigung.

Ebenso haben wir uns nie Gedanken darüber gemacht, dass diese kleinen kriechenden und fliegenden Sauger und Stecher so wichtig sind! Im Gegenteil: Wir haben selber nie ein positives und angstfreies Verhältnis gegenüber diesen kleinen Monstern erlernt. Sie sind uns fremd und eine irreale Bedrohung geblieben. Weit verbreitete Arachnophobie ist nur ein Ausdruck für dieses gestörte Verhältnis der modernen (kultivierten) Menschen zu all diesen Spezies. Und da wurde immer schon platt geschlagen, was daher kommt und fliegt! Was machen da schon ein paar Liter Insektizide…

Und schließlich: Das dauernde Hochloben von veganer und vegetarischer Ernährung für den Klimaschutz muss hier noch einmal durchdacht werden. Wenn die Weltbevölkerung nur durch industriellen Lebensmittelanbau ernährt werden müsste, so müssen wir es einer kapitalistischen Landwirtschaft verbieten, so weiterzumachen wie bisher!

Am nachhaltigsten wäre vielleicht die Abschaffung des kapitalistischen Wirtschaftens – auch in der Landwirtschaft.

Ich für mich habe keine Lösung für diese Sache parat. Ich spüre nur, dass wir dieses Problem »Kapitalismus in der Landwirtschaft und Lebensmitteldiscount« genauso wichtig nehmen sollten, wie den Klimawandel.

Zumindest will auch ich im Kleinen achtsamer mit den winzigsten unter unseren Mitgeschöpfen umgehen. Nicht jedes

---

[1] Hallmann, Caspar A., More than 75 percent decline over 27 years in total flying insect biomass in protected areas, in PLOS ONE - Public Library of Science, Cambridge 2017, 18.12.2017, zuletzt aufgerufen 14.07.2019, https://journals.plos.org/plosone/article?id=10.1371/journal.pone.0185809 (meine Übersetzung)

Wespennest muss weg, mehr Unordnung für Wildbienen und ich muss auch nicht jedes Ameisennest vergiften…
Auch die protestierenden Bauern sollten das einsehen…

4.4.4 Biodiversität erhalten – nicht regional einzelne Arten

Wir brauchen die biologische Vielfalt! Dies hat nicht nur ökologische Gründe, sondern langfristig auch wirtschaftliche, ethische und soziale.

Die Biodiversität hält das Ökosystem intakt und macht es für uns – für die Menschheit – zu Wasser, zu Land und in der Luft erst in vollem Maße nutzbar.

Alles greift ineinander. Wälder reinigen die Luft, speichern Kohlendioxid und produzieren Sauerstoff. Sie reinigen und speichern auch das Wasser und ihre Wurzeln schützen vor der fortschreitenden Bodenerosion. Viele Menschen leben im und vom Wald. Mit ihrer Verbundenheit zum Wald bildet dieser auch die Grundlage für die ethnisch-kulturelle Vielfalt der Menschen.

Ebenso sind 75 % der Erde mit Wasser und den darin lebenden Tierarten bedeckt. Algen und Phytoplankton bilden die untersten Ebenen der Nahrungsketten, über die Kleinstlebewesen bis zu den Walen. Plankton bildet zudem eine riesige Menge des von allen benötigten Sauerstoffs. Von dem, was sich im Wasser tut, sind auch zahlreiche Lebewesen auf dem Land abhängig.

Fluginsekten, besonders die Haus- und Wildbienen, helfen unsere Nutzpflanzen zu bestäuben. Das sichert unsere Nahrungsgrundlage. Und so kann man immer weiter ins Detail gehen. Bis zu den Mikroorganismen, die organische Abfälle zersetzen und somit unsere Böden immer wieder fruchtbar machen.

Wir müssen feststellen, dass jede Art und jede Spezies in diesem großen Kreislauf seine Begründung und Aufgabe hat. Ein Aussterben von Spezies in großen Teilen – bis zu einem Drittel oder zur Hälfte – kann hier gravierende Auswirkungen haben. Erst recht aber wenn dabei so viel Biomasse verloren geht, wie beim zuvor genannten Insektensterben. Welche Auswirkungen wird das am Ende haben?

Die Völker der Welt haben daher das **»*Übereinkommen über die biologische Vielfalt (Convention on Biological Diversity - CBD)«*** erarbeitet, das auf der Konferenz der Vereinten Nationen für Umwelt und Entwicklung (UNCED) in Rio de Janeiro 1992 beschlossen wurde, das inzwischen von 196 Vertragsparteien ratifiziert wurde.[1] Ziele sollen sein:

- die Erhaltung der biologischen Vielfalt,
- die nachhaltige Nutzung ihrer Bestandteile,
- der gerechte Vorteilsausgleich aus der Nutzung genetischer Ressourcen.

Hier sollen *ökologische, ökonomische und soziale Aspekte* zusammengebracht werden.

Da werden wir uns auch schnell einig.

Nur scheint es eine Illusion zu sein, wie ich eben auch schon andeutete, wenn wir glauben alles in Gänze erhalten zu müssen. Von dieser Hoffnung werden wir uns wahrscheinlich verabschieden müssen und sie würde uns auch vor eine unlösbare Aufgabe stellen. Unter diesem Druck wiederum würden die Menschen – die durchaus auch Teil der Natur sind – die Hoffnung und auch die Motivation zum Einsatz für die Natur verlieren.

Die Stabilität und Balance von Ökosystemen hängt nicht vom Überleben besonderer, einzelner Arten, wie dem Eisbären, Pandas oder Tigern, ab. Sie sind zwar die Symbole des Umweltschutzes und der Diskussion zur Biodiversität geworden, jedoch scheinen Ökosysteme auch ganz gut ohne sie funktionieren zu können und wandeln sich. Natur ist eben flexibel und passt sich auch der Spezies Mensch an. Als die Großräuber Wolf und Bär in Deutschland vertrieben waren, brachen die Ökosysteme nicht zusammen! Der Blick auf das Detail wird uns die Sicht versperren! Wir brauchen vielleicht den Blick aufs System. So birgt es andersherum Probleme, wenn Arten irgendwo rar werden, die wichtige Funktionen übernehmen, wie wir das schon zum Thema Insektensterben beschrieben haben.

So ist – auch meines Erachtens – das eigentliche Zauberwort zu einer vernünftigen Beurteilung der Biodiversität ein **»*funktionelles Diversitätsverständnis*«**! „Um die Gesundheit von Ökosystemen zu messen, richten Ökologen ihr

---

[1] Stand: Februar 2018

Augenmerk vermehrt auf funktionelle Eigenschaften statt auf einzelne Arten."[1]

So hängt die Gesundheit eines Ökosystems nicht alleine von der Menge der in ihm lebenden *Arten* ab, sondern vielleicht eher von der Menge der *unterschiedlichen Merkmale und Funktionen,* die einzelne Arten hier übernehmen und ausleben. Es muss uns aufgehen, dass „gewisse Funktionen nur von einer Art oder einigen wenigen Spezies erfüllt" werden und oft sind ganz unerwartete Arten die eigentlich schützenswerten, auch wenn sie gar nicht direkt vom Aussterben bedroht sind!

Denn „ebenso wichtig für die Erhaltung der Gesundheit und Resilienz natürlicher Lebensgemeinschaften sind die vielfältigen artspezifischen Merkmale, gemessen in speziellen Eigenschaften wie etwa Körpergröße oder Astlänge, und deren Wirkungen, so die Meinung vieler Wissenschaftler. Ein derartiges Umdenken könnte weit reichende Folgen für die Umweltforschung haben."[2]

Wenn wir uns nur darauf beschränken, alleine die Arten zu zählen, werden wir die wirklichen funktionalen Aspekte nicht erfassen können. Ein Ökosystem scheint nicht alleine auf Grund der Menge der Arten, die in ihm leben wirklich auch gesünder und widerstandsfähiger!

Diese neue Sichtweise ist – meines Erachtens – Voraussetzung, damit wir begreifen, auf welche Art und Weise sich das Ökosystem an das sich verändernde Klima anpasst und damit wir diesbezüglich richtige PRIORITÄTEN setzen können. **Das Konzept der funktionellen Diversität** müsste allen Planungen von Natur- und Umweltschutz zu Grunde gelegt werden.

Wir verstehen Ökologie besser, wenn wir auch die funktionellen Eigenschaften von Organismen verstehen. Dies könnte uns ein differenzierteres Bild von Ökosystemen ermöglichen. Journalistin Rachel Cernansky sagt, dass letzten Endes eine auf funktionellen Merkmalen basierende Ökologie sowohl in Naturschutzstrategien als auch in staatlichen Entscheidungsprozessen zur Festlegung von Schutz-

---

[1] Cernansky Rachel, Vielfalt ist mehr als nur Arten, Spektrum.de - Spektrum - Die Woche, 28/2017, 12.07.2017, zuletzt aufgerufen am 16.07.2019, https://www.spektrum.de/news/forscher-diskutieren-neue-merkmale-der-biodiversitaet/1481603
[2] Ebenda

gebieten Eingang finden sollten. Dies wäre wichtig für die richtigen Entscheidungen und PRIORITÄTENsetzung durch Politik, Wirtschaft und uns selber, denn „wenn explizit gezeigt werden könnte, auf welche Art und Weise der Verlust einer Funktion ein Ökosystem dezimiert, hätte dies vielleicht einen stärkeren Effekt, denn so etwas können mehr Menschen wirklich nachvollziehen."[1]

---

[1] Ebenda

Recht auf sinnhaftes Leben,
Recht auf Bildung,
Alternative zur Wachstumsideologie

Individuelle Prioritäten und Rechte

Schutz einzel-
ner Arten, Hungernde
Individuen, Nachhaltigkeit
von Landwirtschaft, Rechte zu-
künfter Generationen,

Menschen-
rechte,

nachhaltige globale Wirtschaft,
solidarische und altruistische Gesellschaft,

Kollektive/nationale Prioritäten

Nationaler
Kohleausstieg,
Automobilindustrie umstellen
auf Elektrisch oder Brennstoff-
zellen, energieeffizeintes
Bauen,
freier
ÖPNV

Gobale Prioritäten
CO₂ - Ausstoß
Erderwärmung

sofort:Ausstieg aus fossiler Energie,
sofort: erneuerbare Energie,
Plastikverseuchung,
Insektensterbenbeenden,
funktionale Biodiversität fördern

Abb.: 4 Die PRIORITÄTEN

Die Graphik soll die wirklichen PRIORITÄTEN in den Vordergrund rücken!

5. Schlusswort

Die Menschen verhalten sich wie psychisch gestört. Und wenn nicht jeder einzelne, so dann immerhin induziert, gegenseitig angesteckt, als Gruppe. Sie reagieren massiv neurotisch und psychotisch auf die Dogmatisierung des Individualismus, sowie auf die Anforderungen und suggerierten Individualbedürfnisse einer Kapitalismusdiktatur und schließlich aus subjektiver Todesangst. Sie sehen sich und ihre privaten Rechte und Bedürfnisse als Maß aller Dinge. Transzendenz und Gottglaube sind ihnen verboten, weil ebenso suggeriert wird, dass der technische Säkularismus den Menschen zu einer Art **»kleinem Gott«** (Göttchen) mache. Er selber wird zum roten Faden in der Welt. Und in diesen unerfüllbaren Ansprüchen an sich selber und das Kollektiv geht dem Menschen auch sein angeborener Altruismus verloren.

Indem der ,moderne' Mensch seine eigene kleine Individualisierung allein zum Heilsprozess stilisierte, musste er sich selber auch sein eigener kleiner Held sein. Dabei kann er jedoch nicht mehr der Held das Alltags einer traditionellen Gesellschaft sein, mit den vielen kleinen heroischen Taten und Pflichten: Beten und Arbeiten, Kinder aufziehen, einfach das tun, was zu tun ist. „…der modere Mensch kann seinen Heroismus nicht mehr im alltäglichen Leben finden…"[1] (meine Übersetzung).

Alleine und ohne eine Erklärung einsam zurückgelassen, leidet der Mensch an seinen zahlreichen narzisstischen, psychischen Problemen, Störungen und Erkrankungen, weil ihm die ,moderne Welt' den tieferen Lebenssinn geraubt hat. Sie wollte ihm weis machen, dass er alles nur sich selber gegenüber zu verantworten habe. Alles glaubt er abgeschafft und hinter sich gelassen zu haben. Transzendentes, Metaphysisches, Mystisches und Gott glaubt er los zu sein. Aber die Sache hat einen Haken. Ernest Becker beschreibt auch den Preis, den das hat: "Als er die Ideen von der Seele und Gott entthronte, wurde er

---

[1] Becker, Ernest, The Denial of Death, New York 1973, S.190

Original: „ …modern man cannot find his heroismus in everyday life any more… "

hoffnungslos auf seine eigenen Ressourcen zurückgeworfen, auf sich selbst und die wenigen um ihn herum."[1] (meine Übersetzung)

Das konnte nicht gut gehen.

Und so bestätigt auch Becker, dass deswegen die Neurosen zu einem riesigen Problem geworden seien, „weil für die heroische Verklärung des Menschen keine überzeugenden Schauplätze mehr vorhanden sind."[2]

Der Wunsch, mehr zu sein als nur ein einsames, sterbliches Einzelwesen, nährt den verbotenen mythischen Traum, Teil eines größeren Ganzen zu sein. Diese Sehnsucht zeigt sich zum Beispiel immer wieder: im Kino, wenn z.B. im Film „König der Löwen" in phantastischen Liedern vom »Ewigen Kreis«(Circle of Life) die Rede ist.

So verlässt der moderne Mensch die Lichtspielstätten, fühlt in seinem Herzen das melancholische Ringen des Wunsches danach, Teil eines »Ewigen Kreises«' zu sein, mit der wirklichen Leere seines Herzens, des selbsternannten ‚Göttchens'.

Und kaum einer erkennt die augenblickliche Chance, Teil eines *»Ewigen Kreises der Generationen«* sein zu können, in dessen Vordergrund die Aufgabe steht, die Welt – so wie sie lebenswert auch für die zukünftigen Generationen sein könnte – unverzüglich und im letzten Augenblick selbstlos zu retten.

Astronaut Thomas Reiter formulierte dieses kleine Heldentum wie folgt: "Es wäre mein tiefer Wunsch, dass man die Erde versucht zu erhalten. Denn einen Planeten B, dem man sich zuwendet, nachdem man den hier abgewirtschaftet hat, wird es in den nächsten 100 Jahren nicht geben. Die Erde als Lebensraum ist vorerst unsere einzige Chance."[3]

---

[1] Ebenda: S.190

Original: „When he dethroned the ideas of soul and God he was thrown back hopelessly on his own resources, on himself and those few around him"

[2] Becker, Ernest, The Denial of Death, New York 1973, S.190 Deutsche Version:
Ernest Becker, Die Überwindung der Todesfurcht, Olten 1976, 281

[3] Reiter, Thomas, im Inferview mit Julius, Lukas, "Da sind die jetzt", Kölner Stadtanzeiger Nr. 166, 20./21.07.2019, S. 7

Aber erschreckender Weise ist der Mensch nicht nur in erster Linie der *»homo mori«*, der Sterbende, sondern auch der *»homo vastum faciens«*, ein rücksichtslos ‚Vermüllender' – ein *»Globalmessie«*. Schon wieder ein psychiatrisches Syndrom...

„Als Neil Armstrong am 21. Juli 1969 gegen 4 Uhr morgens die Mondlandefähre ‚Eagle' verließ, entsorgte er als erstes einen Sack Müll. Edwin Aldrin schob ihm den Sack durch die enge Ausstiegsluke hinterher. Armstrong warf ihn oben von der Leiter runter, bevor er ..."[1]

„Die Landung von Apollo elf mag ein kleiner Schritt für einen Menschen gewesen sein, war aber vor allem ein Riesensprung für einen Müllsack."[2]

Muss ich mehr dazu sagen?

An diesem Punkt wird es wichtig mit den Menschen einmal nicht nur über ihre individuellen Rechte zu reden, sondern sie auch einmal an ihre individuellen Pflichten zu erinnern.

Es mag uns wie unser Recht und Selbstverständlichkeit erscheinen, unseren Müll irgendwo zu entsorgen, aber es wäre unsere Pflicht ihn festzuhalten, zu trennen oder zu vermeiden. Kleine Heldentaten eben!

Aber mit dem „Tod Gottes" haben wir den eigentlichen Besitzer der Schöpfung gemeuchelt, dem gegenüber wir für unser Zerstörungswerk eigentlich verantwortlich sein müssten. Das Kind hat den Vater ermordet um an dessen Erbe zu gelangen und damit zu treiben, was es will, um es zu verprassen. Der Mensch meint nun nur noch vor sich selber Rechenschaft ablegen zu müssen. Und der *»Ewige Kreis der Generationen«* ist bei seiner individuellen Selbstverwirklichung hinderlich, weil da wieder jemand am Horizont auftaucht, der ihn zur Rede stellen könnte. Und wenn sie das dann in freitäglichen Protesten tun, dann unterstellen wir ihnen ‚Schulschwänzer' zu sein...

---

[1] Neue Presse, Die zehn besten Fotos von Apollo 11, 19.07.2019, zuletzt aufgerufen am 21.07.2019,
https://www.neuepresse.de/Nachrichten/Wissen/Die-zehn-besten-Fotos-von-Apollo-112

[2] Lorenzen, Dirk, Kleiner Schritt, Riesensauerei, Deutschlandfunk, 13.07.2019, zuletzt aufgerufen am 21.07.2019,
https://www.deutschlandfunk.de/neil-armstrong-und-das-foto-vom-muellsack-kleiner-schritt.732.de.html?dram:article_id=453739

Und weil wir uns – angesichts unserer Umweltsünden – nicht nur die Ohren zuhalten können, sondern von einem Mädchen **Greta Thunberg** auch noch zur Rechenschaft gezogen werden, beginnen wir diese und ihre Mitstreiter offen und laut zu verunglimpfen und zu diffamieren: Sie sei ja eigentlich als Asperger-Autist psychisch Krank, sei künstlich betroffen und wenn sie sage, dass die vorhergehenden Generationen ihr die Kindheit gestohlen hätten, so habe sie maßlos überzogen und überhaupt habe die ganze Unterstützergruppe sich nicht zu beschweren, fliege sowieso in Urlaub und würde von den Eltern auch noch mit dem SUV zur Schule gefahren und akzeptiere das auch noch gerne…

…so als sollten sie den Vorgenerationen ewig dankbar sein…

Hast Du auch so gedacht? Ich muss leider sagen, dass das hinterhältig und verlogen ist, denn diese junge Generation hat keine andere Chance, als ihren Widerstand in den Verhältnissen und der Welt zu starten, die ihnen bis dato noch nicht einmal von der Vorgängergeneration übergeben wurden ist! *Ein Ausbruch aus einem Gefängnis beginnt für den Gefangenen immer im Gefängnis! Auch Jeanne d'Arc – Johanna von Orléans – hat die Waffen, mit denen sie kämpfte, auch nicht vorher selber erfunden!* Greta hat den alternativen Nobelpreis 2019 verdient!

Dabei: Je mehr Du um dich selber kreist, deinem Hedonismus und deinem Individuum frönst, um so mehr muss dir klar werden, dass das Leben – trotz aller Bemühungen – mit deinem sicheren Tod endet. Sterbeforscherin Elisabeth Kübler-Ross drückte das sehr richtig aus: „Wenn Sie glauben, das Leben ist nur dazu da, um reich zu werden und gut zu essen und ein paar Freuden zu haben und Steuern zu bezahlen, dann würde es in der Tat keine Rolle spielen, ob das Leben jetzt eine Woche früher oder einen Monat später zu Ende geht. Aber das Leben ist eben mehr als das."[1] *Sie hat recht: Du musst Sterben und Leben lernen!*

Ich bin der festen Überzeugung, dass die Menschen erst dann die Welt zu retten beginnen, wenn sie lernen den Tod zu akzeptieren und verantwortungsvoll zu sterben. Sie müssen Verantwortung für das übernehmen, was in ihrer Lebenszeit und was nach ihrem Tod geschieht und was Sie

---

[1] Kübler-Ross, Elisabeth, Sterben und Leben lernen, Hrsg. Hermann, Ingo, Güllesheim 2018[2], S. 76-77

den kommenden Generationen hinterlassen. Aber je mehr Du die Kontrolle und Verantwortung über dein Leben erhalten willst, desto mehr verlierst Du die Kontrolle über deinen Tod. Im Tabu versinkst Du in den Staubwolken eines rastlosen, egoistischen Lebens.

Die kapitalistischen Systeme, selbst wenn auch repräsentiert durch die ‚soziale Marktwirtschaft‘, sind uns dabei nicht behilflich. Eine nachhaltige Wirtschaft im Sinne der kommenden Generationen ist nicht im Interesse eines ausnahmslos wachstumsorientierten Kapitalismus. Diesem spielte eine verabsolutierte Aufklärung und ein ausschließlicher Individualismus willkommen in die Hände. Nur auf diese Weise konnte er den modernen Menschen zu immer neuen Bedürfnis- und Wachstumsorgien antreiben. Immer mehr »Haben« erfüllte den Menschen, statt eines Strebens nach dem »Sein« - um es mit Erich Fromms Worten auszudrücken.[1]

Auf diese Weise versucht der Kapitalismus den Tod vergessen zu machen und den Gottesmord zu nutzen, um den Menschen in einer neurotischen Zwangsspirale als Sklaven gefangen zu halten, in der sich die Individuen der modernen Gesellschaften glauben unsterblich machen zu können.

Und gleichzeitig wird der größere, arme und ausgebeutete Teil der ‚vergessenen‘ Menschheit in einer Überlebensspirale eingekerkert, in der ca. 3,4 Milliarden Menschen[2] durch den dauernden Existenzkampf verwehrt wird, auch nur ansatzweise daran denken zu können, erfüllt zu leben, befriedigt zu sterben und für das Wohl fernerer Generationen zu sorgen.

Wenige besitzen viel, Viele besitzen wenig, aber beiden ist erfülltes Leben und Sterben nicht vergönnt. Die einen vergeuden ihr Leben mit endlosem Zeitvertreib um den Tod vergessen zu machen, während die anderen in ihrem dauernden Überlebenskampf keine Zeit dafür haben, an den Tod zu denken, denn er ist sowieso immer gegenwärtig.

Du musst kein Wissenschaftler sein, um letztendlich zu wissen, was zu tun ist. Wie Du siehst, kann auch ich als

---

[1] Vgl. Fromm, Erich, Haben oder Sein - Die seelischen Grundlagen einer neuen Gesellschaft, München 2011[38]

[2] Vgl. World Bank, Understanding Poverty, Washington 2019, zuletzt aufgerufen 25.07.2019,
https://www.worldbank.org/en/topic/poverty/overview

kleiner Sozialarbeiter vieles ausformulieren. Ich gebe auch zu, dass ich zu lange hoffte, dass Vieles nicht so schlimm kommen würde. Ich habe zwar nicht verschwenderisch gelebt und wenn alle so lebten wie ich...

Nun: Was kannst Du tun?

- Du musst **raus aus deinem hedonistischen Schneckenhaus** und der Zwangsjacke Deiner individualistischen Dogmen.
- Du musst endlich **selbstlos Verantwortung übernehmen**, für Deinen Planeten – die Schöpfung, von wem auch immer – und für die Rechte aller zukünftigen Generationen.
- Du musst **altruistisch und heldenhaft** handeln – wie Ernest Becker sagen würde – und die Sache in die Hand nehmen.
- Du musst unverzüglich mit sinnlosen Diskussionen und Ablenkungsmanövern aufhören, dich auf die **wirklichen PRIORITÄTEN** konzentrieren. Und Du kannst nicht abwägen, welches die sinnvollste oder »minimalinvasivste« Lösung für die wichtigste PRIORITÄT wäre. Die Zeit der Experimente ist schon längst abgelaufen. Du musst viele Lösungsansätze parallel umsetzen, auch wenn am Ende nur einige ausschlaggebend sein mögen.
- Du wirst in diesem Zusammenhang lernen müssen, **Kollateralschäden an deinen und den Individualrechten anderer zu akzeptieren** und gerechte Ausgleiche suchen zu müssen.
- Du musst **Teil einer zeitlosen Menschheit** werden und das Recht der zukünftigen Generationen auf einen lebenswerten Planeten in den Vordergrund rücken. Selbst wenn wir in ferner Zukunft unseren Planeten verlassen werden, sollte das keine Flucht sein, sondern mit dem Gefühl geschehen, dass wir eine lebenswerte Heimat haben, zu der wir jeder Zeit zurückkehren können! Es würde die Menschheit nicht auszeichnen, wenn sie ihren Geburtsort als ‚verbrannte Erde' hinterlässt. Und den tollen Kids von „Fridays for future" gebe ich noch mit auf den Weg: **Fordert über eure eigene Zukunft hinaus! Es ist nicht eure Kindheit geklaut worden...** Denkt weit über die vielen ungeborenen Generationen hinaus, damit Euer wichtiges Engagement nicht schließlich endet, wie der Egoismus der vorausgegangenen Generationen!

- Du musst *Deine Endlichkeit akzeptieren* lernen! Deine angstgetriebene und genusssüchtige Flucht vor dem Tode wird dich sonst zeitlebens zum Schmarotzer an der Zukunft der folgenden Generationen machen. Deine Zeit zu handeln ist kurz bemessen und Du solltest *nichts aufschieben*. Am letzten Tag Deines Lebens irgendwas bedauern zu wollen, wird dir nichts nützen.

Wenn Du als Agnostiker oder Atheist jetzt nicht handelst, so werden Dich auf jeden Fall die zukünftigen Generationen verfluchen.

Bist Du ein gläubiger Mensch und handelst jetzt nicht, so könntest Du höchstens auf die Vergebung Deines Gottes hoffen. Ob dieser Dir die Zerstörung seiner Schöpfung dann wirklich durchgehen lässt?

- *Du bist am Zug....*

Literatur:

Adamson, Göran, The Trojan horse : a leftist critique of multiculturalism in the West, Malmö 2015

Anders Indset, Quantenwirtschaft - Was kommt nach der Digitalisierung?, Berlin 2019

Bandelow, Borwin, im Interviiew mit Höhnl, Franziska, Die Angst vor dem Fremden schlummert in jedem, in WeLT, 08.10.2015, aufgerufen 04.05.2019, https://www.welt.de/gesundheit/psychologie/article14737237 1/Die-Angst-vor-dem-Fremden-schlummert-in-jedem.html

Baspinar, Deniz, Muslime in Deutschland brauchen die Scharia nicht, Zeit Online, 07.02.2012, zuletzt aufgerufen 09.06.2019, https://www.zeit.de/gesellschaft/zeitgeschehen/2012- 02/scharia-schiedsgerichte

Bauer, Steffen u. Richerzhagen, Carmen, PRIORITÄTEN bitte! Das UN-Umweltprogramm und die globale Nachhaltigkeitsagenda, in Deutsches Institut für Entwicklungspolitik (DIE), Die aktuelle Kolumne (2013), aufgerufen 11.05.2019, https://www.die-gdi.de/uploads/media/Deutsches-Institutfuer- Entwicklungspolitik_Bauer_Richerzhagen_18.02.2013.pdf

Beck, Ulrich, Risikogesellschaft: Auf dem Weg in eine andere Moderne, Frankfurt 1986

Becker, Bert, eMANNzipation, Berlin 2019

Becker, Ernest, Die Überwindung der Todesfurcht, Olten 1976

Becker, Ernest, The Denial of Death, New York 1973

Bell, Daniel, Die kulturellen Widersprüche des Kapitalismus, in Reihe Campus 1037, Frankfurt 1991

Benecke, Mark, Memento Mori, Remda-Teichel (Roter Drache) 2015[5]

Bibel, Einheitsübersetzung 2016,
https://www.bibleserver.com/text/EU/Matthäus6

Bob Dylan, Songtext von Knockin' On Heaven's Door, Sony/ATV Music Publishing LLC, Audiam, Inc

Brunschweiger, Verena im Interview, Focus online, 09.03.2019, aufgerufen 05.05.2019, https://www.focus.de/familie/kind/keine-kinder-wegen-der-umwelt-jetzt-legt-die-lehrerin-nach-mit-steilen-thesen_id_10421302.html

Bundesministerium der Verteidigung: Weißbuch 1994, Weißbuch zur Sicherheit der Bundes- republik Deutschland und zur Lage und Zukunft der Bundeswehr, Bonn: BMVg 1994, Para. 308, S. 42

Bundesministerium für Umwelt, Naturschutz und nukleare Sicherheit (BMU), Invasive gebietsfremde Arten, 06.12.2013, zuletzt aufgerufen 13.07.2019, https://www.bmu.de/themen/natur-biologische-vielfalt-arten/artenschutz/nationaler-artenschutz/invasive-gebietsfremde-arten/

Burnham, James, Das Regime der Manager, Stuttgart 1947

Cann, Vicky und Balanyá, Belén, Captured states: when EU governments are a channel for corporate interests, Corporate Europe Observatory (CEO) Brussels (Hrsg.), Brüssel 2019, S. 89, https://corporateeurope.org/sites/default/files/ceo-captured-states-final_0.pdf

Cernansky Rachel, Vielfalt ist mehr als nur Arten, Spektrum.de - Spektrum - Die Woche, 28/2017, 12.07.2017, zuletzt aufgerufen am 16.07.2019,
https://www.spektrum.de/news/forscher-diskutieren-neue-merkmale-der-biodiversitaet/1481603

Comte, Auguste, Système de politique positive, Paris 1851-1854, aufgearbeitet von Jean-Marie Tremblay, http://anthropomada.com/bibliotheque/COMTE-auguste-Systeme-de-politique-positive.pdf

Cossham, Lisa Frieda, Gebrauchsanweisung für ein Gefühl: Hass in Zeit Online, 29.06.2018,
https://www.zeit.de/zeit-wissen/2018/04/emotionen-hass-gefuehl-empathie

Crouch, Colin, Mit vorwärtsorientierter Politik gegen rückwärtsgerichtete Xenophobie, in Hans-Böckler-Stiftung(Hrsg.), wsi mitteilungen (Jg 71.) 2/2018, S.82

Csef, Herbert , Tod und Neurose. Angst, Todestrieb, Objektverlust und Narzissmus auf dem Hintergrund humaner Todeserfahrung. In Fortschritte in Neurologie und Psychiatrie 55, Stuttgart 1987

de Saint-Exupéry, Antoine, Wind, Sand und Sterne, Düsseldorf, 1966

Degener, Theresia, Die Geburt eines behinderten Kindes als Schaden?, in Brähler, Elmar, Stöbel-Richter, Yve und Hauffe, Ulrike (Hg.), Vom Stammbaum zur Stammzelle, Band 80 von Reihe "edition psychosozial", Psychosozial-Verlag, 2002

Denise, Linke, Unser Abtreibungswahn, in Zeit Online, 24.09.2014, aufgerufen 09.04.2019, https://www.zeit.de/gesellschaft/familie/2014-09/abtreibung-behinderung

Deutschmann, Christoph, Moderne Ökonomie ohne Wachstumszwang: ein Wunschtraum? in Hans-Böckler-Stiftung(Hrsg.), wsi mitteilungen 7/2014

Diethelm, Moritz, Ifo-Institut rechnet E-Autos schlecht – und macht dabei viele Fehler, Focus Online, 19.04.2019, zuletzt aufgerufen 01.07.2019, https://www.focus.de/auto/elektroauto/studie-zu-klima-folgen-ifo-institut-rechnet-e-autos-schlecht-und-macht-dabei-viele-fehler_id_10611851.html

Erhard, Ludwig, Wohlstand für Alle, Düsseldorf 1957

Euler, Sebastian; Brähler, Elmar; Brosig, Burkhard, Das Dorian-Gray-Syndrom als »ethnische Störung« der Spätmoderne in psychosozial 94, Gießen 2004, S. 74

Europäische Umweltagentur, Klimawandel und Luft, 23.05.2013, https://www.eea.europa.eu/de/signale/signale-2013/artikel/klimawandel-und-luft, zuletzt aufgerufen 12.12.2018

Exenberger, Hans, Kurt Tucholsky lebt..., 1. Band, Hamburg 2006

Frankl, Viktor E., Das Leiden am sinnlosen Leben, Freiburg 2004[15]

Frankl, Viktor E., Der Wille zum Sinn: ausgewählte Vorträge über Logotherapie, Bern 1972

Fraunhofer-Institut für System- und Innovationsforschung ISI, Presseinformation: Elektroautos, die heute gekauft und in Deutschland genutzt werden, haben eine deutlich besse-re Klimabilanz als Diesel und Benziner, 14.3.2019, zuletzt aufgerufen 16.07.2019, https://www.isi.fraunhofer.de/de/presse/2019/presseinfo-07-elektroautos-klimabilanz.html

Fridays For Future, https://fridaysforfuture.de/forderungen/

Fromm, Erich, Die dialektische Revision der Psychoanaly-se. In: Funk, Rainer (Hrsg.), Erich Fromm: Gesamtausgabe in zwölf Bänden. Band 8: Psycho-analyse. Stuttgart 1999 S. 19-71

Fromm, Erich, Die Revolution der Hoffnung, München 1987

Fromm, Erich, Haben oder Sein - Die seelischen Grundla-gen einer neuen Gesellschaft, München 2009[36]

Fuchs, Werner, Todesbilder in der modernen Gesellschaft, Frankfurt am Main 1973

Füller, Ingrid, Altern und Jugendwahn, Von der Last mit der Vergänglichkeit in Deutschlandfunk, 03.10.2012, aufgerufen 31.03.2019, https://www.deutschlandfunk.de/altern-und-jugendwahn.1184.de.html?dram:article_id=223130

Geier Sturzflug, Album Heiße Zeiten, 1983

Gore, Al, im Interview mit Heuser, Uwe Jean, "Schneller, als man denkt", Zeit Online, 04.07.2018, (DIE ZEIT Nr. 28/2018) zuletzt aufgerufen 02.07.2019, https://www.zeit.de/2018/28/al-gore-umwelt-klima-technologie

Graeber, David, Bullshitjobs – vom wahren Sinn der Arbeit, dt. Stuttgart 2018

Greenpeace, https://www.greenpeace.de/sites/www.greenpeace.de/files/publications/energy-revolution-2015-full.pdf

Greiner, Ulrich, Der Gesundheitswahn und seine Moden, in Zeit Online, 09.05.2014, aufgerufen 07.04.2019, https://www.zeit.de/gesellschaft/2014-05/ernaehrung-fisch-oel-greiner-fuenf-vor-acht

Gross, Peter, Die Multioptionsgesellschaft, Frankfurt 2016[11]

Gruhl, Herbert, Häuptling Seattle hat gesprochen: Der authentische Text seiner Rede mit Klarstellung: Nachdichtung und Wahrheit, Düsseldorf 1988

Habel, Jan Christian, Rote Listen und »Fauna-Flora-Habitat«-Arten – Wie wählen wir Arten für den Naturschutz aus?, in Rundgespräche der Kommission für Ökologie, Bd. 44 »Wie viel Wissenschaft braucht der Naturschutz?«, München 2016

Hallmann, Caspar A., More than 75 percent decline over 27 years in total flying insect biomass in protected areas, in PLOS ONE - Public Library of Science, Cambridge 2017, 18.12.2017, zuletzt aufgerufen 14.07.2019 https://journals.plos.org/plosone/article?id=10.1371/journal.pone.0185809

Handelsblatt, Was wurde eigentlich aus dem sauren Regen? in Handelsblatt, 02.09.2013, aufgerufen 14.05.2019, https://www.handelsblatt.com/technik/das-technologie-update/weisheit-der-woche/umweltaengste-der-80er-was-wurde-eigentlich-aus-dem-sauren-regen/8720538.html?ticket=ST-801972-tVDdrF4TbypkTf2j1PYq-ap1

Hare, Robert D., Gewissenlos - die Psychopathen unter uns, Wien 2005

Hecking, Claus, Was wurde eigentlich aus dem Waldsterben?, in Spiegel Online, 03.01.2015, geöffnet 14.05.2019, https://www.spiegel.de/wissenschaft/natur/umweltschutzwas-wurde-aus-dem-waldsterben-a-1009580.html

Heinisch, Heiko u. Scholz, Nina, Pluralismus statt Multikulturalismus, Sir Peter Ustinov Institut, 09.12.2015, zuletzt geöffnet 09.06.2019, http://www.ustinov.at/blogs/pluralismus-stattmultikulturalismus

Herrmann, Sebastian, Wer dem Staat vertraut, braucht keinen Gott, in Süddeutsche Zeitung, 26.04.2018, aufgerufen 15.04.2019, https://www.sueddeutsche.de/wissen/sozialpsychologiewer-dem-staat-vertraut-braucht-keinen-gott-1.3956591

Herzinger, Richard, Deutschlands kultisch überhöhte Glücksverheißung, in WeLT, 04.09.2012, aufgerufen 16.04.2019, https://www.welt.de/debatte/article108991204/Deutschlands-kultisch-ueberhoehte-Gluecksverheissung.html

Herzog, Roman, Die Globalisierung der deutschen Außenpolitik ist unvermeidlich, Presse- und Informationsamt der Bundesregierung, Bulletin Nr. 20, 15.3.1995, S. 161–165

Hettlage-Varjas, Andrea und Hettlage, Robert, Die Entstehung von Fremdenhaß in unserer Gesellschaft, 1990, in Psychoanalyse und Soziologie im Dialog, Wege zum Menschen 42

Hoenig, Andreas u. Landwehr, Andreas, China bittet Europäer auf die Seidenstraße, in Kölner Stadt-Anzeiger, 27./28.04.2019, S. 5

Hohensee, Thomas im Interview von Ruth Schneeberger, "Todesangst bestimmt unsere Kultur", Tabuthema Sterben, Süddeutsche Zeitung, 30.10.2017, aufgerufen 31.03.2019, https://www.sueddeutsche.de/leben/tabuthema-sterben-todesangst-bestimmt-unsere-kultur-1.3706466

Holzinger, Hans, Widerstand gegen Atomrüstung, inhumane Technik und die Kraft neuer sozialer Bewegungen – 6 Thesen in Robert Jungk Bibliothek für Zukunftsfragen, Zentrale Thesen, aufgerufen am 30.05.2019, https://jungk-bibliothek.org/zentrale-thesen/
 unwortdesjahres,
http://www.unwortdesjahres.net/index.php?id=113

Menschenrechtserklaerung,
https://www.menschenrechtserklaerung.de/

Huber, Gerd, u. Gross, Gisela, Wahn - Eine deskriptiv-phänomenologische Untersuchung, Stuttgart 1977

ICD-11 for Mortality and Morbidity Statistics (Version : 04 / 2019), https://icd.who.int/browse11/l-m/en#/http%3a%2f%2fid.who.int%2ficd%2fentity%2f2062286624

Internationale statistische Klassifikation der Krankheiten und verwandter Gesundheitsprobleme, 10. Revision, Version 2019

Iser, Jurik Casper u. Stockrahm, Sven, Warum Deutschland weiter Küken schreddert, Zeit Online, 16.05.2019, zuletzt aufgerufen 13.07.2019,
https://www.zeit.de/wissen/2019-05/tierschutz-kueken-sterben-gefluegelwirtschaft-bundesverwaltungsgericht-alternativen#warum-werden-maennliche-kueken-getoetet

Islam-Aktuell, Wertvorstellungen in der muslimischen Familie, 11.11.2014, zuletzt aufgerufen 08.06.2019, https://www.islam-aktuell.de/index.php/themen/islam-in-der-gesellschaft/islamische-moral/familie-im-islam/item/118-wertvorstellungen-in-der-muslimischen-familie.html

Kasper, Walter, im Interview mit Frank, Joachim, "Frauen den Platz geben, der ihnen gebührt" in Kölner Stadt-Anzeiger, 01./02.05.2019, S. 8

Kelle, Birgit, Entlasst die Familien in die Freiheit!, in Wirt-schaftsWoche, 09.10.2013, aufgerufen 13.04.2019, https://www.wiwo.de/politik/deutschland/liberalismus-entlasst-die-familien-in-die-freiheit/8907658.html

Kelle, Birgit, Gender-Gaga, Dillerberg 2019[6]

Kettenbach, Maximilian, Wetter-Experten schlagen Alarm: 2019 droht ein extremer Sommer mit Rekord-Temperaturen, Merkur, 08.05.2019, aufgerufen 19.05.2019, https://www.merkur.de/welt/wetter-experten-schlagen-alarm-2019-droht-ein-extremer-sommer-mit-rekord-temperaturen-zr-12030174.html

Knauss, Ferdinand, Feministinnen erforschen sich selbst, Handelsblatt, 19.09.2007, https://www.handelsblatt.com/technik/forschung-innovation/gender-studies-feministinnen-erforschen-sich-selbst-seite-3/2863394-3.htmlhttps://www.handelsblatt.com/meinhandelsblatt/?ticket=ST-2547767-1dUNW9WYc7oDPY2rxtKc-ap1, zuletzt aufgerufen 24.01.2019

Kreft, Sönke, PARIS UMSETZEN! Konsequenzen für die deutsche Klima-, Energie- und Entwicklungspolitik, Hrsg: Klima-Allianz Deutschland + VENRO – Verband Entwick-lungspolitik und Humanitäre Hilfe deutscher Nichtregie-rungsorganisationen e. V., Berlin 2016

Kübler-Ross, Elisabeth, Sterben und Leben lernen, Hrsg. Hermann, Ingo, Güllesheim 2018[2]

Lee, Rhodi über Hawking, Stephen, Atheist Stephen Hawking denies existence of 'God': Science 'more convincing explanation' for universe, in Richard Dowkins Foundtion, 30.09.2014, aufgerufen 14.04.2019, https://de.richarddawkins.net/articles/atheist-stephen-hawking-negiert-existenz-eines-gottes-die-wissenschaft-biete-eine-uberzeugendere-erklarung-des-universums

Leimeister, Jan Marco, Kollektive Intelligenz, in Wirtschaftsinformatik, Ausgabe 4, Vol. 52, Wiesbaden 2010

Leusch, Peter, Die neue Lust am Körperkult, in Deutschlandfunk, 22.08.2013, aufgerufen 07.04.2019, https://www.deutschlandfunk.de/die-neue-lust-am-koerperkult.1148.de.html?dram:article_id=258874
Linden, Michael, Verbitterung und Posttraumatische Verbitterungsstörung, Göttingen 2017, eBook

Lorenzen, Dirk, Kleiner Schritt, Riesensauerei, Deutschlandfunk, 13.07.2019, zuletzt aufgerufen am 21.07.2019, https://www.deutschlandfunk.de/neil-armstrong-und-das-foto-vom-muellsack-kleiner-schritt.732.de.html?dram:article_id=453739

Lukas, Elisabeth, Geist und Sinn: Logotherapie, die dritte Wiener Schule der Psychotherapie, München 1990

Lütz, Manfred, Der Gesundheitswahn ist die neue Religion, im Interview mit Norbert Lossau, Welt Online, 18.12.2011, aufgerufen 07.04.2019, https://www.welt.de/gesundheit/psychologie/article13770583/Der-Gesundheitswahn-ist-die-neue-Religion.html

Lütz, Manfred, Lebenslust, Wider die Diät-Sadisten, den Gesundheitswahn und den Fitness-Kult, eBook-Ausgabe, München 2002, Position 1206

Malik, Kenan, Multikulturalismus ist gescheitert, IPG Internazionale Politik und Gesellschaft, 17.03.2015, zuletzt aufgerufen 09.06.2019, https://www.ipg-journal.de/rubriken/soziale-demokratie/artikel/multikulturalismus-ist-gescheitert-834/

March, James G. u. Simon Herbert A., Organisation und Individuum, in Hofmann, Michael (Hrsg.), Führung-Strategie-Organisation, Schriftenreihe des interdisziplinären Instituts für Unternehmensführung an der Wirtschaftuniversität Wien - Serie 3, Band 3, Wiesbaden 1976

Marí, Francisco, Unsere fatale Lust auf Brust, Meine Kirchenzeitung, 28.09.2017, zuletzt aufgerufen 03.07.2019, https://www.meine-kirchenzeitung.de/weimar/c-eine-welt/unsere-fatale-lust-auf-brust_a2106

Markt, Hubert, Die Natur schlägt zurück, Zeit Online, 04.12.1987, aufgerufen 13.06.2019, https://www.zeit.de/1987/50/die-natur-schlaegt-zurueck

Marx, Reinhard, Vorsitzender der Deutschen Bischofskonferenz, u. Bedford-Strohm, Heinrich, Vorsitzender des Rates der Evangelischen Kirche in Deutschland, Geleitwort, Die Woche für das Leben 2019 »Leben schützen. Menschen begleiten. Suizide verhindern.«, geöffnet 04.05.2019, https://www.woche-fuer-das-leben.de/

Marx, Carl, zitiert in Haring, Sabine A., Der Begriff in der Religion in der Religionssoziologie: eine Annäherung, in Hildebrandt, Mathias u. Brocker, Manfred (Hrsg.), Der Begriff der Religion, Interdisziplinäre Perspektiven, Wiesbaden 2008, S. 129

Maslow, Abraham H., Motivation und Persönlichkeit, Hamburg 2018[15] – (Motivation and Personality Erstausgabe 1954)

Mast, Maria und Stockrahm, Sven, Die größte Müllkippe der Welt ist gut versteckt, Zeit Online, 20.08.2018, aufgerufen 19.05.2019, https://www.zeit.de/wissen/umwelt/2018-07/plastik-meer-tiefsee-nordpazifik-muellstrudel-oekosystem

Maxeiner, Dirk u. Miersch, Michael, Deutschland leidet unter gefährlicher Öko-Hysterie, in WeLT, 14.02.2015, aufgerufen 05.05.2019, https://www.welt.de/wirtschaft/article137324810/Deutschland-leidet-unter-gefaehrlicher-Oeko-Hysterie.html

Menke, Nicola, Wenn Sport in einen zwanghaften Drang ausartet, in Welt, 13.11.2013, zuletzt aufgerufen 07.04.2019, https://www.welt.de/gesundheit/article121842445/Wenn-Sport-in-einen-zwanghaften-Drang-ausartet.html

Menkens, Sabine, Wie wir verlernt haben, das Leben zu genießen, Welt, 27.05.2012, https://www.welt.de/debatte/kommentare/article106380754/Wie-wir-verlernt-haben-das-Leben-zu-geniessen.html, zuletzt aufgerufen 12.12.2018

Mertek, Muhammet, Der Islam: Glaube, Leben, Geschichte, Hamm 2012

Neue Presse, Die zehn besten Fotos von Apollo 11, 19.07.2019, zuletzt aufgerufen am 21.07.2019, https://www.neuepresse.de/Nachrichten/Wissen/Die-zehn-besten-Fotos-von-Apollo-112

Newmark, Catherine, Aus Angst vor einem anderen Leben, Zeit Online, 17.07.2015, https://www.zeit.de/kultur/2015-

07/gender-studies-feminismus-10nach8, zuletzt geöffnet 24.01.2019

Niederer, Alen, Gesund heisst vor allem: genug, Kommentar in Neue Züricher Zeitung, 16.2.2017, https://www.nzz.ch/meinung/ernaehrungsfragen-gesund-essen-ld.145746

Nikola, Ulrike, Fitnessstudios – die Kirchen von heute, in BR, 07.06.2017, aufgerufen 07.04.2019,https://www.br.de/radio/bayern2/sendungen/zeit-fuer-bayern/glaube-fitness-gesundheit-schwitzen-beten-kirche-stadion-fitnessstudio-100.html

Nordwest Zeitung, Dürre-Sommer vertrocknet die Erträge, 17.04.2019, aufgerufen 19.05.2019, https://www.nwzonline.de/wirtschaft/hannover-landwirtschaft-im-nordwesten-duerre-sommer-vertrocknet-die-ertraege_a_50,4,2076354805.html

OECD, OECD-Umweltausblick bis 2050 – Die Konsequenzen des Nicht-Handelns, Zusammenfassung, OECD 2012, https://www.oecd.org/berlin/49907296.pdf

onpulson, Wissen für Unternehmer und Führungskräfte, aufgerufen 10.05.2019, https://www.onpulson.de/lexikon/postindustrielle-gesellschaft/:

Ott, Hermann im Interview mit Kassel, Dieter, „Konsens ist ein Rezept für Lähmung" in Deutschlandfunk Kultur, 27.10.2015, aufgerufen am 02.05.2019, https://www.deutschlandfunkkultur.de/chancen-des-un-klimagipfels-konsens-ist-ein-rezept-fuer.1008.de.html?dram:article_id=335130

Pessoa, Fernando, Das Buch der Unruhe, Frankfurt 1987

Pfaff, Donald W., Das altruistische Hirn - Sind wir von Natur aus gut?, Bern 2016

Pfaller, Robert, Wofür es sich zu leben lohnt, Frankfurt 2018[7]

Precht, Richard David, im Interview mit Arno Widmann, "Spiritualität ist die einzig akzeptable Form von Religion", Frankfurter Rundschau, 03.01.2018, aufgerufen 14.04.2019, https://www.fr.de/kultur/literatur/spiritualitaet-einzig-akzeptable-form-religion-11038700.html

Rathcke, Julia, Experten warnen: Klimazonen verschieben sich, Kölner Stadtanzeiger, 29.07.2019, S. 2

Rattner, Josef, Klassiker der Tiefenpsychologie, München 1990

Rauer, Constantin, Wahn und Wahrheit: Kants Auseinandersetzung mit dem Irrationalen, Berlin 2007

Reiter, Thomas, im Inferview mit Julius, Lukas, "Da sind die jetzt", Kölner Stadtanzeiger Nr. 166, 20./21.07.2019, S. 7

Robert Koch Institut (Hrsg), Informationen zum Ebolafieber-Ausbruch in Westafrika 2014/2015, 30.3.2016, aufgerufen 18.05.2019, https://www.rki.de/DE/Content/InfAZ/E/Ebola/Kurzinformation_Ebola_in_Westafrika.html

Romahn, Marcel, "Wir haben nicht die Zeit, zu warten, bis das Studium fertig ist", RP online, 01.04.2019, aufgerufen 18.05.2019, https://rp-online.de/panorama/fernsehen/anne-will-fridays-for-future-aktivistin-therese-kah-kontert-gegen-reiner-haseloff_aid-37806921

Ross, Jan, Der neue Imperialismus, in Zeit Online,
23.08.2003, aufgerufen 22.04.2019,
https://www.zeit.de/2003/36/Imperialismus

Schäfer, Norbert, Offener Streit über Menschenrechte, pro-
medienmagazin, 26.02.2019, aufgerufen 19.04.2019,
https://www.pro-
medienmaga-
zin.de/gesellschaft/weltweit/2019/02/26/offener-streit-ueber-
menschenrechte/

Schmidt, Helmut, Helmut Schmidt über Ludwig Erhard,
LUDWIG-ERHARD-STIFTUNG, 03.05.2017, aufgerufen
13.04.2019, https://www.ludwig-erhard.de/erhard-
aktuell/forum/helmut-schmidt-ueber-ludwig-erhard/

Schmidt, Helmut, im Interview mit Giovanni di Lorenzo,
Verstehen Sie das, Herr Schmidt?, in ZeitOnline,
12.01.2012, aufgerufen 13.04.2019,
https://www.zeit.de/2012/03/Fragen-Helmut-Schmidt

Schmidt, Walter, Im Zweifel mit der Masse, in Stuttgarter
Zeitung, 05.02.2014, aufgerufen 03.04.2019,
https://www.stuttgarter-zeitung.de/inhalt.herdentrieb-im-
zweifel-mit-der-masse.e8cec3d7-fb21-4c37-a36f-
9059ca915cd3.html

Schnurrenberger, Andreas, Was aus BSE geworden ist,
Augsburger Allgemeine, 25.11.2016, geöffnet 14.05.2019,
https://www.augsburger-allgemeine.de/wissenschaft/Was-
aus-BSE-geworden-ist-id39819932.html

Scholz, Christian, Die große Blamage der Politiker, in
Manager Magazin, 05.04.2019, zuletzt aufgerufen
18.05.2019, https://www.manager-
magazin.de/politik/deutschland/fridays-for-future-
begeisterung-ueber-die-jugend-entsetzen-ueber-politiker-a-
1261386.html

Schön, Gudrun, Ständig winkt der Tod, in WOZ Die Wochenzeitung, 27.10.2005, aufgerufen 09.04.2019, https://static.woz.ch/0543/hypochondrie/staendig-winkt-der-tod

Schüle, Christian, Der Tod kehrt ins Leben zurück, Zeit-Online, 08.12.2012, zuletzt aufgerufen 31.06.2019, https://www.zeit.de/2012/46/Essay-Tod-Leben

Schwarz, Gerhard, Religion des Geldes, Wiesbaden 2016[2]

Shelley, Mary, Frankenstein oder Der moderne Prometheus (Deutsche Erstausgabe), Leipzig 1912

SIDO - Astronaut (feat. Andreas Bourani), 2015, https://www.youtube.com/watch?v=WPFLAjmWCtk

Sloterdijk, Peter, Die schrecklichen Kinder der Neuzeit, Berlin 2014[2]

Sloterdijk, Peter, Du musst dein Leben ändern, Frankfurt 2014[2]

Sloterdijk, Peter, Nach Gott, Berlin 2018

Süddeutsche Zeitung, Klimawandel, Umweltzonen und gesundheitliche Auswirkungen, in Süddeutsche Zeitung, 15. April 2014, https://www.sueddeutsche.de/gesundheit/feinstaubbelastung-dicke-luft-1.1937950-2, zuletzt aufgerufen 12.12.2018

Trinkwalder, Sina, Zukunft ist ein guter Ort: Utopien für eine ungewisse Zeit, München 2019

Trivers, Robert, The evolution of reciprocal altruism. In: Quarterly Review of Biology, Band 46, Chicago 1971, S. 35–57.

Ullrich, Sven, Solarpflicht in Tübingen – ein Kommentar, Erneuerbare Energien, zuletzt aufgerufen 21.07.2019, https://www.erneuerbareenergien.de/archiv/solarpflicht-in-tuebingen-ein-kommentar-150-436-109153.html

UN-Frauenkonferenz, Aktionsplattform, Peking, 1995, Kapitel II, Globaler Rahmen, Artikel 27

United Nations Department of Public Information, Sustainable Development Goals, https://sustainabledevelopment.un.org/sdgs

Verbraucherzentrale NRW, Beiträge von Politik, Landwirt-schaft, Industrie und Handel gegen Lebensmittelver-schwendung, 22.07.2015, zuletzt aufgerufen 04.07.2019, https://www.verbraucherzentrale.nrw/wissen/lebensmittel/ge sund-ernaehren/beitraege-von-politik-landwirtschaft-industrie-und-handel-gegen-lebensmittelverschwendung-11216

WeLT online, Panorama, Polizist bringt Gaffer zum Unfall-auto – Dem schießen Tränen in die Augen, 24.05.2019, aufgerufen 25.05.2019, https://www.welt.de/vermischtes/article194111901/Nach-schwerem-Unfall-Polizist-bringt-Gaffer-zum-Unfallauto-Dem-schiessen-Traenen-in-die-Augen.html

Wikipedia, https://de.wikipedia.org/wiki/David_Reimer

Wikipedia,
https://de.wikipedia.org/wiki/Ziele_f%C3%BCr_nachhaltige_ Entwicklung

Wikipedia, Vogelschlag, aufgerufen 09.07.2019

Wilde, Oscar, Das Bildnis des Dorian Gray, Stuttgart 1992

Wittkowski, Joachim, Psychologie des Todes, Darmstadt 1990

World Bank, Understanding Poverty, Washington 2019, zuletzt aufgerufen 25.07.2019, https://www.worldbank.org/en/topic/poverty/overview

Wüstenhagen, Claudia, Schon krank oder nur Hypochonder?, Zeit Online, 09.12.2015, aufgerufen 09.04.2019, https://www.zeit.de/wissen/gesundheit/2015-12/hypochondrie-angst-krankheiten-symptome-koerper

Zahrnt, Angelika u. Schultz, Julia, Generationengerechtigkeit und Umweltgerechtigkeit gehören zusammen, in Hrsg. Zentrum Gesellschaftliche Verantwortung der Evangelischen Kirche in Hessen und Nassau, perspektiefe: »Umwelt- und Generationengerechtigkeit«, Mainz April 2012 / 28, https://www.zgv.info/fileadmin/Daten/ZGV-Perspektiefe/Perspektiefe_ab_1_als_PDF/Perspektiefe_28.pdf

Zeitler, Annika, Giftiger Elektromüll in planetwissen, 17.10.2018, https://www.planet-wissen.de/kultur/afrika/ghana/pwie-giftigerelektromuell100.html, zuletzt aufgerufen 12.12.2018

Bert Becker